［過去問］

2024
筑波大学附属小学校
入試問題集－Ⅰ

・問題内容についてはできる限り正確な調査分析をしていますが、入試を実際に受けたお子さんの記憶に基づいていますので、多少不明瞭な点はご了承ください。

Shinga-kai

筑波大学附属小学校

過去5年間の入試問題分析 (2019～2023年) 出題傾向とその対策

2023年傾向

例年通り、ペーパーテスト、集団テスト、運動テストが行われました。ペーパーテストは例年と同じく話の記憶とそのほか1項目が出題されました。難易度も高く、例題でしっかり指示を理解する力と、素早い判断力が必要な課題でした。保護者の作文は、その場で示されたテーマに沿って、25分間でご家庭の考えを書く形式でした。

傾　向

A（4月2日から7月31日生）、B（8月1日から11月30日生）、C（12月1日から4月1日生）の生年月日で分けられた男女3グループずつ計6グループで、それぞれ第一次として抽選を行います。例年は約300人ずつ、計1800人ほどが第二次考査に進んでいましたが、2023年度は男子は全体の40%、女子は全体の47%が第二次考査に進みました。考査はペーパーテスト、集団テスト、運動テストで、集団テストとしてグループ活動の行動観察も行われています。ペーパーテストでは問題の量が多いにもかかわらず、解答時間が短いことが特徴の1つです。毎年話の記憶が出題されますが、かなり長いお話を出されることが多いので、細かい部分までしっかり聞き取る力が要求されます。話の記憶以外では図形の問題が多く、回転図形、重ね図形、対称図形などが出されているほか、構成や観察力などの課題にもマス目を使った図形が頻出しています。また、実際に自分で解答図をかく問題も出題されています。実際の問題を解く前に必ず例題で説明があるので、きちんと指示を聞き、理解につなげましょう。解答に用いるクーピーペンの色などについて指示があるのも特徴で、その指示に従えるかどうかも毎年差がつくポイントです。集団テストで行う巧緻性・制作の課題では、日常生活で必要な手先の動きをいろいろと見られます。最初に作る様子を映像で見せ、全工程を説明してから行われますが、紙を手でちぎる、ひもを結ぶ、色を塗る、シールを貼る、スティックのりで貼るなどの作業を含んだ課題がよく出されています。また、2021年度からは考査中の待ち時間に絵画の課題が加わりました。運動テストでは、クマ歩きが毎年必ず出されています。U字形のコースを速く進むよう指示されるという特色があります。

対　策

話の記憶は毎年出題されますが、かなり長いお話を聞く場合が多いので、普段から絵本の読み聞かせなどを通して長いお話に慣れ、集中して聞く習慣を身につけておきましょう。「いつ、誰が、どこで、何を」というお話の骨子をスムーズにつかむためには、普段の会話の中でもそうしたポイントに関心が向くような言葉掛けが重要です。お話の登場人物に上手に感情移入するには、想像力を豊かにし、興味を持って自主的に聞く姿勢を養っておくことも大切です。また話の記憶では問題によってクーピーペンの色を変える、丸の中を塗るというように、解答方法の指示があるのが特徴です。普段から色や印を指示に応じて変えたり、手早く塗ったりする練習をしておきましょう。推理・思考は図形の課題が多く、回転図形、重ね図形、対称図形などが出されているので、実際に図形を動かしてみて理解度を高めてください。対称図形などで指示が複雑な問題も出されていますから、具体物を利用して前後左右の動き方をしっかり把握しておきましょう。自分で答えの図をかく問題では作業力も必要ですので、点図形や模写の課題にも日ごろより時間の意識を持って取り組んでおきましょう。また、一度聞いただけでは説明の意味がわからない難しい問題もあるので、まずは落ち着いてお話を聞いて取り組む姿勢と、過去問などさまざまな問題に挑戦し実践力をつけておくことが必要です。新傾向の問題が出ることもありますが、必ず例題で説明があるので、指示をしっかり聞いて落ち着いて取り組むよう、日ごろから伝えておきましょう。問題数が多いことも特徴ですから、問題に慣れてきたら、集中してすぐにとりかかる習慣を身につけ、短時間で解答する取り組みもしておきましょう。そのほか、集団テストで必ず出題される制作の課題に対応するためにも、日ごろから自分のことは自分で行い、ちぎる、ひもを結ぶ、ひもを通すなど、手先の作業がきちんとできるようにしておきましょう。最初に全工程を説明してから行われるので、落ち着いて指示を聞き正確に作業を進めていく力が必要です。映像により出題されるので集中して見るという姿勢も大切で、やり方を見た後で自主的に取り組むには自信も必要です。自信をつけるためには制作の経験を多く積むことが大切なので、ご家庭で親子で楽しく制作に取り組みながら、基本的な作業力を伸ばしましょう。運動テストでのクマ歩きは、歩くというより走るような勢いが求められます。手をしっかりついて顔を上げ進む方向を見ること、ひざを床につけず腰を高くする姿勢をとることを確認しながら、徐々に速くできるように練習していきましょう。また手や腕の力をつけるためにも、マットでの前転、鉄棒のぶら下がりなどにも取り組んでおくとよいでしょう。行動観察では、紙コップを積むゲームやジャンケンゲーム、並び競争などが行われています。お友達と協力して一生懸命取り組むことや、お約束を守ることの大切さを日ごろから意識させましょう。

年度別入試問題分析表

【筑波大学附属小学校】

	2023	2022	2021	2020	2019	2018	2017	2016	2015	2014
ペーパーテスト										
話	○	○	○	○	○	○	○	○	○	○
数量			○							
観察力	○		○			○				
言語										
推理・思考	○	○	○	○	○	○	○	○	○	○
構成力		○	○	○						
記憶										○
常識										
位置・置換										○
模写									○	
巧緻性										
絵画・表現										
系列完成				○						
個別テスト										
話										
数量										
観察力										
言語										
推理・思考										
構成力										
記憶										
常識										
位置・置換										
巧緻性										
絵画・表現										
系列完成										
制作										
行動観察										
生活習慣										
集団テスト										
話										
観察力										
言語	○	○	○	○	○	○	○	○	○	○
常識										
巧緻性	○	○	○	○	○	○	○	○	○	○
絵画・表現	○	○								
制作	○	○	○	○	○	○	○	○	○	○
行動観察	○	○	○	○	○	○	○	○	○	○
課題・自由遊び										
運動・ゲーム										
生活習慣										
運動テスト										
基礎運動	○	○						○		
指示行動										
模倣体操										
リズム運動										
ボール運動										
跳躍運動										
バランス運動	○	○	○	○	○	○	○	○	○	○
連続運動										
面接										
親子面接										
保護者(両親)面接										
本人面接										

※伸芽会教育研究所調査データ

小学校受験Check Sheet

お子さんの受験を控えて、何かと不安を抱える保護者も多いかと思います。受験対策はしっかりやっていても、すべてをクリアしているとは思えないのが実状ではないでしょうか。そこで、このチェックシートをご用意しました。１つずつチェックをしながら、受験に向かっていってください。

＊ペーパーテスト編

①お子さんは長い時間座っていることができますか。

②お子さんは長い話を根気よく聞くことができますか。

③お子さんはスムーズにプリントをめくったり、印をつけたりできますか。

④お子さんは机の上を散らかさずに作業ができますか。

＊個別テスト編

①お子さんは長時間立っていることができますか。

②お子さんはハキハキと大きい声で話せますか。

③お子さんは初対面の大人と話せますか。

④お子さんは自信を持ってテキパキと作業ができますか。

＊絵画、制作編

①お子さんは絵を描くのが好きですか。

②お家にお子さんの絵を飾っていますか。

③お子さんははさみやセロハンテープなどを使いこなせますか。

④お子さんはお家で空き箱や牛乳パックなどで制作をしたことがありますか。

＊行動観察編

①お子さんは初めて会ったお友達と話せますか。

②お子さんは集団の中でほかの子とかかわって遊べますか。

③お子さんは何もおもちゃがない状況で遊べますか。

④お子さんは順番を守れますか。

＊運動テスト編

①お子さんは運動をするときに意欲的ですか。

②お子さんは長い距離を歩いたことがありますか。

③お子さんはリズム感がありますか。

④お子さんはボール遊びが好きですか。

＊面接対策・子ども編

①お子さんは、ある程度の時間、きちんと座っていられますか。

②お子さんは返事が素直にできますか。

③お子さんはお父さま、お母さまと３人で行動することに慣れていますか。

④お子さんは単語でなく、文で話せますか。

＊面接対策・保護者（両親）編

①最近、ご家族での楽しい思い出がありますか。

②ご両親の教育方針は一致していますか。

③お父さまは、お子さんのお家での生活や幼稚園・保育園での生活をどれくらいご存じですか。

④最近タイムリーな話題、または昨今の子どもを取り巻く環境についてご両親で話をしていますか。

section
2023 筑波大学附属小学校入試問題

選抜方法

第一次 男女とも生年月日順にA（4月2日～7月31日生）、B（8月1日～11月30日生）、C（12月1日～4月1日生）の3グループに分け、それぞれ抽選で男子は志願者全体の40%、女子は47%の人数を選出する。

第二次 考査は1日で、第一次合格者を対象に約30人単位でペーパーテスト、集団テスト、運動テストを行い、男女各約90人を選出する。所要時間は約2時間。

第三次 第二次合格者を対象に抽選を行い、男女各64人を選出する。

ペーパーテスト

筆記用具はクーピーペン（赤、青、緑、黒、オレンジ色、黄色、紫）を使用し、特に色の指示がないときは赤のクーピーペンを使用。訂正方法は×（バツ印）。出題方法は話の記憶のみ音声でほかは口頭。

1 話の記憶（Aグループ男子）

「動物村の小学校では、今日も運動会の練習が行われています。緑チームのクマ君は、キツネさんがいる紫チームにどうしても勝ちたくて毎日作戦を考えています。そんなとき、『キツネさんも、クマ君に勝ちたくて作戦を考えているみたい』と同じ緑チームのウサギさんから聞きました。『僕たちも負けていられないね』とますます張り切ったクマ君は、『よし、まずは玉入れの練習だ！』と言うとカゴに向かって玉を投げました。『やったー！』玉は見事にカゴに入りました。次はウサギさんです。『えいっ！』残念ながら、カゴには入りません。『あれれ……えいっ！』もう1回挑戦しましたが、またまた入りません。それを見たクマ君は、『こうやってフワッと投げると入るよ』とウサギさんに投げ方を教えてあげました。クマ君に言われた通りに投げてみると、3回目でウサギさんの玉はカゴに入り、『やったー！』と大喜びです。クマ君が『今度はかけっこの練習をしよう』と言うと、タヌキ君は『その前に少し休憩しようよ』と言いました。『そうだね。少し疲れたね』と、みんなで葉っぱが黄色くなったイチョウの木の下へ行きました。『僕ね、フルーツジュースを持ってきたよ』とタヌキ君が水筒を出すと、ウサギさんとリスさんは大喜びです。でもクマ君は『学校にジュースを持ってきてはいけないんじゃないかな』と言いました。するとタヌキ君は、『おいしいジュースができたから、みんなにも飲ませてあげたかったんだ』と悲しそうな顔で言いました。そんなタヌキ君を見て、クマ君が『じゃあ明日、タヌキ君のお家へ行ってジュースを飲ませてもらうのはどうかな？』と言うと、『そうだね、それがいいね』とみんなは大賛成です。うれしくなったタヌキ君は、『よし！　かけっこの練習をしよう！』とすっかり元気になり、張り切って走り始めました。『もっと腕を振って走るといいよ』。クマ君はみんなに声をかけています。そのときです。『あっ！』リスさんが転んでしまいました。『いたたたたた……』。みんながリスさんに『だいじょうぶ？』と駆け寄りました。見るとひざにけがをしています。『先生を呼んでこよう』と、クマ君が慌てて先生を呼びに行きました。やって来た先生は『ばい菌が入るといけないから、病院へ行きましょう』と言って、リスさんと一緒に病院へ向かいました。『だいじょうぶかな……』。クマ君はリスさんのことが心配で、すっかり元気をなくしてしまいました。お家へ帰ってからも、クマ君はずっとリスさんのことを考えています。そして夕ごはんの時間になり、クリご飯とカキのサラダ、お味噌汁がテーブルに並びました。食べ終わると、クマ君はリスさんに電話をかけました。『もしもし、リスさん。けがの具合はどう？　僕が無理に練習させちゃったから……』と悲しそうな声のクマ君に、リスさんは『だいじょうぶよ。お医者さんも、すぐによくなるから運動会にも出られるよ、と言っていたよ。練習もとても楽しかったわ』と答えました。それを聞いてクマ君は少し安心しました。それから何日か過ぎ、リスさんのけがもすっかり治りました。さあ、いよいよ明日は運動会です。頑張って練習してきたクマ君ですが、『かけっこで、うまく走ることができるかな』と不安になってきました。そんなクマ君を見たお父さんは『速く走れる靴は持っているのかい？』とたずねます。クマ君が答えに困っているとお母さんが『それなら、みんなで靴を買いに行きましょう』と言いました。『やった！　速く走れそうな緑の靴が欲しかったんだ』とクマ君は大喜びです。『これで明日の運動会は精いっぱい頑張るぞ！』クマ君は力強く言いました」

・お話に出てこなかった動物に○をつけましょう。
・クマ君のチームに勝ちたいと言っていた動物に○をつけましょう。
・ウサギさんが玉入れの練習をしたとき、何回玉を投げましたか。その数だけ○をかきましょう。
・フルーツジュースを学校に持ってきた動物に○をつけましょう。
・イチョウの葉っぱは何色でしたか。その色で丸を塗りましょう。
・運動会の練習で最初にしたことに赤のクーピーペンで○、２番目にしたことには青のクーピーペンで○をつけましょう。
・クマ君の夕ごはんに入っていたものに○をつけましょう。
・クマ君が欲しいと言っていたものに○をつけましょう。

2 推理・思考（四方図）（Aグループ男子）

例題でやり方を確認してから行う。

・左端に、積み木を積んで横から見た様子が描いてあります。この積み木を上から見ると、どのように見えますか。正しいものを右から選んで○をつけましょう。

3 話の記憶（Aグループ女子）

「今日はリスさんのお誕生日です。みんなでプレゼントを持って広場に集まり、それからリスさんのお家へ行くお約束になっています。昨日降っていた雨もやみ、今日は太陽がキラキラ輝くよいお天気です。『今日はお外で遊べるわ』。うれしくなったウサギさんは、お気に入りの黄色いシャツを着て待ち合わせの広場へ向かいました。広場に着くと、先にキツネ君とサル君が来ていました。キツネ君は白いシャツにしま模様のズボンをはき、サル君は星がついたシャツに半ズボンをはいています。『おはよう、全員そろったね。さあ、リスさんのお家へ行こう！』動物たちは歩き出しました。リスさんのお家は山を越えた先にあります。みんなは元気に歌を歌いながら、山道を歩いていきました。４つ目の歌を歌い終わったところで、サル君が『少し休憩しようか』と言いました。みんなはかばんから水筒を出して、お茶を飲むことにしました。キツネ君は『僕、おやつを持っているよ。みんなで食べよう。どれがいい？』と言って、バナナの模様の袋からきれいな紙に包まれたチョコレートとアメをたくさん出しました。サル君は『僕、アメがいいな』と言い、キツネ君からアメを２個もらいました。みんなも自分の好きなお菓子を食べて、元気いっぱいになりました。『さあ、出発！』キツネ君が先頭になって、またリスさんのお家に向かって歩き出しました。しばらく進むと、リスさんのお家に着きました。コンコンと玄関の戸をたたくと、リスさんが出てきました。『リスさん、お誕生日おめでとう！』みんなで声をそろえて言うと、リスさんは少し恥ずかしそうに『ありがとう』と笑顔で答えました。サル君は『僕のお家の庭に咲いたんだ』ときれいなお花をプレゼントしました。キツネ君は『昨日、お母さんが焼いてくれたんだ』とクッキーを贈りました。『キツネ君のお母さんは、お菓子を作るのが上手なのね』とリスさんはうれしそうです。『わたしからは、これよ』とウサギさんは１冊の本を渡しました。『リスさんは本が好きだからこれにしたのよ』。リスさんは『みんな、ありがとう！』とお礼を言いました。そして『今日はいいお天気だから、みんなで公園に行こうよ』とウサギさんが言うと、みんなは大賛成で公園に向かいました。キツネ君が『僕は虫捕りが得意だから、みんなで虫捕りをしよう』、サル君は『僕はすべり台がいいな。高いところが好きなんだ』と、みんな自分のしたい遊びを口々に言うので、何をして遊ぶかなかなか決まりません。リスさんも困った顔をしています。その様子を見ていたウサギさんは、みんなに言いました。『わたしはブランコで遊びたいと思っていたの。でも今日はリスさんのお誕生日だから、リスさんに何をしたいか聞いてみるのがいいんじゃない？』それを聞いたサル君とキツネ君は『そうだったね。そうしよう』と恥ずかしそうにしています。そして『リスさんは何がしたい？』と聞くと、リスさんは『縄跳びがいいな』と言ったので、みんなで縄跳びをすることにしました。大きな縄を回して、みんなで順番にピョンピョンと続けて跳びました。あまりに楽しくて、夢中になって跳んでいると、だんだん辺りが暗くなってきました。『もうそろそろお家に帰らないとね』とウサギさんが言いました。『そうだね、暗くなるとお母さんが心配するからね』

とサル君も言いました。『今日は楽しいお誕生日だったわ。みんな、ありがとう』とリスさんがうれしそうに言いました。その日の夜、リスさんはベッドに入ってから、今日プレゼントされた本を読んでもらいました。それは『カチカチ山』というお話の本でした」

・リスさんのお誕生日の前の日の天気に○をつけましょう。
・ウサギさんのシャツの色は何色でしたか。その色で丸を塗りましょう。
・キツネ君がはいていたズボンの模様に○をつけましょう。
・サル君がキツネ君からもらったお菓子に○をつけ、もらった数だけその下の黒丸を１つずつ囲みましょう。
・キツネ君は何をして遊びたいと言っていましたか。その絵に○をつけましょう。
・キツネ君がお菓子を入れてきた袋の模様に○をつけましょう。
・動物たちそれぞれが遊びたいものを言ったとき、リスさんはどんな顔をしていましたか。合う絵に○をつけましょう。
・ウサギさんがプレゼントした本に出てくる動物に○をつけましょう。

4 推理・思考（四方図）（Aグループ女子）

例題でやり方を確認してから行う。
・左端に、積み木を積んで上から見た様子が描いてあります。この積み木を横から見ると、どのように見えますか。正しいものを右から選んで○をつけましょう。

5 話の記憶（Bグループ男子）

「ある日の夕方、動物幼稚園では動物たちが明日の夏祭りについてお話をしています。『今日は曇りだけど、明日は晴れるといいね。お祭りでは焼きそばを食べたいな』とキツネさんが言いました。タヌキ君は『僕は花火が一番楽しみだな。今日は雲で月が隠れそうだけど、明日はだいじょうぶかな』と心配そうです。ウサギさんが『じゃあ、明日はここに集合ね。夏祭りが楽しみね』。うきうきして言いました。そして、次の日の夕方、みんなは待ち合わせの場所に集まりました。ウサギさんはお気に入りの青い帽子をかぶっています。タヌキ君は買ってもらったばかりの、胸にポケットのついたシャツを着ています。キツネさんは赤い靴を履いていて、みんなおしゃれをしています。動物たちは『見て、見て。月がきれいだよ』『本当だ。昨日は曇っていたけど、今日は晴れてよかったね』などとお話ししながら歩いているうちに、お祭りの広場に着きました。盆踊りやキンギョすくいをする動物たちで、広場はとてもにぎやかです。急に『ヒュー、ドーン！』と大きな音がして、空に大きな花火が上がりました。『わあ、きれい！』ウサギさんがピョンピョン跳びはねて喜んでいると、『あっ、クマ君だ』とキツネさんが言いました。クマ君は手にスイカを持って、うっとりと花火を眺めています。『こんばんは、クマ君』キツネさんがクマ君にあいさつをすると、一緒にいたタヌキ君は『おいしそうなスイカだね。僕、何だかおなかがすいてきちゃった』と言いました。それでみんなは屋台で食べるものを買うことにしました。『いろいろなお店があるなあ。どれもおいしそうだね』。タヌキ君は食べ物の屋台を回りながら、何を食べようか迷っていましたが、最初に見たお店でタコ焼きを買って食べることにしました。キツネさんは昨日から楽しみにしていた焼きそばを選びました。ウサギさんは大好きなかき氷にしました。花火は次々と打ち上がり、まるで夜空に花が咲いたようです。みんなはしばらくの間、黙ってきれいな花火を見ていました。そんな中『エーン、お母さーん』と大きな声が聞こえてくるではありませんか。子ネコが泣きながら歩いています。クマ君が『どうしたの？』と声をかけると、赤い服を着た子ネコは『花火を見ていたら、お母さんがいなくなっちゃったの』と泣きながら話します。『だいじょうぶ。僕たちが探してあげるよ』と言うと、タヌキ君は子ネコと手をつなぎました。『ネコさんのお母さんを知りませんか？』周りのいろいろな動物に聞いても『知らないなあ』という答えしか返ってきません。そのとき、道端のいすにカエルさんが座っているのを見つけました。『やあ、カエルさんもお祭りに来ていたんだね。ネコさんのお母さんを探しているのだけど、見なかったかい？』とタヌキ君が聞くと『そうそう、子ネコを探しているお母さんなら、さっき交番にいたよ』と教えてくれました。それを聞いたみんなは、子ネコを連れて交番に行くことにしました。交番の近くまで来ると、子ネコは交番の前にいるお母さんを見つけて走り出しました。『お母さん！』と抱きつくと、さっきまでと違ってニコニコ顔です。『お兄ちゃん、お姉ちゃん、どうもありがとう』と子ネコがお礼を言いました。そんな子ネコの顔を見て、みんなもうれしくなりました。その様子を見ていたお巡りさんは、『親切なお兄さんたちに連れてきてもらってよかったね。もう迷子にならないように気をつけるんだよ』と子ネコに言いました」

・お話に出てこなかった動物に○をつけましょう。
・お祭りの前の日の天気に○をつけましょう。
・ウサギさんの帽子は何色でしたか。その色で丸を塗りましょう。
・タヌキ君が着ていた洋服に○をつけましょう。
・キツネさんが身につけていたものに、その色で○をつけましょう。
・タヌキ君がお祭りで楽しみにしていたことに○をつけましょう。
・「ネコさんのお母さんは交番にいるよ」と教えてくれた生き物に○をつけましょう。
・お母さんに会ったときの子ネコは、どんな顔をしていましたか。合う絵に○をつけましょう。

6 観察力（異図形発見）（Bグループ男子）

例題でやり方を確認してから行う。
・左端のお手本と違うものを、右側から選んで○をつけましょう。

7 話の記憶（Bグループ女子）

「みきこさんは、はじめ君、かずや君とよしこさんを誘って山登りに行くことにしました。みきこさんはみんなよりも先に待ち合わせの駅に着くように、早くお家を出ました。駅の前には大きなサクラの木があり、ピンクの花をたくさん咲かせています。『よかった。みんなまだ来てないわ』。しばらくすると、かずや君がやって来ました。山登り用の青い靴を履いてきたかずや君は『今日はこれでしっかり山を登るぞ』と元気いっぱいです。次にやって来たのはよしこさんです。ところが、待ち合わせの時間になってもはじめ君の姿がありません。『どうしたのかな？』みんなで心配していると『ごめん、ごめん』と言いながらはじめ君が走ってきました。『遅れてごめんね。黄色い帽子と緑の帽子、どちらをかぶっていこうか迷っていたら遅くなっちゃった』とはじめ君が謝りました。全員そろって一安心したみきこさんは、『それじゃあ、山登りに出発！』と言いました。駅の改札を通ると、ちょうど電車がホームに入ってきました。その電車に乗り、3つ目の駅で降りました。山の入口からは、みんなで歩いて進みます。『今日はいいお天気で、気持ちがいいね』。みんなは木がたくさん生えている道を元気に歩きました。だんだんと急な坂道も増えて少し疲れてきたとき、『あっ、あそこにベンチがあるよ』とみきこさんが言いました。『ここで少し休憩しよう』とみんなでベンチに座り、水筒を出したそのときです。よしこさんがうっかり水筒を落としてしまい、水筒はそのまま勢いよくゴロンゴロンと転がってしまいました。はじめ君とかずや君は水筒を追いかけて走っていきました。『あったよ！　これだよね』とかずや君が花模様の水筒を抱えて戻ってくると、『ありがとう』とよしこさんはニッコリ笑ってうれしそうにお礼を言いました。さあ、山の頂上目指してまた出発です。しばらく歩いてやっと山の頂上に着きました。はじめ君は『ヤッホー』と叫びました。遠くに富士山が見えます。よしこさんが『きれいだね』と山を眺めていると、みきこさんが『お弁当を食べましょう』とレジャーシートを敷きながらみんなを呼びました。『わたしのお弁当はサンドイッチよ』とよしこさんが言うと、『僕はタコさんウィンナーが入っているよ。昨日お母さんにお願いしておいたんだ』とはじめ君がうれしそうに言いました。『みんなおいしそうね。わたしは焼きそばよ』とみきこさんが言いました。みんなで仲よくお弁当を食べた後は、オニごっこをすることにしました。『今日はジャンケンで勝った人がオニになることにしない？』とはじめ君が言うとみんなは『いいね』と言って『ジャンケンポン！』と元気にジャンケンをしました。ジャンケンで勝ったのはかずや君です。『僕がオニか……よしっ、頑張るぞ』。かずや君は一生懸命みんなを追いかけましたが、誰も捕まえることができません。悲しくてしょんぼりしたけれど、『今度はすぐに捕まえられるように、速く走る練習をするよ』とかずや君は言いました。帰る時間になってみんなで山を下っていると、1匹のリスがチョロチョロと道を横切りました。『あっ！　リスだ』はじめ君が大きな声で言っても、リスは逃げようともせず、しばらくの間みんなと一緒に歩いていましたが、いつの間にか姿が見えなくなっていました。『かわいいリスだったね』。

みんなは最後にリスに会えてうれしい気持ちになりました。山を下りて電車に乗って、朝に待ち合わせをした駅で降りると、『今日は楽しかったね。またみんなで山登りに行こうね』と、約束しました。みんなは山での楽しかったことを大切に思いながらお家へ帰っていきました」

・かずや君の靴は何色でしたか。その色で丸を塗りましょう。
・はじめ君がかぶるのに迷った帽子は、何色と何色でしたか。その色で丸を塗りましょう。
・みんなが待ち合わせをした場所に○をつけましょう。
・駅から電車に乗って何番目の駅で降りましたか。その数だけ黒丸を囲みましょう。
・よしこさんの水筒の模様に○をつけましよう。
・よしこさんのお弁当に○をつけましょう。
・かずや君はオニごっこで誰も捕まえることができなかったとき、どんな顔をしていたと思いますか。合う絵に○をつけましょう。
・お話と同じ季節の絵に○をつけましょう。

8 観察力（同図形発見）（Bグループ女子）

例題でやり方を確認してから行う。
・左端のお手本と同じものを、右側から選んで○をつけましょう。

9 話の記憶（Cグループ男子）

「みよちゃんは朝、目を覚ますとお布団から出て着替えを済ませました。今日は赤いハートがかいてあるTシャツに青いスカートをはきました。台所に行くと、お母さんが『あら、今日はシロとおそろいのお洋服にしたのね。朝ごはんの前にシロのお散歩に行ってくれるかしら？』と言いました。『いいよ！』とみよちゃんは元気に言いました。シロはみよちゃんのお家で飼っている、ふわふわの毛をしたとてもかわいいイヌです。シロはみよちゃんが生まれる前からお家にいて、みよちゃんが赤ちゃんのころからずっと一緒に遊んでいる仲よしなのです。今日はシロのお誕生日。みよちゃんのお家では今年もシロのお誕生日会をします。みよちゃんはシロといつもお散歩する道を歩き、公園に向かいました。いつも公園ではブランコで遊ぶみよちゃんですが、『今日はシロが一緒だから我慢、我慢……』。公園のベンチで一休みしてお家に帰りました。『ただいま』。お家に戻ると、お母さんがお部屋の中を行ったり来たりして、何だかとても忙しそうです。『朝ごはんの後、シロのお誕生日会のお手伝いをお願いね』とお母さんが言いました。『まずは飾りつけをお願いするわ』とお母さんに頼まれたので、折り紙を折ったりクレヨンで絵を描いたりして、お部屋の中にいろいろな飾りつけをしました。それからテーブルにお皿を並べて、サラダに使う野菜を洗ってきれいに盛りつけました。『お母さん、これでだいじょうぶかな？』と聞くと『そうね、あとはケーキだけね』とお母さんが言いました。『じゃあ、おばあちゃんにも手伝ってもらおう！』とおばあちゃんに電話をかけて『おばあちゃん、シロのケーキを作るのを手伝ってくれる？』とお願いしました。おばあちゃんはとても優しくて、いつもいろいろなことを教えてくれるのです。おばあちゃんは『いいわよ。すぐに行くわね』と言って、電話を切りました。しばらくすると、『ピンポーン』と玄関のチャイムが鳴りました。みよちゃんがドアを開けると緑の帽子をかぶったおばあちゃんが立っていて、『みよちゃん、こんにちは。今日はとてもいい天気で太陽がまぶしいわ』と言いました。おばあちゃんはお家に入るとすぐに台所へ行き、『最初にケーキの材料を確認しましょうね』と言って、みよちゃんと一緒にケーキを作り始めました。今日のケーキはシロのための特別なケーキです。おばあちゃんに教えてもらいながら材料を混ぜたり、丸いケーキの型に流し込んだりして、みよちゃんはたくさんお手伝いをしました。ケーキが焼けるいいにおいにつられて、お父さんが台所にやって来ました。『そろそろケーキができあがりそうだな。これはシロのケーキだから、お父さんはジュースとクッキーを買ってこよう』と言い、近くのスーパーマーケットに出かけていきました。みよちゃんはケーキにクリームを塗り、仕上げにイチゴをのせました。『できた！』みよちゃんはうれしそうです。おばあちゃんが『なかなか上手にできたわね。来年のお誕生日にはナノハナをのせようかしら』と言うと、お母さんが『そうね、今の季節にピッタリね』と言いました。『シロ、お誕生日会を始めるよ』とみよちゃんが声をかけると、シロはしっぽを振って走ってきました。そしてケーキをおいしそうにパクパクと食べました。そんなシロを見て、みんなは何だかしあわせな気持ちになりました。みよちゃんが『また来年のお誕生日にもおいしいケーキを作ってあげるね』と言うと、シロはうれしそうにしっぽを振りました」

・お話の日の天気に○をつけましょう。
・シロのお誕生日会にいた人は、全部で何人ですか。その数だけ黒丸を囲みましょう。
・おばあちゃんの帽子の色は何色でしたか。その色で丸を塗りましょう。
・みよちゃんが着ていたお洋服に○をつけましょう。
・みよちゃんとおばあちゃんが作ったケーキの形に○をつけましょう。
・ケーキを食べているシロの様子を見ていたみよちゃんは、どんな顔をしていたと思いますか。合う絵に○をつけましょう。
・お父さんが買ってきたものに○をつけましょう。
・お話の季節と仲よしのものを選んで○をつけましょう。

10 推理・思考（回転図形）（Cグループ男子）

例題でやり方を確認してから行う。

・左の四角を右に１回コトンと倒すと、中の黒丸はどのようになりますか。すぐ右の四角の中にかきましょう。

11 話の記憶（Cグループ女子）

「ある日のことです。動物たちはみんなでキャンプ場に遊びに行きました。待ち合わせ場所は『郵便局前』というバス停です。バス停では、キツネさんとペンギン君がなかなか来ないヒツジさんを待っています。『ヒツジさん、まだ来ないね。どうしたのかな。もうバスが来る時間だよ』とみんなで心配をしていたそのとき、『遅くなってごめんね』と手を振りながらヒツジさんが走ってきました。ちょうどみんながそろったところに、緑のバスがやって来ました。バスに乗り込み席に座ると、みんなはキャンプ場ですることを相談し始めました。ヒツジさんが『みんなでおいしいおやつを作りたいね。わたしはホットケーキを作ろうと思って、材料を持ってきたの』と言いました。キツネさんは『わたしはおやつにバナナを持ってきたわ』と言いました。ペンギン君は『今日はこれから雪が降るらしいよ。雪が降ったらかき氷にして食べようと思って、かき氷にかけるブドウジャムを持ってきたんだ』と言いました。それを聞いたヒツジさんは『こんなに寒いのに、冷たいものを食べたらもっと寒くなっちゃうよ……』と少し困っているようです。それを聞いたキツネさんが『そうだ、いい考えがあるよ。みんなでホットケーキを作って、わたしのバナナをのせて、それからジャムものせたらどうかしら。きっとおいしくなるわよ』と言いました。『いいねえ。考えただけでおいしそう！』動物たちはキャンプ場でのおやつ作りがとても楽しみになってきました。バスに乗ってから５つ目が『キャンプ場前』というバス停です。『着いたよ』。動物たちがバスを降りると、雪が降ってきました。『わあ、雪！』キツネさんは手袋を取り出しました。『きれいな色！　キツネさんのスカートとおそろいの黄色だね』とペンギン君が言いました。そして『僕はペンギンだから寒いのは平気だけど、今日はお母さんが編んでくれたマフラーを持ってきたよ』と言って、青いマフラーを首に巻きました。ヒツジさんは『わたしはふわふわのコートを着ているから寒くないのよ。セーターよりも暖かいのよ』と得意げに言いました。いよいよホットケーキ作りの始まりです。ヒツジさんが小麦粉に卵や砂糖を入れて混ぜた生地をみんなで焼くと、おいしいホットケーキができあがりました。『次はバナナだね』。キツネさんはみんなで仲よく食べられるようにバナナを切り分け、ホットケーキにのせました。『僕のジャムも忘れずにね』と言いながら、ペンギン君はスプーンでジャムをのせています。『できた！』動物たちは大喜びです。『いただきます！』一斉に食べ始めると『おいしい！』『温かくておいしいね』『果物の味がしていいね』とみんなは大満足です。あっと言う間に食べ終わり、みんなそろって『ごちそうさまでした』と言いました。それからお片づけを終えると、雪がたくさん積もっていました。『せっかく雪が降ったんだから、雪ダルマを作ろうよ』とペンギン君が言います。『賛成！』動物たちは力を合わせ、それはそれは大きな雪ダルマを作りました。気がつくと、辺りは少し暗くなり始めています。『今日は楽しかったね。またみんなでお出かけをしようね』とお約束をしてバスに乗り、来たときと同じ道を帰っていきました」

・お話の日の天気に○をつけましょう。
・動物たちはいくつ目のバス停でバスを降りましたか。その数だけ、乗ったバスと同じ色で黒丸を囲みましょう。
・ペンギン君は何のジャムを持ってきましたか。その果物に○をつけましょう。
・ペンギン君がキャンプ場に着いたら作りたいと言っていたものに○をつけましょう。
・キツネさんがバスを降りて身に着けたものに○をつけましょう。
・キツネさんのスカートは何色でしたか。その色で丸を塗りましょう。
・ペンギン君のマフラーは何色でしたか。その色で丸を塗りましょう。
・お話と同じ季節の絵に○をつけましょう。

12 推理・思考（回転図形）（Cグループ女子）

例題でやり方を確認してから行う。
・左の形を矢印の向きにサイコロの目の数だけ倒すと、形の中の丸はどのようになりますか。すぐ右の形の中にかきましょう。

集団テスト

巧緻性・制作の課題は、最初に作る様子を映像で見て、全工程の説明を聞いてから行う。

13 巧緻性・制作（Aグループ男子）

野球をしている男の子作り：男の子などが印刷された台紙（穴が開いている）、丸が印刷されたボールの台紙、正方形１／４サイズの折り紙（ピンク）１枚、丸シール（赤）１枚、綴じひも（青）１本、クーピーペン（赤、オレンジ色）、スティックのりが用意されている。
・台紙の星をオレンジ色のクーピーペンで塗りましょう。
・オレンジ色のクーピーペンでボールに模様をかいてから台紙を線に沿ってちぎり、男の子の台紙の黒いひし形にスティックのりで貼りましょう。
・バットの中の点をすべて赤のクーピーペンでつなぎましょう。
・のりしろの長四角にスティックのりをつけて、台紙が筒になるように丸めて貼りましょう。
・筒の穴に内側から綴じひもを通して、外側でチョウ結びをしましょう。
・ピンクの折り紙を三角に折って帽子にして、筒の裏側から丸シールで留めましょう。

14 巧緻性・制作（Aグループ女子）

海の宝地図作り：サメなどが印刷された海の台紙（穴が開いている）、ヒトデの台紙（オレンジ色）、正方形１／４サイズの折り紙（黄土色）１枚、綴じひも（茶色）１本、クーピーペン（青）、スティックのりが用意されている。
・台紙の黒い丸から黒い三角まで、周りにぶつからないように青のクーピーペンで線を引きましょう。
・サメを青のクーピーペンで塗りましょう。
・ヒトデの台紙を線に沿ってちぎり、海の台紙の星の中にスティックのりで貼りましょう。
・折り紙を三角に折り、折り目に向かって両側から折り返し、イカを作りましょう。イカの目玉と足を青のクーピーペンで描いてから、台紙の三角の中にスティックのりで貼りましょう。
・台紙の穴に綴じひもを通して、チョウ結びをしましょう。

15 巧緻性・制作（Bグループ男子）

ストロー君作り：目玉の台紙、長方形の画用紙（黄色、穴が開いている）1枚、曲がるストロー2本、丸シール（大、赤）1枚、丸シール（小、青）1枚、四角シール（白）1枚、綴じひも（赤）1本、クーピーペン（赤、青）、スティックのりが用意されている。
・目玉の台紙の小さい丸の半分を赤、もう半分を青のクーピーペンで塗りましょう。
・色を塗った目玉の台紙を半分に折り、外側の丸い線に沿ってちぎりましょう。
・黄色い画用紙の左側に赤と青の丸シールを重ねて貼り、目玉にしましょう。
・黄色い画用紙の右側に色を塗ってちぎった目玉をスティックのりで貼りましょう。
・目玉の台紙のちぎった外側を口にして、黄色い画用紙の下の方にスティックのりで貼りましょう。
・黄色い画用紙の穴に綴じひもを通して、チョウ結びをしましょう。
・片方のストローの口をつぶしてもう片方のストローに差し込んでつなげ、黄色い画用紙の裏に四角シールで留めましょう。

16 巧緻性・制作（Bグループ女子）

割りばし君作り：紙コップ1個、割りばし1膳、目玉の台紙、長方形の画用紙（赤）1枚、丸シール（大、赤）1枚、丸シール（小、青）1枚、綴じひも（黄色）1本、クーピーペン（赤、青）、スティックのりが用意されている。
・目玉の台紙の小さい丸の半分を赤、もう半分を青のクーピーペンで塗りましょう。
・色を塗った目玉の台紙を半分に折り、外側の丸い線に沿ってちぎりましょう。
・紙コップを逆さにして、色を塗ってちぎった目玉を右側にスティックのりで貼りましょう。
・紙コップの左側に赤と青の丸シールを重ねて貼り、目玉にしましょう。
・赤い画用紙をくるくると巻いて広げてから、端にスティックのりをつけて、紙コップの底に貼りましょう。
・目玉の台紙のちぎった外側を紙コップの縁に貼り、口を作りましょう。
・紙コップの底の近くに綴じひもを巻き、チョウ結びをして鉢巻きにしましょう。
・割りばしの先を少し割って、紙コップを挟みましょう。

17 巧緻性・制作（Cグループ男子）

カレンダー作り：太陽と月が印刷された台紙（穴が開いている）、星が印刷された正方形1／4サイズの折り紙（黄色）1枚、折り紙（水色、青）各1枚、綴じひも（赤）1本、クーピーペン（黄色、黒）、スティックのりが用意されている。

・台紙の月を黄色のクーピーペンで塗りましょう。

・星の折り紙を線に沿ってちぎって、太陽と月の台紙の十字の上に貼りましょう。

・水色の折り紙の端だけにスティックのりをつけて、太陽の四角の上の線に合わせて、めくれるように貼りましょう。

・青い折り紙の端だけにスティックのりをつけて、水色の折り紙に重ねて、めくれるように貼りましょう。

・青い折り紙を半分の三角になるように折り上げ、水色の折り紙に黒のクーピーペンで自分の顔を描きましょう。

・台紙の穴に綴じひもを通して、チョウ結びをしましょう。

18 巧緻性・制作（Cグループ女子）

リース作り：しま模様が印刷された台紙、丸が印刷された台紙、長方形1／4サイズの折り紙（青）1枚、正方形1／4サイズの折り紙（赤）1枚、四角シール（白）1枚、綴じひも（赤）1本、クーピーペン（緑）、スティックのり、セロハンテープが用意されている。

・丸の台紙の中の小さい丸を緑のクーピーペンで塗ってから、外側の丸い線に沿ってちぎりましょう。

・しま模様の台紙を横向きに置き、半分に軽く2回折って細長くしてからねじりましょう。

・ねじった紙を丸くなるように曲げて、セロハンテープで留めましょう。

・青い折り紙の端にのりをつけて、リースを通して輪のように留め、その端にちぎった丸を貼りましょう。

・赤い折り紙を三角に折り、四角シールでリースに留めましょう。

・リースに綴じひもを巻いて、チョウ結びをしましょう。

絵画（課題画）

言語、指示行動、行動観察を待つ間に、グループごとに与えられたテーマの絵をクーピーペンで描く。

・今日一緒に来た人と自分を描く。

・自分の頭からつま先までを描く。

・幼稚園や保育園の遊びで一番楽しいものを描く。

・夕ごはんを食べている様子を描く。

言　語（各グループ共通）

5人単位で呼ばれて、立ったまま質問に答える。

- 幼稚園（保育園）の名前を教えてください。
- 好きな食べ物は何ですか。
- 好きな色は何ですか。なぜその色が好きなのですか。
- 動物園と水族館ではどちらが好きですか。なぜ好きなのですか。
- 今日は朝ごはんを食べてきましたか。何を食べてきましたか。
- 今日は誰とどうやって来ましたか。

指示行動（各グループ共通）

テスターのお手本を見ながら、下記のいずれかを行う。

- 左手で左耳を隠した後、右手で右耳を隠す。右手で左耳をつまんだ後、左手で右耳をつまむ。
- 右にケンケン、左にケンケンをする。
- 片足バランスをする。
- 目を閉じて30秒間立つ。
- 中指、薬指、小指は握り、親指と人差し指をつけたり離したりする動きをくり返す。

行動観察（各グループ共通）

5人単位で呼ばれて行う。

- テスターとジャンケンをする。ただし、グループでどの手を出すか相談し、みんなで一斉に同じ手を出す。3回戦行う。

運動テスト

各グループ共通。

クマ歩き・スキップ

U字の白線に沿って1人ずつクマ歩きをする。ただしU字の内側に入ってはいけない。また、終わったら自分の席までスキップをして戻る。

面接資料／アンケート

第二次考査中に保護者対象の作文がある。テーマをその場で与えられ25分間で書く（各グループ共通）。作文の前に学校紹介の映像を鑑賞し、校長の話を聞く。

【わが子の成長と保護者のサポート】

お子さんが本校で6年間学ぶことでどのように成長するイメージを持っていますか。映像や校長先生の話を関連づけて、次の点について具体的に書いてください。

① 子の得意、不得意。
② ①を踏まえて予想される学校でのつまずき（学習、生活、行事など）。
③ ②を踏まえた保護者のサポート。

また、本校では全員がＰＴＡ役員をやることになりますが、その是非と理由をお書きください。

1

2

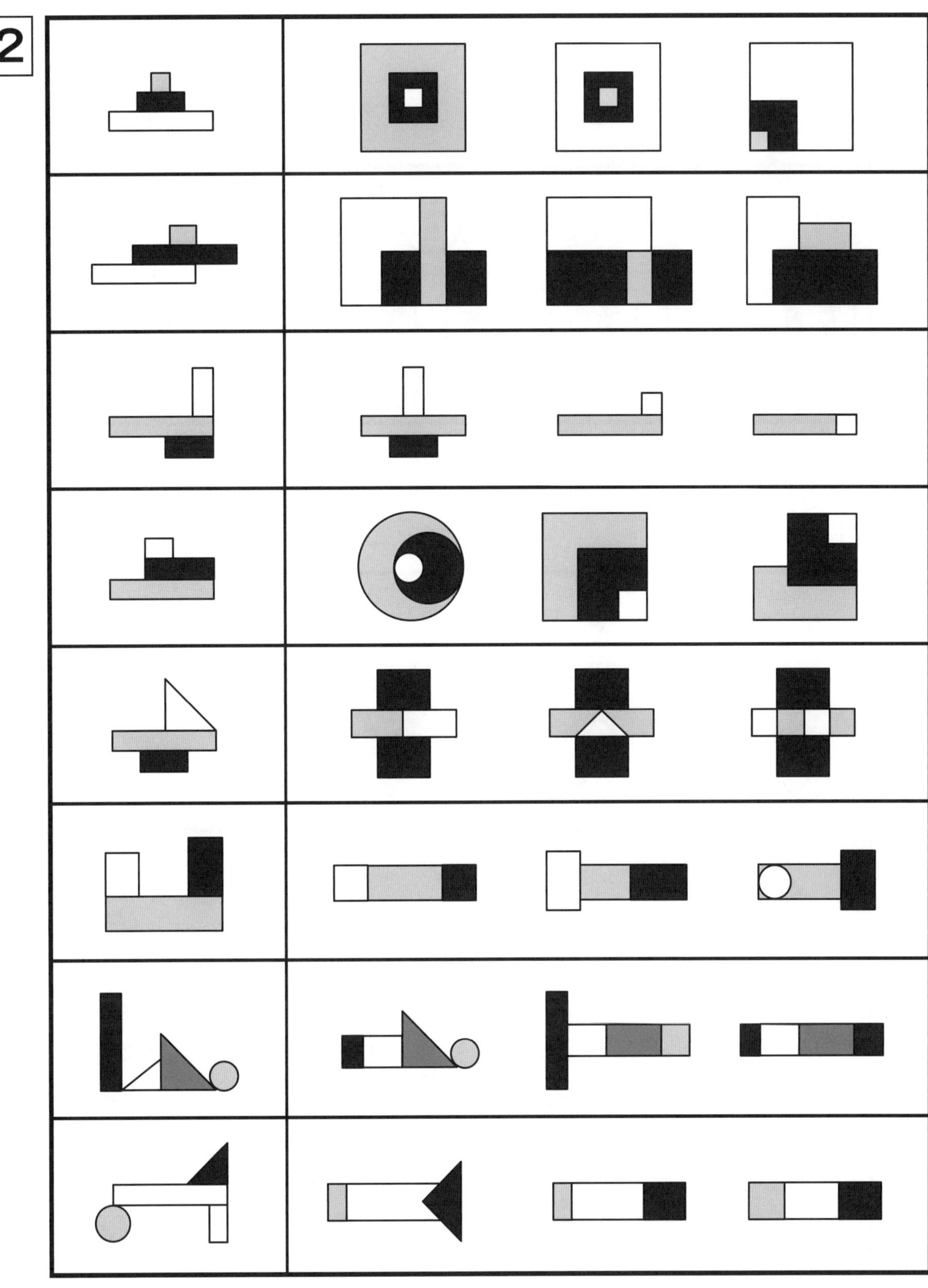

3

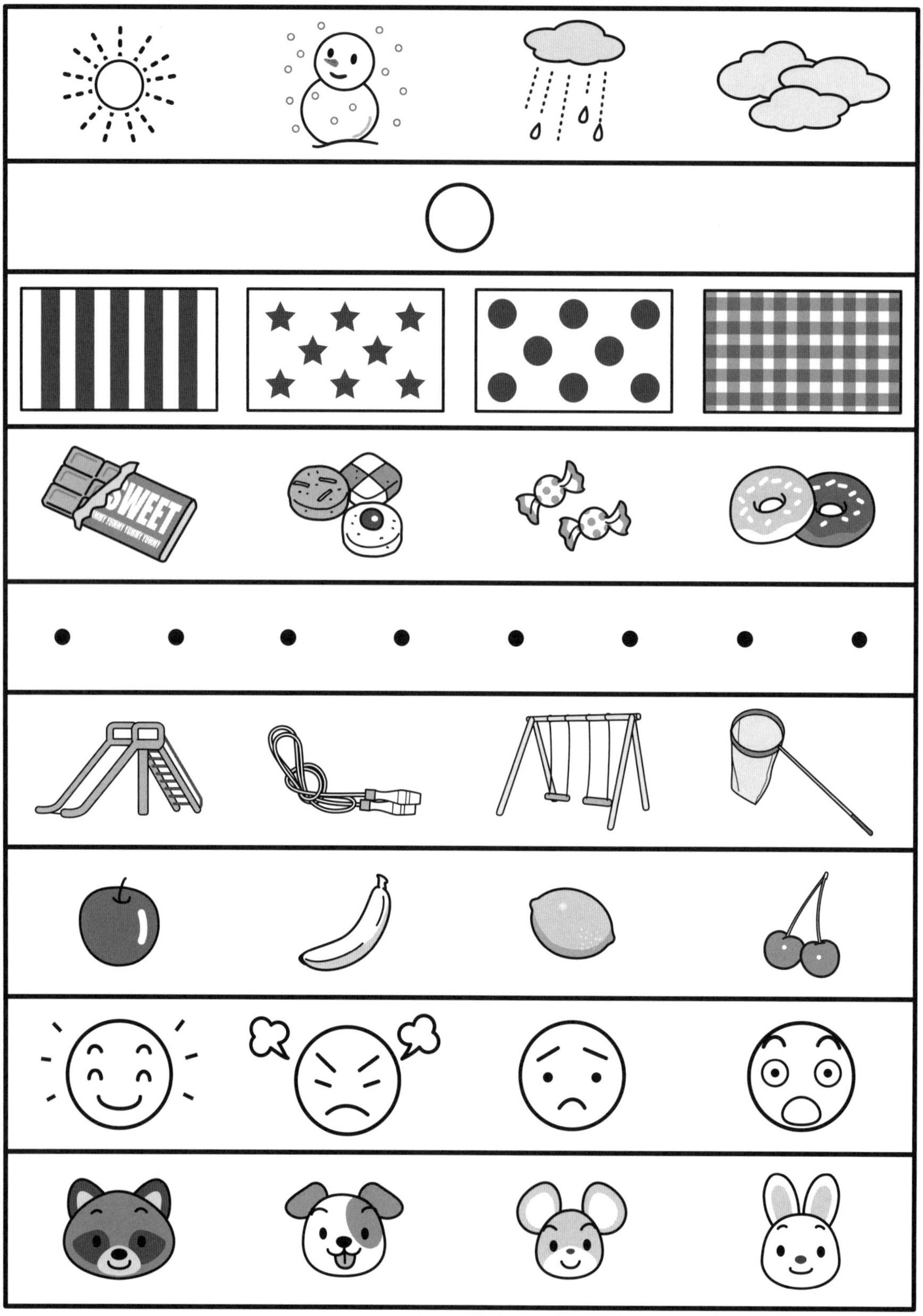

4

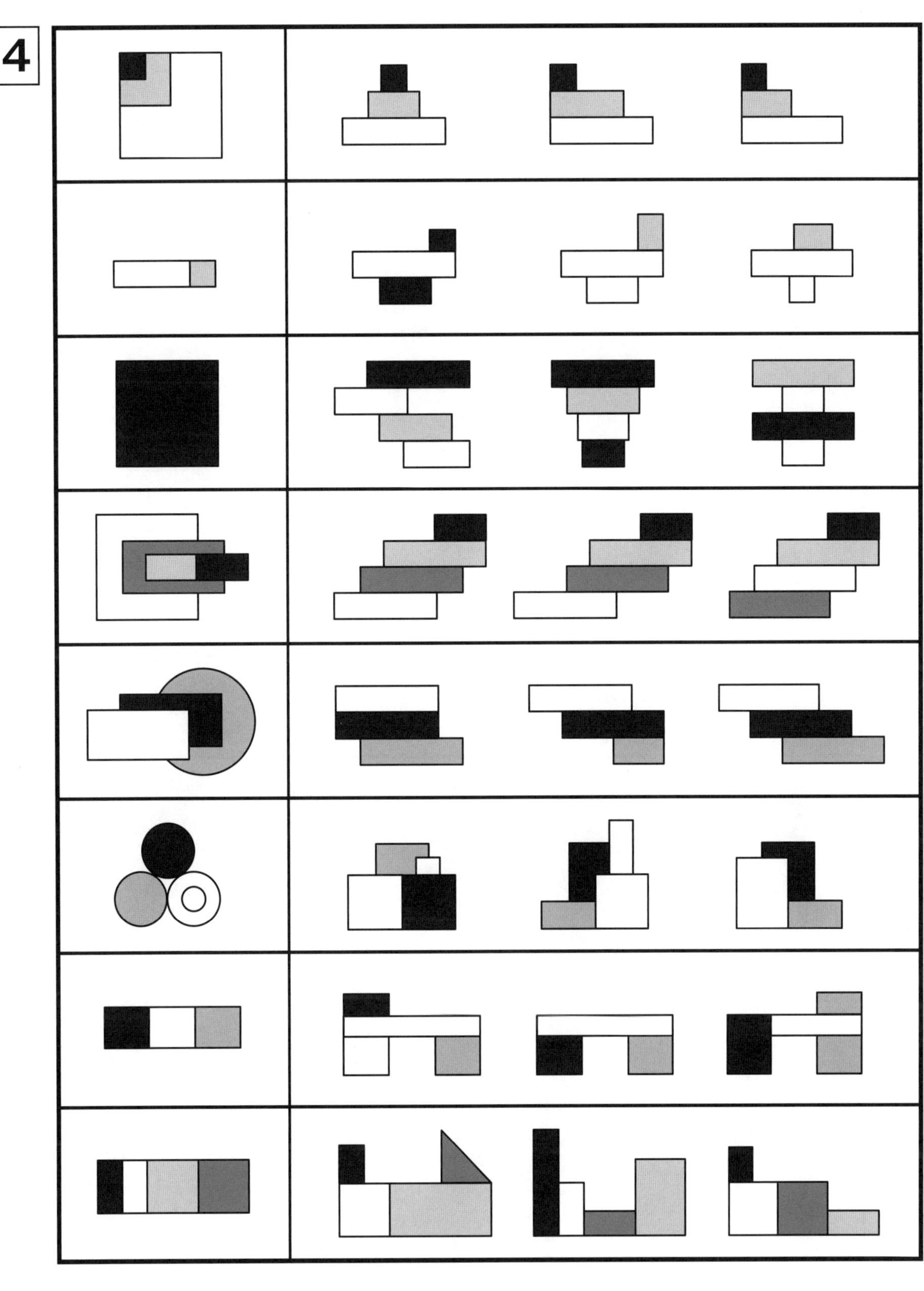

5

6

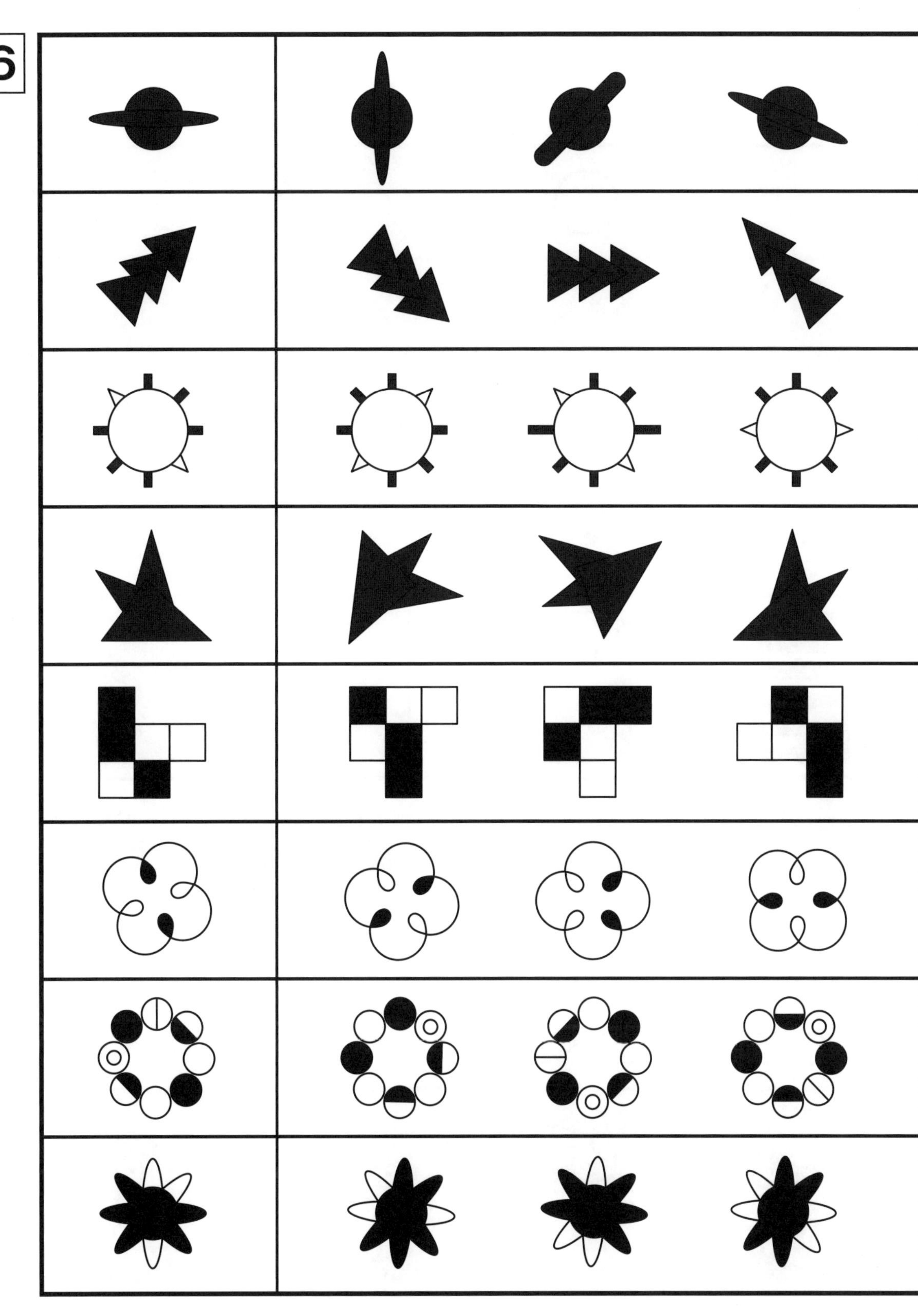

7

8

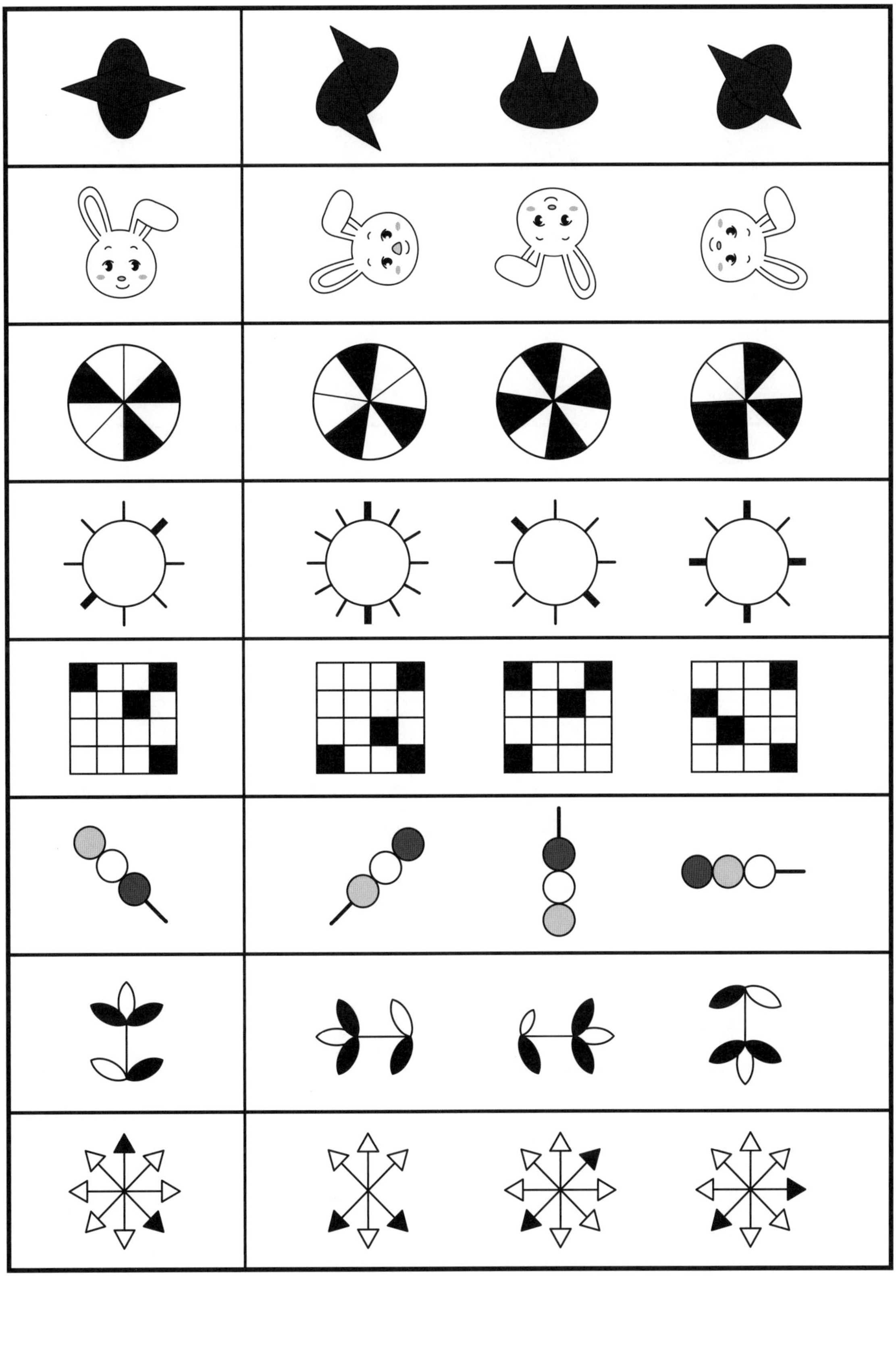

9

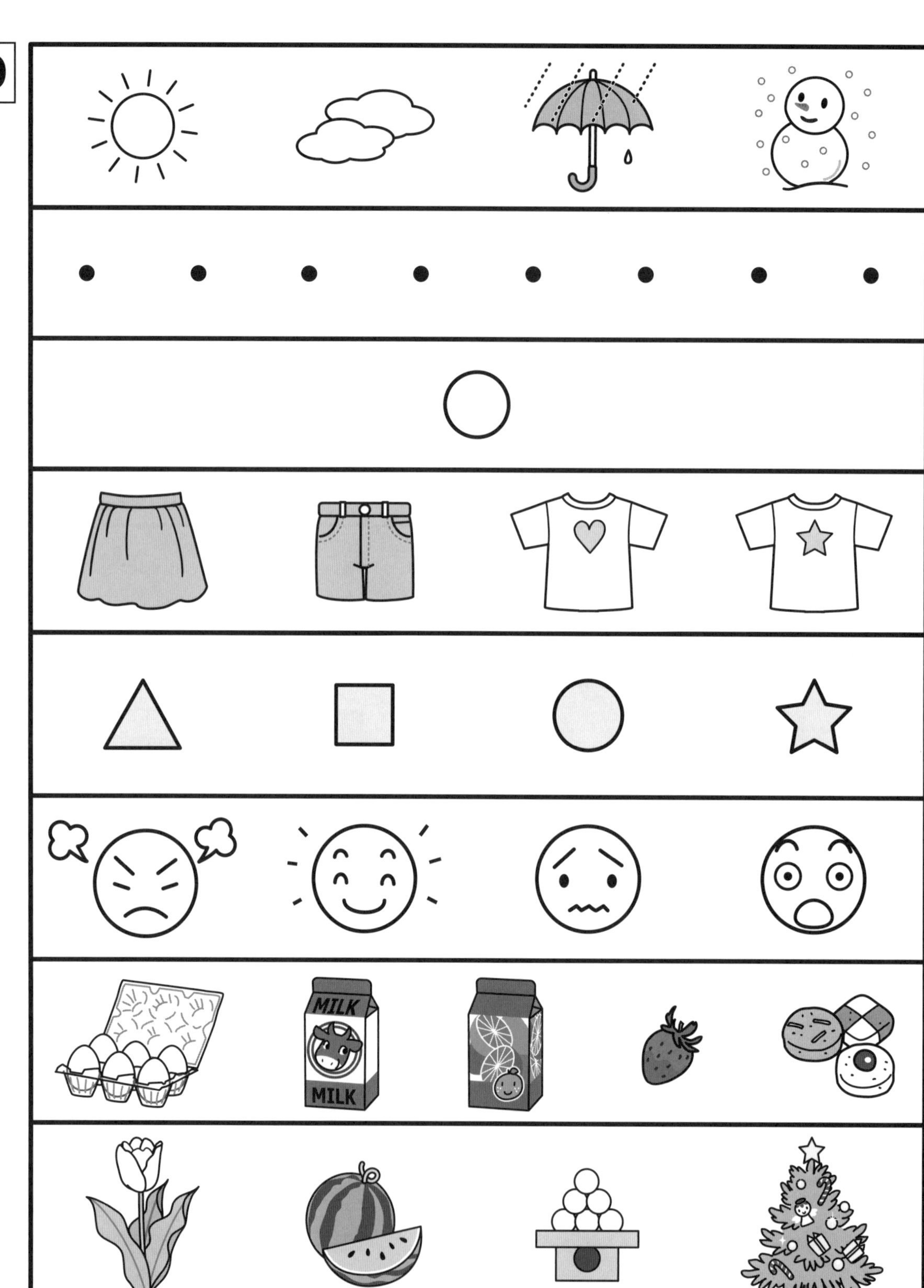

10

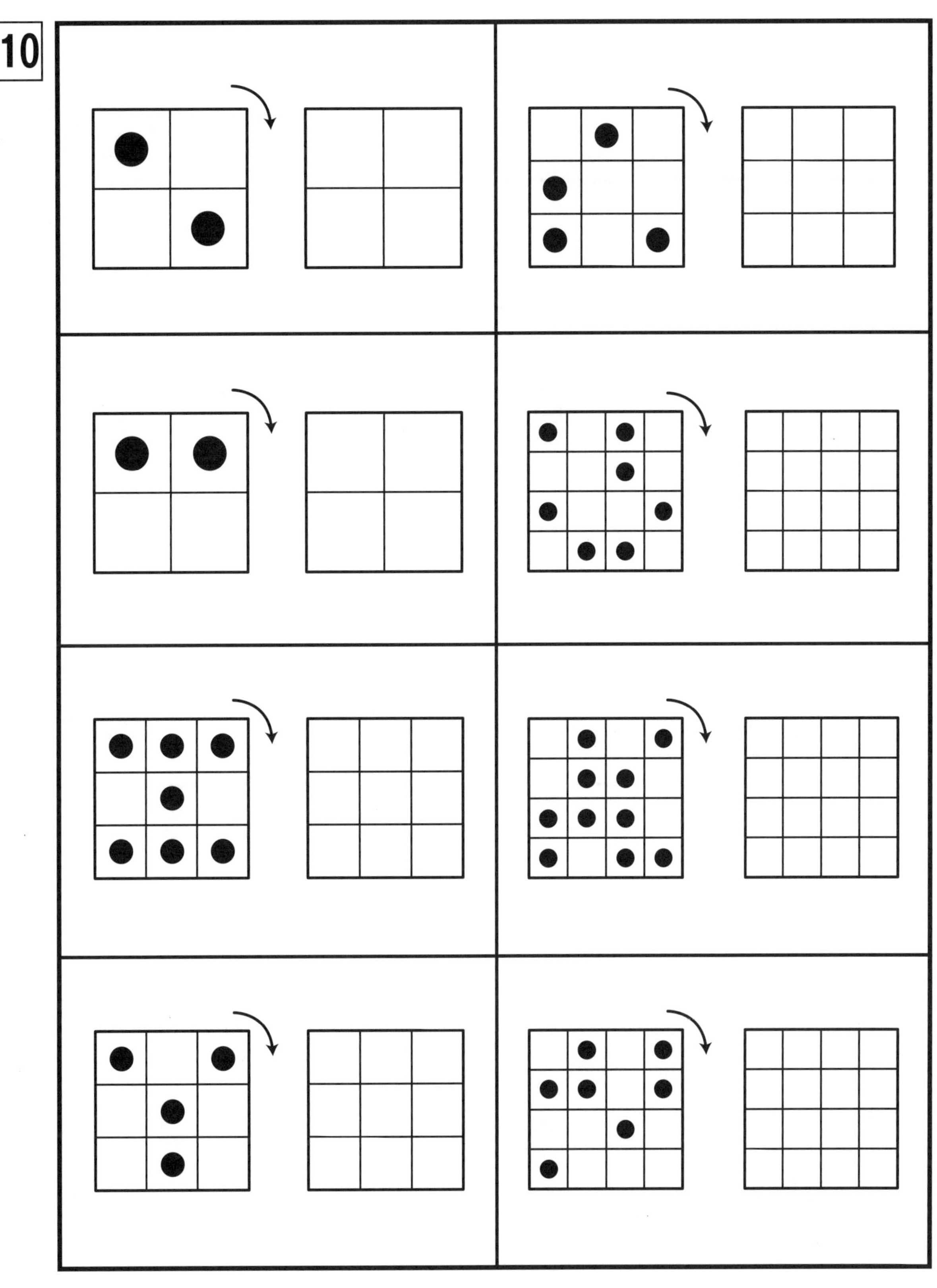

11

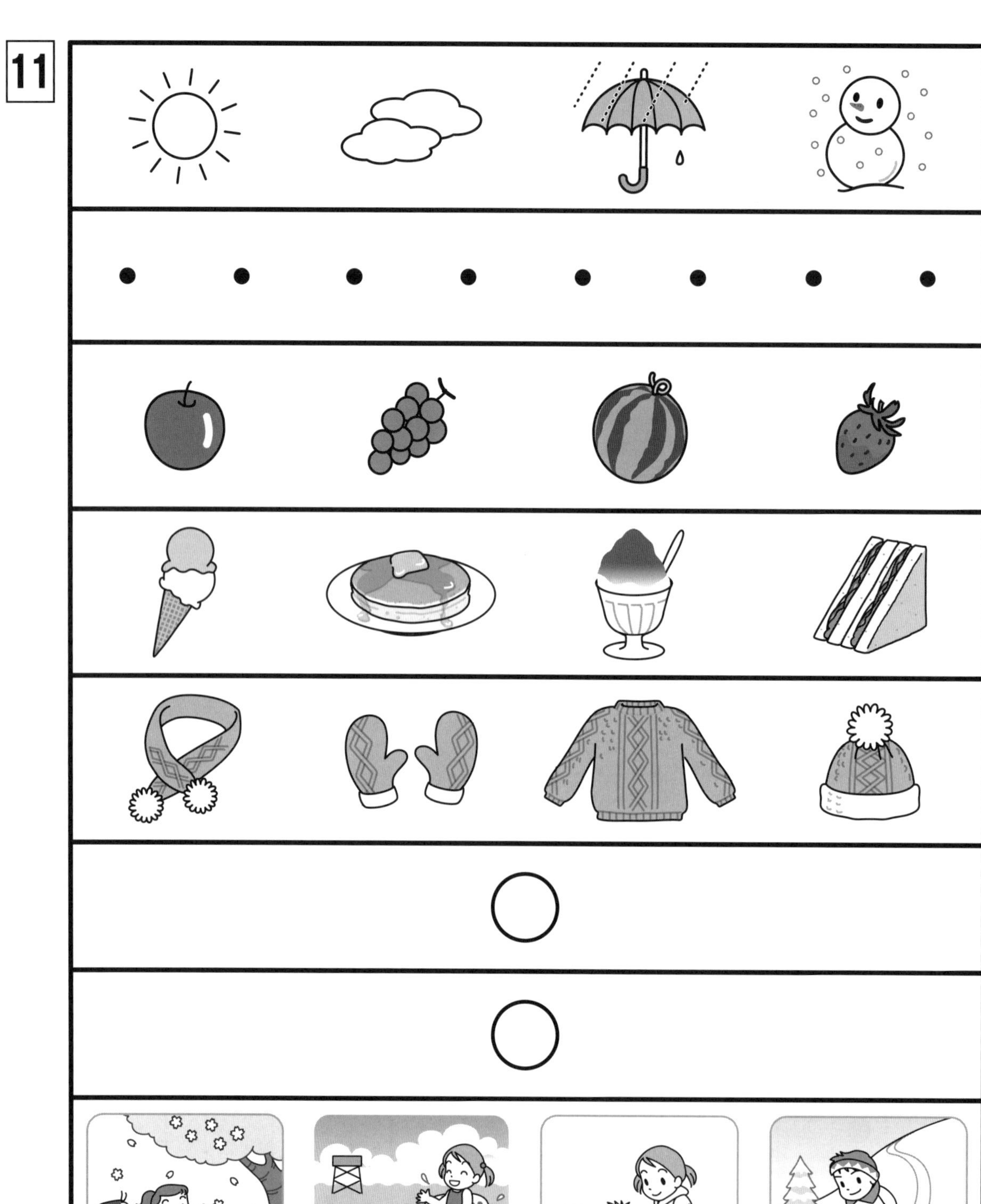

12

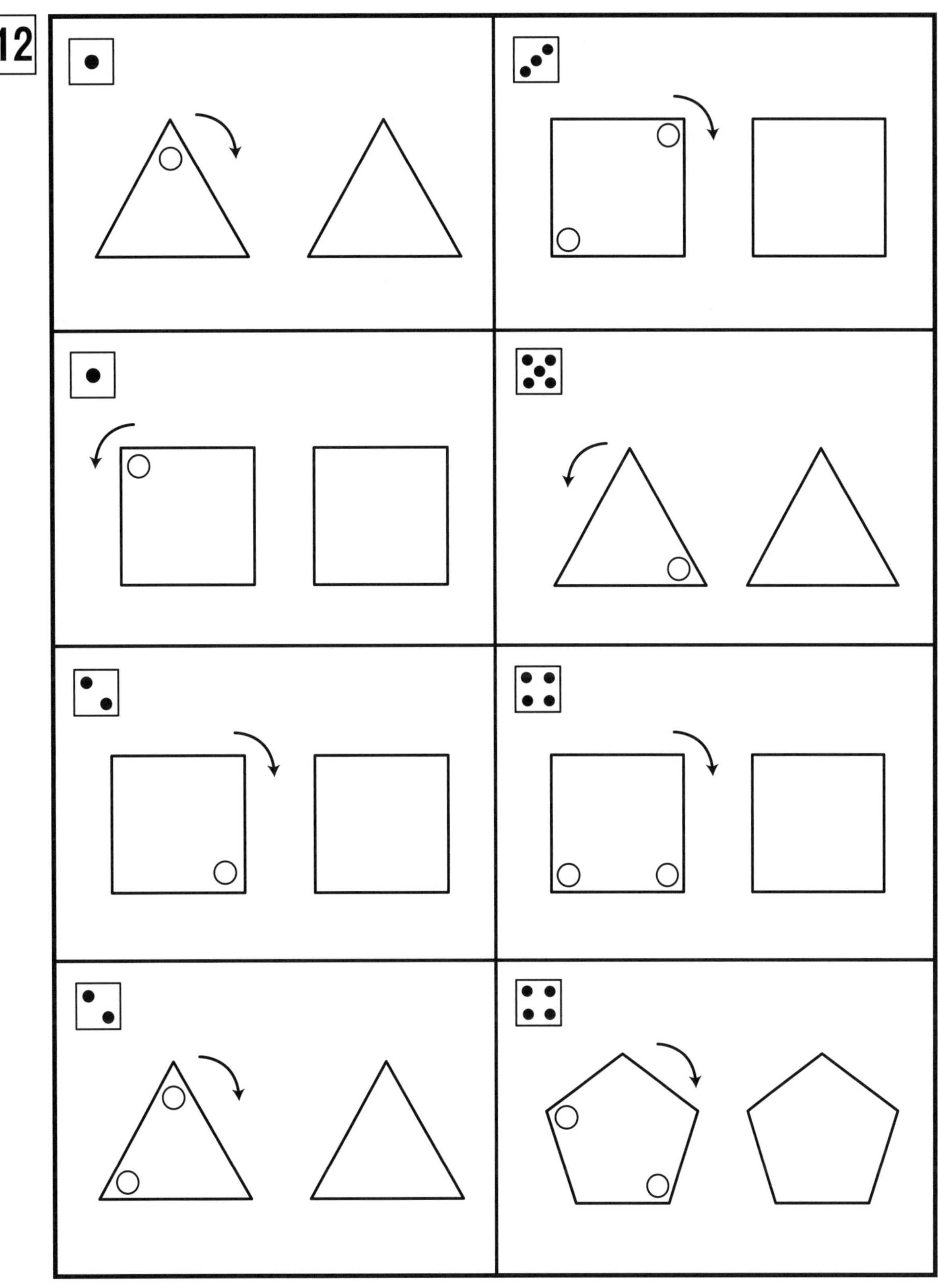

13

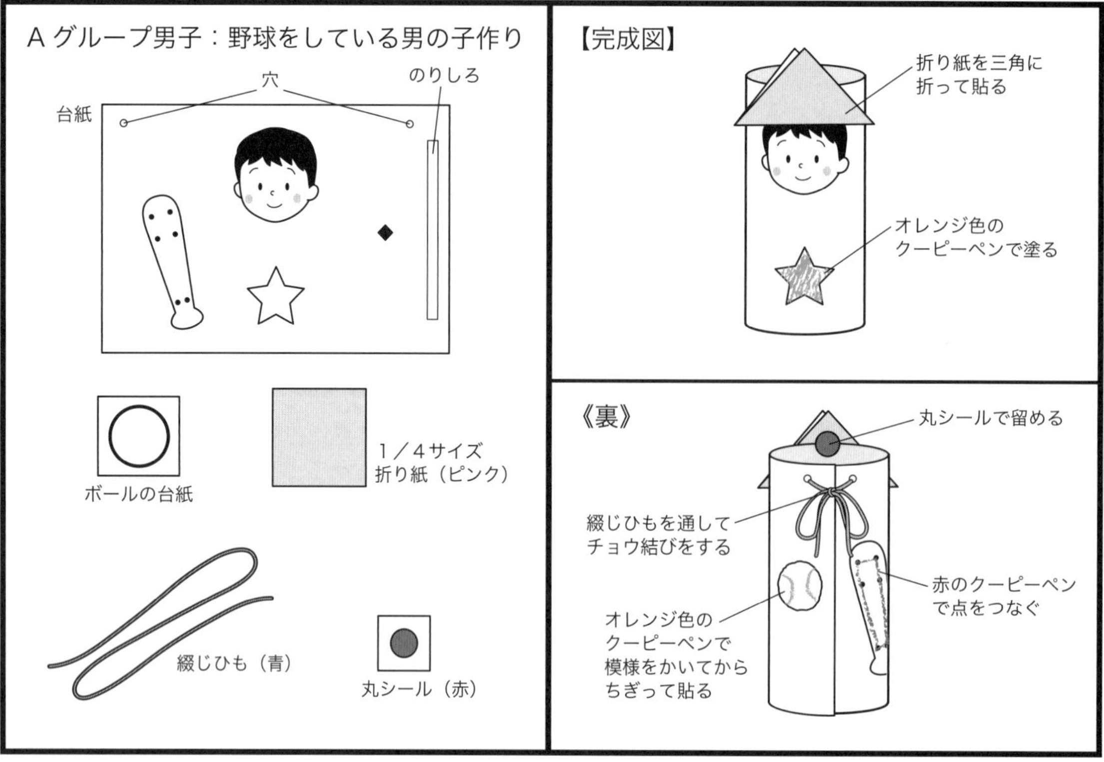

A グループ男子：野球をしている男の子作り
穴
のりしろ
台紙
ボールの台紙
1／4サイズ
折り紙（ピンク）
綴じひも（青）
丸シール（赤）
【完成図】
折り紙を三角に
折って貼る
オレンジ色の
クーピーペンで塗る
《裏》
丸シールで留める
綴じひもを通して
チョウ結びをする
赤のクーピーペン
で点をつなぐ
オレンジ色の
クーピーペンで
模様をかいてから
ちぎって貼る

14

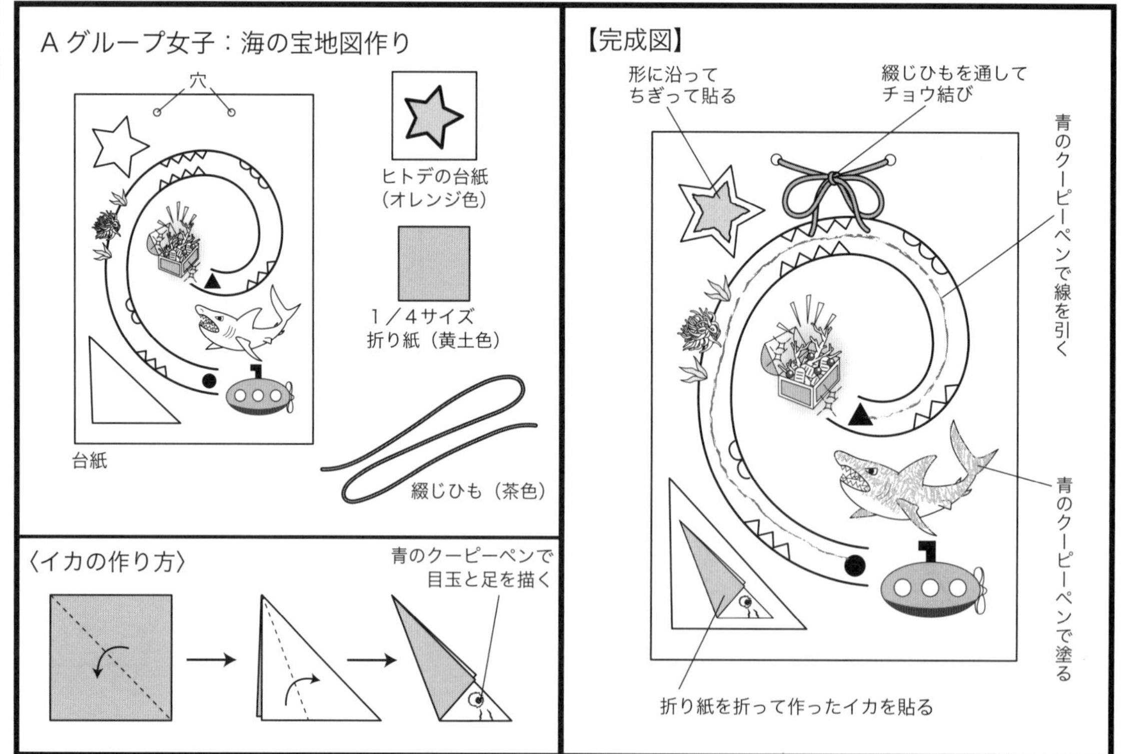

A グループ女子：海の宝地図作り
穴
ヒトデの台紙
（オレンジ色）
1／4サイズ
折り紙（黄土色）
台紙
綴じひも（茶色）
〈イカの作り方〉
青のクーピーペンで
目玉と足を描く
【完成図】
形に沿って
ちぎって貼る
綴じひもを通して
チョウ結び
青のクーピーペンで線を引く
青のクーピーペンで塗る
折り紙を折って作ったイカを貼る

15

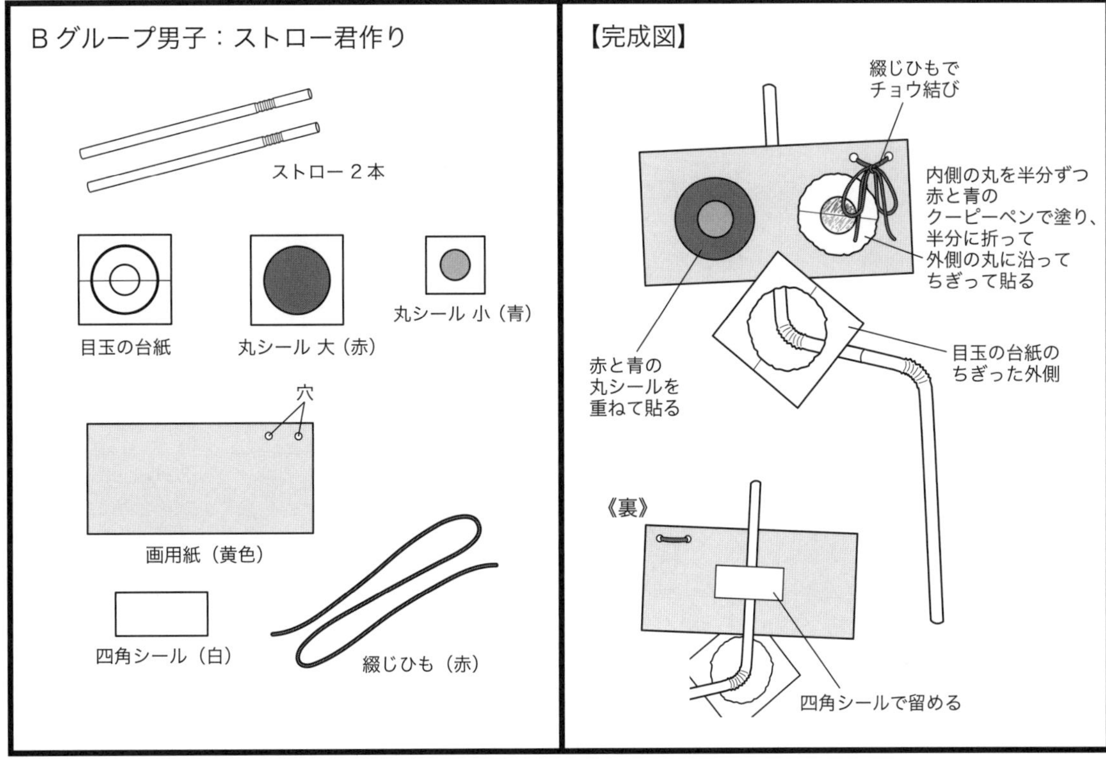
Bグループ男子：ストロー君作り
ストロー２本
目玉の台紙
丸シール 大（赤）
丸シール 小（青）
穴
画用紙（黄色）
四角シール（白）
綴じひも（赤）
【完成図】
綴じひもで
チョウ結び
内側の丸を半分ずつ
赤と青の
クーピーペンで塗り、
半分に折って
外側の丸に沿って
ちぎって貼る
目玉の台紙の
ちぎった外側
赤と青の
丸シールを
重ねて貼る
《裏》
四角シールで留める

16

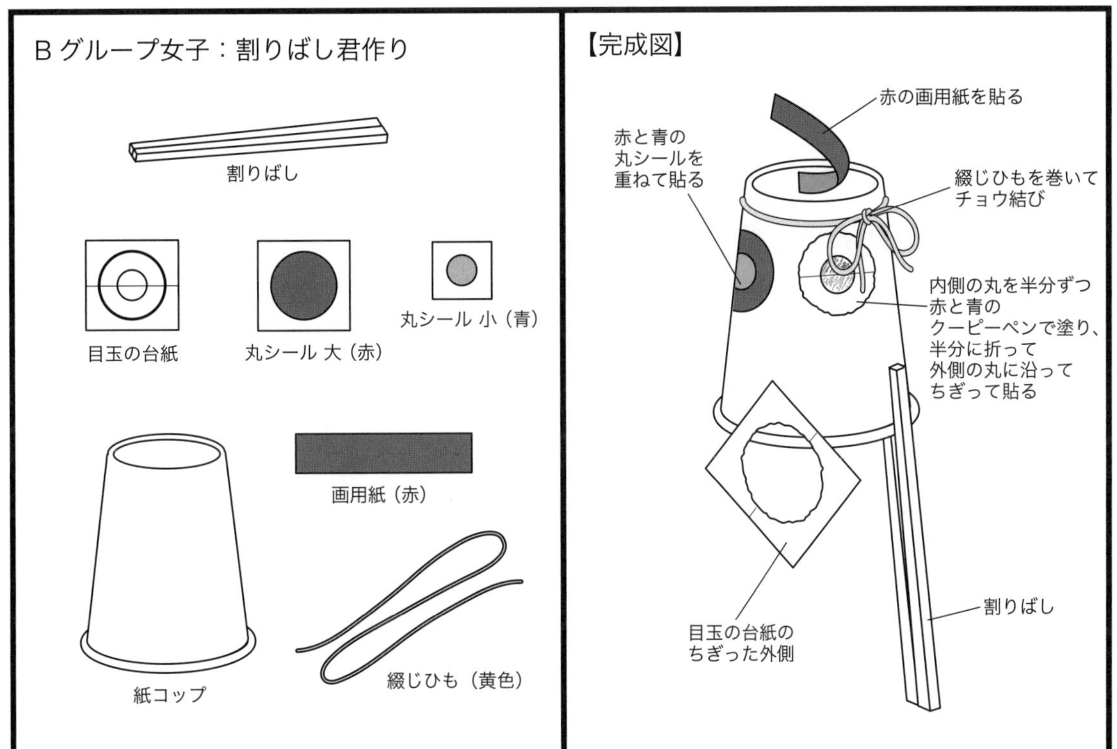
Bグループ女子：割りばし君作り
割りばし
目玉の台紙
丸シール 大（赤）
丸シール 小（青）
紙コップ
画用紙（赤）
綴じひも（黄色）
【完成図】
赤の画用紙を貼る
赤と青の
丸シールを
重ねて貼る
綴じひもを巻いて
チョウ結び
内側の丸を半分ずつ
赤と青の
クーピーペンで塗り、
半分に折って
外側の丸に沿って
ちぎって貼る
割りばし
目玉の台紙の
ちぎった外側

17

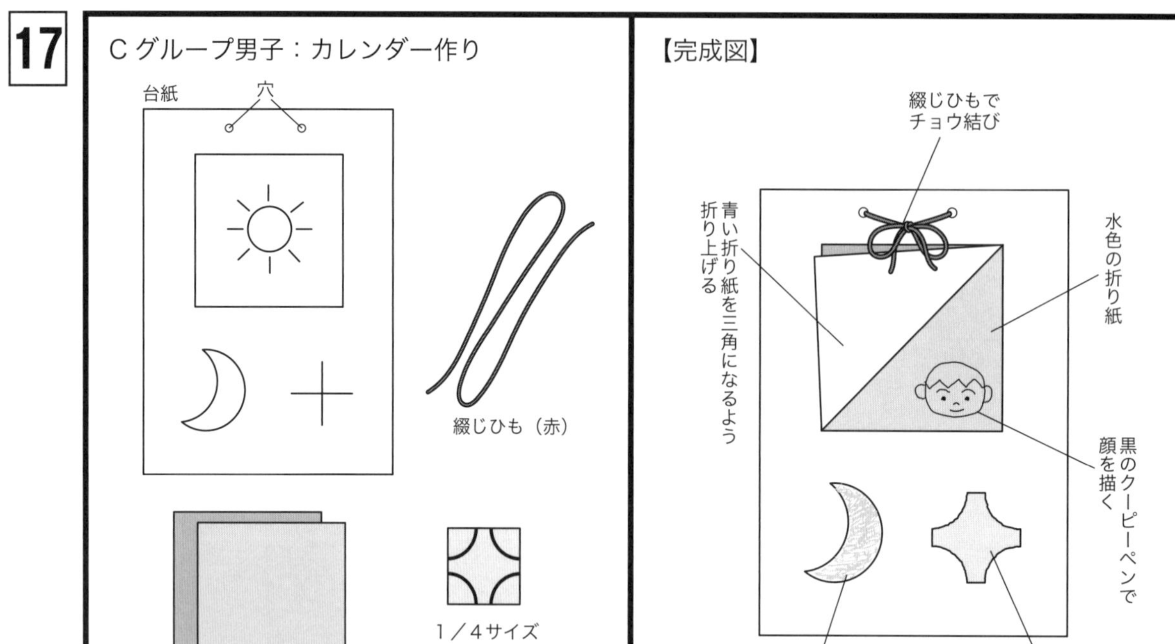
Cグループ男子：カレンダー作り
台紙
穴
綴じひも（赤）
折り紙（水色、青）
1／4サイズ
折り紙（黄色）
【完成図】
綴じひもで
チョウ結び
青い折り紙を三角になるよう折り上げる
水色の折り紙
黒のクーピーペンで顔を描く
黄色のクーピーペンで塗る
黄色い折り紙をちぎって
十字の上に貼る

18

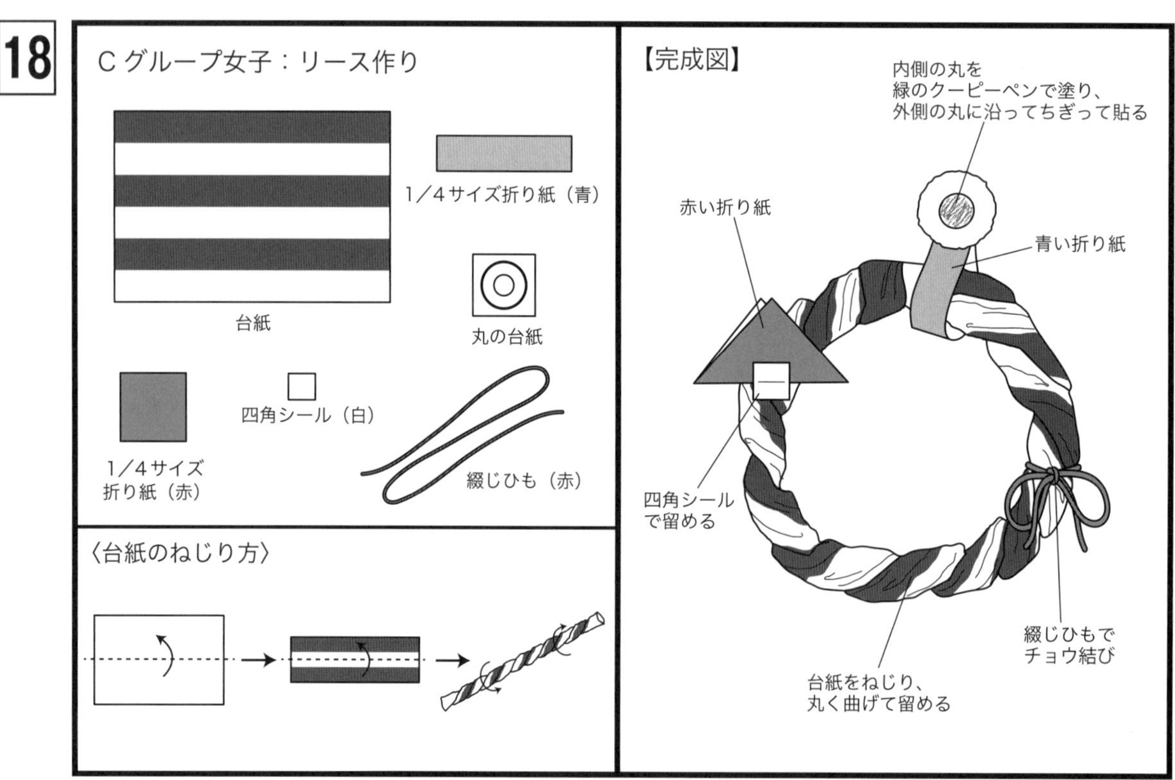
Cグループ女子：リース作り
台紙
1／4サイズ折り紙（青）
丸の台紙
四角シール（白）
1／4サイズ
折り紙（赤）
綴じひも（赤）
〈台紙のねじり方〉
【完成図】
内側の丸を
緑のクーピーペンで塗り、
外側の丸に沿ってちぎって貼る
赤い折り紙
青い折り紙
四角シール
で留める
綴じひもで
チョウ結び
台紙をねじり、
丸く曲げて留める

section
2022 筑波大学附属小学校入試問題

選抜方法

第一次 男女とも生年月日順にA（4月2日～7月31日生）、B（8月1日～11月30日生）、C（12月1日～4月1日生）の3グループに分け、それぞれ抽選で男子は志願者全体の37%、女子は46%の人数を選出する。

第二次 考査は1日で、第一次合格者を対象に約30人単位でペーパーテスト、集団テスト、運動テストを行い、男女各約90人を選出する。所要時間は約1時間30分。

第三次 第二次合格者を対象に抽選を行い、男女各64人を選出する。

ペーパーテスト

筆記用具は赤、青、緑、黒、オレンジ色、黄色など各グループで異なる色のクーピーペンを使用。訂正方法は×（バツ印）。出題方法は話の記憶のみ音声でほかは口頭。

1 話の記憶（Aグループ男子）

「クマ君とウサギさんとネズミ君の3匹は、みんなで遊びに行くお約束をしていました。すべり台やブランコがある公園の、噴水の前に集まることになっています。1番に着いたのはネズミ君でした。ネズミ君がしばらく待っていると『おはよう』と言いながらクマ君とウサギさんが一緒にやって来ました。3匹はそれぞれやりたいことがあったので、みんなのやりたいことを順番にやろうということになっていました。最初に、クマ君が行きたいと言っていたかき氷屋さんに行きました。3匹は、クマ君を先頭に公園の中を通り抜けて道へ出ると、すぐに左に曲がりました。しばらく歩いてまた左に曲がり、真っすぐ歩いていくと、いろいろなお店がありました。『こっちだよ』と言いながら先頭を歩くクマ君の後ろをついていき、八百屋さん、魚屋さん、花屋さん、文房具屋さんの前を通り過ぎると、かき氷屋さんに着きました。かき氷屋さんはおしゃべりなペンギンのおじさんです。赤い野球帽をかぶり、青い服を着てサンダルを履いています。クマ君はイチゴ味、ウサギさんはメロン味のかき氷を食べることにしました。ネズミ君は『えーと、えーと……僕はブドウ味も好きだけど、黄色くてすっぱい味のかき氷が大好きなんだ』と言いました。ペンギンのおじさんが『わかった。これだね』と言って、レモン味のかき氷を渡してくれました。『そうそう、レモン味だ！』と言うと、ネズミ君は喜んで受け取りました。『やっぱり夏にかき氷を食べるのはいいなあ』とクマ君が言いました。かき氷を食べ終わると『次はわたしの番ね』とウサギさんが言って、みんなはプールに向かうことにしました。すぐ近くのバス停でバスを待っていると、青いバスが来ました。3匹はバスに乗ると『プール広場』という３つ目のバス停で降りました。プールの入口には麦わら帽子をかぶったクジラのおじさんがいて、みんなを迎えてくれました。３匹はさっそく、お家から持ってきたものをリュックサックから取り出しました。ウサギさんは黄色いビーチボール、ネズミ君は赤い浮き輪、クマ君は水色の水鉄砲です。３匹がプールで遊んでいると、クジラのおじさんが『これもやってごらん』と、プールのすべり台で遊ばせてくれました。それからすべり台で楽しく遊んでいると、空がピカッと光り、遠くの山の方からゴロゴロと音が聞こえてきました。最初に気づいたのはネズミ君です。『遠くの方だから大丈夫だよ』とクマ君が言いましたが、ウサギさんは慌てています。『雷が鳴ったらプールからすぐに出るのよ、とお母さんが言っていたわ』。そうウサギさんが言ったとたんに、ポツポツと雨が降り出しました。３匹はプールから出ると、目の前のお店で雨宿りをすることにしました。そこで今度は、ネズミ君がリュックサックの中から真っ白いうちわとクレヨンを取り出し『雨がやむまで、みんなでこれにお絵描きをしようよ。みんなの分もあるよ』と言って、みんなでかき氷を食べたときの絵を描き始めました。クマ君は、みんなでプールで遊んでいる絵を描きました。ウサギさんは、昨日の夜にお家で読んでもらった昔話の『かちかち山』の絵を描きました。しばらくすると雨はやみ、空には大きな虹が架かっています。『わあ、きれいだね』とみんなでうっとりしながら虹を眺めた後、お家に帰ることにしました。帰りもみんなでバスに乗って３つ目のバス停で降り、朝と同じ道を通って噴水広場まで戻ってきました。『今日は楽しかったね。また遊ぼうね。バイバイ』と言って、それぞれお家に帰っていきました」

・動物たちが集まった場所はどこでしたか。その場所の絵に○をつけましょう。
・動物たちはいくつ目のバス停でバスを降りましたか。その数だけ丸を囲みましょう。
・動物たちが乗ったバスは何色でしたか。その色で丸を塗りましょう。
・ウサギさんが持ってきたビーチボールは何色でしたか。その色で丸を塗りましょう。
・ネズミ君が食べたかき氷の味に○をつけましょう。
・昔話の「かちかち山」に出てくる動物に○をつけましょう。
・ペンギンのおじさんがかぶっていた帽子に○をつけましょう。
・クマ君がプールに持ってきたものに○をつけましょう。
・お話の最後にみんなで見たものに○をつけましょう。
・お話と同じ季節のものに○をつけましょう。

2 構　成（Aグループ男子）

一番上を例題として、やり方を確認してから行う。
・左端のお手本を切って、２つの形にします。１つがすぐ隣の形になったとき、もう１つの形はどれですか。右側から選んで○をつけましょう。点線がお手本を切り分けたところなので、点線と点線のところをくっつけたとき、お手本と同じになるものを選びましょう。

3 話の記憶（Aグループ女子）

「ある日のことです。動物たちはみんなで山登りをするお約束をしていました。ウサギさんとクマ君、タヌキ君とリスさんが、公園で待ち合わせをしています。公園にはイチョウの木がたくさんあって、葉っぱがきれいに色づいています。昨日は雨が降っていたので、『明日の山登りにはレインコートが必要になるかもしれないね』と心配していましたが、『今日は空もイチョウもきれいだね。いいお天気だね』とみんなで喜びました。ウサギさんは緑のリュックサック、クマ君は赤いリュックサック、リスさんは黄色いリュックサック、タヌキ君は青いリュックサックを背負っています。みんなそろって、さあ出発です。山を登り始めたところで、リスさんが『クマ君、ウサギさん、山に登るときは帽子をかぶっていないとあぶないよ』と言いました。『あっ、そうだった』『うっかりしていたわ』と言うと、２匹は慌ててリュックサックから帽子を取り出してかぶりました。山道を歩いている途中、食いしん坊のクマ君はまだお昼前だというのに、お弁当の話をし始めました。『みんなは何を持ってきたの？　僕はおにぎりだよ』とクマ君が言うと、タヌキ君が『僕はサンドイッチを５個持ってきたよ』と言いました。『えー、そんなに持ってきたの？』ウサギさんがびっくりして言うと『自分だけで食べるんじゃないよ。一緒に食べたらおいしいかなと思って、みんなの分も持ってきたんだ』とタヌキ君は言いました。しばらく歩いていくと、キツネのきょうだいに会いました。きょうだいは大きな岩の下に座り込んで、疲れた顔をしています。ウサギさんは『よかったら、一緒におやつを食べない？』と言ってみんなにおやつを配った後、キツネのきょうだいにも青いアメを１つずつ渡しました。キツネのきょうだいは『ありがとう』と言うと、おいしそうにアメを食べました。みんなでゆっくりおやつを食べていると、『あっ、向こうに何か果物がなっているよ』とリスさんが言いました。それを聞いたウサギさんが『あれはさるかに合戦のお話に出てくる木だわ。確か、サルがカニに実を投げるのよ』と言いました。『採って食べてみようかなあ』とクマ君が言いましたが、『もしかしたら渋いかもしれないよ』とタヌキ君が言ったので、食べるのをやめました。おやつを食べ終わると、みんなはまた頂上を目指して歩き出しました。途中でイヌ、キジ、サルのグループとすれ違い『こんにちは』と言って通り過ぎた後、リスさんがクスクス笑っています。みんなが『どうしたの？』と聞くと、『だってあの動物たち、あの昔話に出てくる動物と同じなんだもん』と言いました。山のてっぺんに着くと、動物たちは楽しみにしていたお弁当を仲よく食べました」

・お話の前の日の天気に○をつけましょう。
・公園にあった木の葉っぱに○をつけましょう。
・ウサギさんが背負っていたリュックサックは何色でしたか。その色で丸を塗りましょう。
・帽子をかぶり忘れていた動物みんなに○をつけましょう。

・タヌキ君が持ってきたサンドイッチは何個でしたか。その数だけ丸を囲みましょう。
・キツネのきょうだいは、岩の下でどんな顔をしていましたか。合うものに○をつけましょう。
・山登りの途中で木になっていた果物に○をつけましょう。
・山ですれ違った動物たちは、どの昔話に出てきますか。合う絵に○をつけましょう。

4 構　成（Aグループ女子）

一番上を例題として、やり方を確認してから行う。

・左端のお手本を切って２つの形にすると、それぞれどんな形になりますか。右から選んで○をつけましょう。点線がお手本を切り分けたところなので、点線と点線のところをくっつけたとき、お手本と同じになるものを選びましょう。

5 話の記憶（Bグループ男子）

「たろう君は、本を読むのが大好きな男の子です。毎日早起きをしています。今日は朝ごはんにソーセージ２本と玉子焼き、ご飯とおみそ汁を食べました。お姉さんのはなこさんは、玉子焼きとおいなりさんとおみそ汁を食べました。朝ごはんを食べ終わると、たろう君は星の模様のシャツと赤いズボンに着替えました。はなこさんは、お気に入りのピアノの絵が描かれたシャツとスカートに着替えました。２人は今日、お母さんと一緒に図書館に行くことになっています。『２人とも、出かけるから上着を着なさい』とお母さんに言われて、たろう君は青いジャンパーを、はなこさんは緑のジャンパーを着て外に出ました。昨日はよく晴れていたのに、今日は曇り空です。３人はお家の前の道を歩いて、最初の角を右に曲がりました。しばらく歩いてスーパーマーケットの隣にある階段を下りていくと、図書館の屋根が見えてきました。緑の屋根の隣には、イチョウの葉がきれいに色づいています。はなこさんは最近、お母さんのお手伝いをしながら、いろいろなお料理を作っています。『わたしはお料理の本を借りたいな。えーと、お料理の本は３階ね』と見に行ってしまったので、たろう君は２階で１人で本を探すことにしました。２階には、たろう君の好きな飛行機や昆虫の本がたくさんあります。『今日は恐竜の本を見たいんだ。どこにあるのかなあ』。あちらこちらの本棚を探してみましたが、恐竜の本が見当たりません。そこで恐竜の本はあきらめて、『冬の虫捕り』という本を読んでみることにしました。本棚の隣には机といすが置いてあります。そこで座って本を読んでいると、お母さんが隣にやって来て、たろう君が読んでいる本をのぞき込んで言いました。『あら、虫の本を読んでいるのね』。本のページをめくっていくと、テントウムシが出てきました。コナラという木の写真が載っていて、そこには札がついています。札をめくると、たくさんのテントウムシが隠れている写真がありました。『これ、何だろう？』とたろう君が聞くと、お母さんは『冬になると、こうやってみんなで集まって過ごす虫もいるのよ』と教えてくれました。面白そうな本だなと思ったたろう君は、この本を借りて帰ることにしました。しばらくして、はなこさんが本を持って戻ってきました。『わたしはこの本を借りるわ。ハンバーグの作り方が書いてあるの』。そう言うと、はなこさんは1人でカウンターに行き、図書館の人に『お願いします』とお料理の本を渡して貸し出してもらいます。本を受け取ると、持っていたピアノの絵が描かれたかばんにしまいました。そして『今日はわたしが、お昼ごはんにハンバーグと目玉焼きを作りたいな』と言ったので、お母さんが『じゃあ、スーパーマーケットでお買い物をして帰りましょうね』と答えました。スーパーマーケットは図書館のすぐ近くにあります。はなこさんは、さっき借りたお料理の本を見ながら言いました。『えーと、ハンバーグと目玉焼きのほかにサラダも作るから、ニンジンとジャガイモ、タマネギとキャベツがいるわ』。次々とお買い物カゴに品物を入れていきます。けれども『タマネギはお家にあるわよ』とお母さんが言ったので、『じゃあ、僕が戻してくるね』と言ってたろう君がカゴから取り出しました。『あとは、お肉も買わなくちゃ』。はなこさんはそう言って、お肉売り場に向かいます。その後『今日はおやつにアイスクリームが食べたいな』とたろう君が言ったので、アイスクリームも買うことにしました。お父さん、お母さん、たろう君、はなこさんの、家族全員の分を買いました。たろう君とはなこさんは、お家まで荷物を一緒に持って帰りました」

・お話の日の天気に○をつけましょう。
・図書館の屋根は何色でしたか。その色で丸を塗りましょう。
・たろう君のズボンは何色でしたか。その色で丸を塗りましょう。
・図書館の隣にあった木の葉っぱに○をつけましょう。
・たろう君たちはアイスクリームを何個買いましたか。その数だけ丸を囲みましょう。
・たろう君が最初に探していた本に○をつけましょう。
・スーパーマーケットで買わなかったものに○をつけましょう。
・冬になると集まって過ごす虫に○をつけましょう。

6 推理・思考（比較）（Bグループ男子）

一番上を例題として、やり方を確認してから行う。
・白と黒に塗り分けられた形があります。それぞれの段で、白いところと黒いところの大きさが同じものを見つけて○をつけましょう。

7 話の記憶（Bグループ女子）

「『もういくつ寝ると、お正月』と歌いながら、たろう君が起きてきました。そんなたろう君を見て『朝から楽しそうね』とお母さんが言いました。今日は家族みんなでデパートにお買い物に行く日なのです。朝ごはんを食べ終わると、たろう君は出かける支度をしました。赤い毛糸の帽子にしようか、星のついた緑の帽子にしようか、チェック模様の紫の帽子にしようかと迷っていると、『外は寒いわよ』とお母さんが言ったので、赤い毛糸の帽子をかぶることにしました。お父さんとお母さん、たろう君とお姉さんは、お家を出ると駅まで歩き、電車に乗ってデパートに向かいます。駅に着いたら改札を通ってホームに並び、やって来た電車の３両目に乗り込みました。電車が発車すると『今日はジャンケンで勝った人から順番に、欲しいものを買っていこう』とお父さんが言いました。ジャンケンをして最初に勝ったのは、お父さんです。次に残りの３人でジャンケンをして、お母さんが勝ちました。最後に子ども同士でジャンケンをして、お姉さんが勝ちました。電車が駅に着いて降りようとすると、たろう君より小さい男の子が電車に駆け込んできて、ドンッとたろう君にぶつかりました。男の子は何も言わずにそのまま行ってしまい、たろう君は悲しい気持ちになりました。駅から出ると、すぐ目の前にデパートがあります。まず、お父さんのものを買うためにみんなで靴売り場に行き、運動靴を買いました。次に、お母さんのピンクの丸い眼鏡を買いました。その後は、お姉さんの欲しいものを買う番です。『お姉ちゃんは前のお買い物のとき、洋服屋さんで青いスカートにしようか、黄色いスカートにしようかと迷って、時間がかかったよね。今日はどうかな』とお父さんが言うと、お姉さんは『わたし、今日は欲しいものが決まっているの』と張り切って答えました。お姉さんが選んだのは、赤い腕時計でした。『これをつけていれば、いつでも時間がわかって便利だわ』とお姉さんは言いました。最後はたろう君の番です。たろう君は本屋さんで虫の図鑑を買ってもらいたいと思っていたのですが、なかなか見つけることができません。『虫の本はどこにありますか』と店員さんに聞いてみると、『真っすぐ行って右に曲がったところの、青い本棚にありますよ』と教えてくれました。教えてもらった通りに行ってみると『あっ、あった！』虫の本がたくさん置いてある青い本棚がありました。『どれにしようかなあ……』。たろう君は少し迷いましたが『僕、これにする！』と言うと本棚から１冊の本を手に取って、お父さんと一緒にレジに持っていきました。『これで、みんなの欲しいものが買えたね』とお姉さんが言いました。お買い物が済んだので、デパートを出て駅に向かい、電車に乗ってお家に帰りました」

・たろう君がかぶっていた帽子は何色でしたか。その色で丸を塗りましょう。
・たろう君の家族は電車のいくつ目の車両に乗りましたか。その数だけ丸を囲みましょう。
・お姉さんが買ってもらったものに○をつけましょう。
・たろう君は何の図鑑を買ってもらいましたか。その絵に○をつけましょう。
・買ってもらった図鑑は何色の本棚にありましたか。その色で丸を塗りましょう。
・電車で小さい子とぶつかった後、たろう君はどんな顔をしていたと思いますか。合う絵に○をつけましょう。
・お話と同じ季節の絵に○をつけましょう。
・お話の最初で、たろう君が歌っていた歌に出てくるものに○をつけましょう。

8 **推理・思考（比較）**（Bグループ女子）

一番上を例題として、やり方を確認してから行う。

・白と黒に塗り分けられた形があります。それぞれの段で、白いところと黒いところの大きさが同じではないものを見つけて○をつけましょう。

9 話の記憶（Cグループ男子）

「ある春の日のことです。カエル君はお母さんと一緒に公園に行くことにしました。『昨日は雨だったけど、今日のお天気はよさそうだね』と言うと、カエル君は黄色いお洋服に着替え、大好きな緑の帽子をかぶって出かける支度を始めました。『きっとサクラの花が咲いているから、公園でお昼ごはんを食べましょう』と言って、お母さんはお弁当の準備をしました。できあがったお弁当をリュックサックに入れて、水筒を持って、さあ出発です。公園に向かう道のあちらこちらには、タンポポが咲いています。公園に着くと、カエル君はお家から持ってきたシャボン玉で遊ぶことにしました。カエル君は大きなシャボン玉を作り、お母さんは小さなシャボン玉をたくさん作りました。しばらくすると『そろそろおなかがすいたわね』とお母さんが言いました。公園の中にはいくつかベンチがあります。見渡してみると、モグラ君が青いベンチに腰掛けて、のんびりとお花見をしているところでした。青いベンチは大きなサクラの木のすぐ下にあって、お花見にはちょうどよさそうです。『僕、青いベンチに座りたいなあ』とカエル君が言うと、お母さんは『青いベンチはもうモグラ君が座っているから、お隣の赤いベンチにしましょう。赤いベンチでもサクラはよく見えるわよ』と言いました。『昨日は雨だったから心配したけれど、今日は本当によいお天気になったわね。ベンチもしっかり乾いてよかったわ』。お母さんはそう言うと、リュックサックからお弁当を取り出しました。カエル君とお母さんは並んで座り、お弁当を食べ始めました。カエル君は、サンドイッチを３つとデザートにバナナを１本食べました。お昼ごはんを食べ終わると、突然ビューッと強い風が吹いて、カエル君たちのところにサクラの花びらがたくさん飛んできました。カエル君の頭の上にも、花びらが１枚載りました。カエル君はにっこり笑って花びらをつまむと『うわあ、きれいだな。こんなふうに花びらがたくさん飛んでくるなんて、赤いベンチに座っていてよかったね』と、お母さんに言いました。その後、公園からの帰り道、近くの本屋さんに寄りました。そこでカエル君は、絵本を１冊と鉛筆とノートを買ってもらいました。お店を出た後、公園の方をふり返ると、サクラの花びらがまだ風で舞っていました。お家に帰って夕ごはんを食べ、お風呂に入った後で、カエル君はさっそく今日買ってもらった絵本をお母さんに読んでもらいました。カエル君とネズミさんがシャボン玉遊びをするお話でした。お話を聞いているうちに、カエル君はうとうとし始めました。夢の中で『どっちが大きいシャボン玉を作れるかな』『競争しよう』と、カエル君とネズミさんは大きな大きなシャボン玉を作り合いました。カエル君とネズミさんの体と同じくらい大きなシャボン玉ができて、気がつくと２匹はシャボン玉の中に入っていました。２匹が入ったシャボン玉はふわふわと高く昇っていき、サクラの木よりも高く、太陽の方に向かって飛んでいったのでした」

・カエル君がかぶっていた帽子は何色でしたか。その色で丸を塗りましょう。
・公園のベンチに先に座っていた生き物に○をつけましょう。
・カエル君が食べたサンドイッチはいくつですか。その数だけ丸を囲みましょう。
・カエル君が公園でした遊びに○をつけましょう。
・カエル君が公園からの帰りに寄ったお店に○をつけましょう。
・カエル君が公園からの帰りに買ってもらわなかったものに○をつけましょう。
・お話の季節と仲よしのものに○をつけましょう。

10 推理・思考（Cグループ男子）

一番上を例題として、やり方を確認してから行う。
・左端に玉をひもでつないだ輪があります。この輪をどこかで１回切ると、どのようになりますか。正しいものを右側から１つ選んで○をつけましょう。

11 話の記憶（Cグループ女子）

「朝から雨がポツポツと降っています。ネズミのお母さんが台所でお仕事をしていると、ピンポーンと玄関のチャイムが鳴りました。お母さんが忙しそうなので、代わりにネズミ君が玄関に行くと、ウサギの郵便屋さんが『お届け物ですよ』と言って小包を１つ渡してくれました。ネズミ君の家族に、おばあさんから贈り物が届いたのです。お母さんが、留めてあるセロハンテープをはさみで切って、小包を開けてくれました。ネズミ君は中から緑のリボンがかかった箱を取り出し、ワクワクしながら開けました。中には黄色い帽子が４つと、瓶に入ったサクラのジャムが１つ入っていました。春に、ネズミ君たちはおばあさんのお家に遊びに行き、みんなでお庭に咲いたサクラの木の下でお花見をしました。そのとき、サクラのお花をうっとり見ていたネズミ君に、おばあさんは『今はきれいに咲いているけれど、もうすぐお花は散ってしまうのよ』と教えてくれました。『ええっ、そうなの？』と驚いているネズミ君に、おばあさんは『このサクラの花びらでジャムを作って、今度送ってあげるわね』と言ってくれたのです。おばあさんから約束通りにジャムが届いて、ネズミ君は大喜びです。そして、一緒に入っていた帽子は、もうすぐやってくる寒い季節になったらかぶろうと思いました。帽子はお父さん、お母さん、ネズミ君、妹の、家族全員分がありました。お母さんはおばあさんへのお礼に、サクラのジャムを使ってクッキーを焼くことにしました。ほかの材料は、小麦粉と卵とバターです。丸い形のクッキーがたくさん焼き上がり、ほんのりいい香りがします。ネズミ君はクッキーを、おばあさんとカエル君にあげることにしました。お家が遠いおばあさんには、小包にして配達をお願いすることにしました。カエル君にあげるのは、この前一緒に遊んでいるときに『公園で拾ったドングリで作ったお茶だよ。おいしいよ』とドングリのお茶をもらったので、今度会うときにお礼に何かあげたいと思っていたからです。カエル君にあげるクッキーには、カエル君の好きな黄色のリボンをつけることにしました。『公園に行ったら、カエル君がいるかもしれない』。そう思ってネズミ君は、カエル君にあげる分と一緒に、自分で食べる分もクッキーを持って、公園に行くことにしました」

・お話の日の天気に○をつけましょう。
・おばあさんから届いた箱のリボンは何色でしたか。その色で丸を塗りましょう。
・おばあさんから届いた箱に入っていたものに○をつけましょう。
・帽子はいくつ入っていましたか。その数だけ丸を囲みましょう。
・お母さんがクッキーを焼いたとき、使わなかったものに○をつけましょう。
・お母さんが焼いたクッキーの形に○をつけましょう。
・サクラの花が散ってしまうと聞いたときのネズミ君は、どんな顔をしていたと思いますか。合う絵に○をつけましょう。
・お話の季節と仲よしのものに○をつけましょう。

12 推理・思考（Cグループ女子）

一番上を例題として、やり方を確認してから行う。
・左端に玉をひもでつないだ輪があります。この輪をどこかで１回切ると、どのようになりますか。正しいものを右側から１つ選んで○をつけましょう。

集団テスト

巧緻性・制作の課題は、最初に作る様子を映像で見て、全工程の説明を聞いてから行う。

13 巧緻性・制作（Aグループ男子）

ロケット作り：縦３等分の位置に線が引かれた台紙（穴が開いている）、丸が印刷された台紙、正方形１／４サイズの折り紙（赤）１枚、三角形１／８サイズの折り紙（青）２枚、丸シール（黄色）１枚、綴じひも（青）１本、クーピーペン（緑）、スティックのりが用意されている。
・台紙を２本の線で折り、三角の柱にして黄色の丸シールで留めましょう。
・台紙の丸を緑のクーピーペンで塗り、線に沿ってちぎって窓にします。
・赤い折り紙を三角に折りましょう。
・色を塗ってちぎった窓を柱の真ん中あたりに、三角に折った赤い折り紙を上に、青い折り紙２枚を下の右と左にスティックのりで貼りましょう。
・柱の穴に綴じひもを通して、チョウ結びをしましょう。

14 巧緻性・制作（Aグループ女子）

もこもこ星人作り：布製のコーヒーフィルター（穴が開いている）１枚、目玉が印刷された台紙、正方形１／４サイズの折り紙（赤）１枚、大きい丸シール（白）１枚、小さい丸シール（緑）１枚、見開き１／４サイズの新聞紙１枚、綴じひも（茶色）１本、クーピーペン（緑）、スティックのりが用意されている。

・コーヒーフィルターを裏返しにして、綴じている方を上にしましょう。
・目玉の中の丸を緑のクーピーペンで塗り、外側の丸い線でちぎってから、コーヒーフィルターにスティックのりで貼りましょう。
・白い丸シールの上に緑の丸シールを貼ってもう片方の目玉にし、コーヒーフィルターに貼りましょう。
・折り紙を三角に折って、頭のところにスティックのりで貼りましょう。
・新聞紙を丸めて、コーヒーフィルターに詰めましょう。
・コーヒーフィルターの穴に綴じひもを通して、チョウ結びをしましょう。

15 **巧緻性・制作**（Ｂグループ男子）

バッグ作り：台紙（穴が開いている）、丸が印刷された台紙、折り紙（黄色）１枚、長方形の画用紙（紫）１枚、綴じひも（青）１本、クーピーペン（赤）、スティックのりが用意されている。

・台紙の丸を赤のクーピーペンで塗り、線に沿ってちぎりましょう。
・大きい台紙を半分に折り、片面にちぎった丸をスティックのりで貼りましょう。
・台紙を裏返し、紫の画用紙の縁を横と下側の３ヵ所だけスティックのりで貼ってポケットにします。
・折り紙を２回折って小さい真四角を作り、ハンカチにしてバッグのポケットに入れましょう。
・台紙の穴すべてに綴じひもを通して、かた結びをしましょう。

16 **巧緻性・制作**（Ｂグループ女子）

サンマの塩焼き作り：サンマが印刷された台紙（青、穴が開いている）、正方形１／４サイズの折り紙（黄色）１枚、丸シール（白）１枚、綴じひも（黄色）１本、クーピーペン（赤、青、黒）、スティックのりが用意されている。

・台紙のサンマの下の点線をちぎり、表側に折り上げてから、サンマの目玉を描きましょう。
・サンマの骨を青のクーピーペンで塗りましょう。
・点線に合わせて丸シールを貼り、大根おろしにします。
・折り紙を三角に２回折ってレモンにします。大根おろしの隣にスティックのりで貼りましょう。
・台紙の穴に綴じひもを通して、チョウ結びをしましょう。
・台紙の左上に、作った人の顔を描きましょう。

17 巧緻性・制作（Cグループ男子）

カレーライス作り：カレーライスとスプーンが印刷された台紙（穴が開いている）、丸が印刷された台紙、丸シール（黄色）１枚、綴じひも（赤）１本、クーピーペン（赤、青、オレンジ色）、スティックのりが用意されている。

・台紙のスプーンの点線を、青のクーピーペンでなぞりましょう。
・台紙の丸を赤のクーピーペンで塗り、線に沿ってちぎりお肉にして、カレーライスの台紙にスティックのりで貼りましょう。
・台紙の丸い点線にピッタリ合うように丸シールを貼り、ジャガイモにします。
・台紙の三角をオレンジ色のクーピーペンで塗り、ニンジンにします。
・スプーンの端の穴に綴じひもを通して、チョウ結びをしましょう。

18 巧緻性・制作（Cグループ女子）

金メダル作り：紙皿（穴が開いている）１枚、星が印刷された台紙、正方形１／４サイズの折り紙（青）１枚、丸シール（青）１枚、綴じひも（赤）１本、クーピーペン（黄色、黒）、スティックのりが用意されている。

・台紙の星を黄色のクーピーペンで塗り、外側の丸い線に沿ってちぎりましょう。
・紙皿を裏にして、その真ん中にちぎった星の丸をスティックのりで貼りましょう。
・折り紙を三角に折り、紙皿の表に丸シールで留めて帽子にします。
・帽子の下に、クーピーペンで自分の顔を描きましょう。
・紙皿の穴に綴じひもを通して、チョウ結びをしましょう。

絵画（課題画）

言語、指示行動、行動観察を待つ間に、与えられたテーマの絵をクーピーペンで描く。

・家族で一緒にした楽しい思い出を描く。（Aグループ共通）
・自分の頭からつま先までを描く。（Bグループ共通）
・昨日したことを描く。（Cグループ共通）

言　語（各グループ共通）

５人単位で呼ばれて、１人ずつ質問に答える。

・お名前、誕生日を教えてください。
・生年月日を教えてください。
・今日は誰と来ましたか。
・今日はどうやってここに来ましたか。
・お母さんの作るお料理で好きなものは何ですか。
・家族の中で誰が一番好きですか。それはどうしてですか。

・クリスマスには何がしたいですか。
・好きな動物（遊び、お菓子）を教えてください。
・お友達の名前をたくさん教えてください。そのお友達とは何をして遊びますか。
・「はひふへほ」と先生が言ったように言ってください（ほかに「ぱぴぷぺぽ」「まみむめも」など）。

指示行動（各グループ共通）

テスターのお手本を見ながら、下記のいずれかを行う。
・左手で左耳を隠した後、右手で右耳を隠す。右手で左耳をつまんだ後、左手で右耳をつまむ。
・右にケンケン、左にケンケンをする。
・中指、薬指、小指は握り、親指と人差し指をつけたり離したりする動きをくり返す。
・両手を前に出し、グーパーをする。だんだん動きが速くなる。その後、片方をグー、もう片方をパーにして、左右の手を交互にグーパーする。

行動観察（各グループ共通）

5人単位で呼ばれて行う。
・テスターとジャンケンをする。ただし、グループでどの手を出すか相談し、みんなで一斉に同じ手を出す。3回戦行う中で、1回はテスターから次に出す手のヒントがある。

運動テスト

各グループ共通。

クマ歩き・スキップ

U字の白線に沿って1人ずつクマ歩きをする。ただしU字の内側に入ってはいけない。また、終わったら自分の元の位置までスキップをして戻る。

面接資料／アンケート

第二次考査中に保護者対象の作文がある。テーマをその場で与えられ25分間で書く（各グループ共通）。作文の前に学校紹介の映像を鑑賞する。

【期待する子どもの姿と保護者のサポート】
6年後に期待する子どもの姿と、そのために保護者としてどのようなサポートを行うか、映像の内容も踏まえて具体的にお書きください。

1

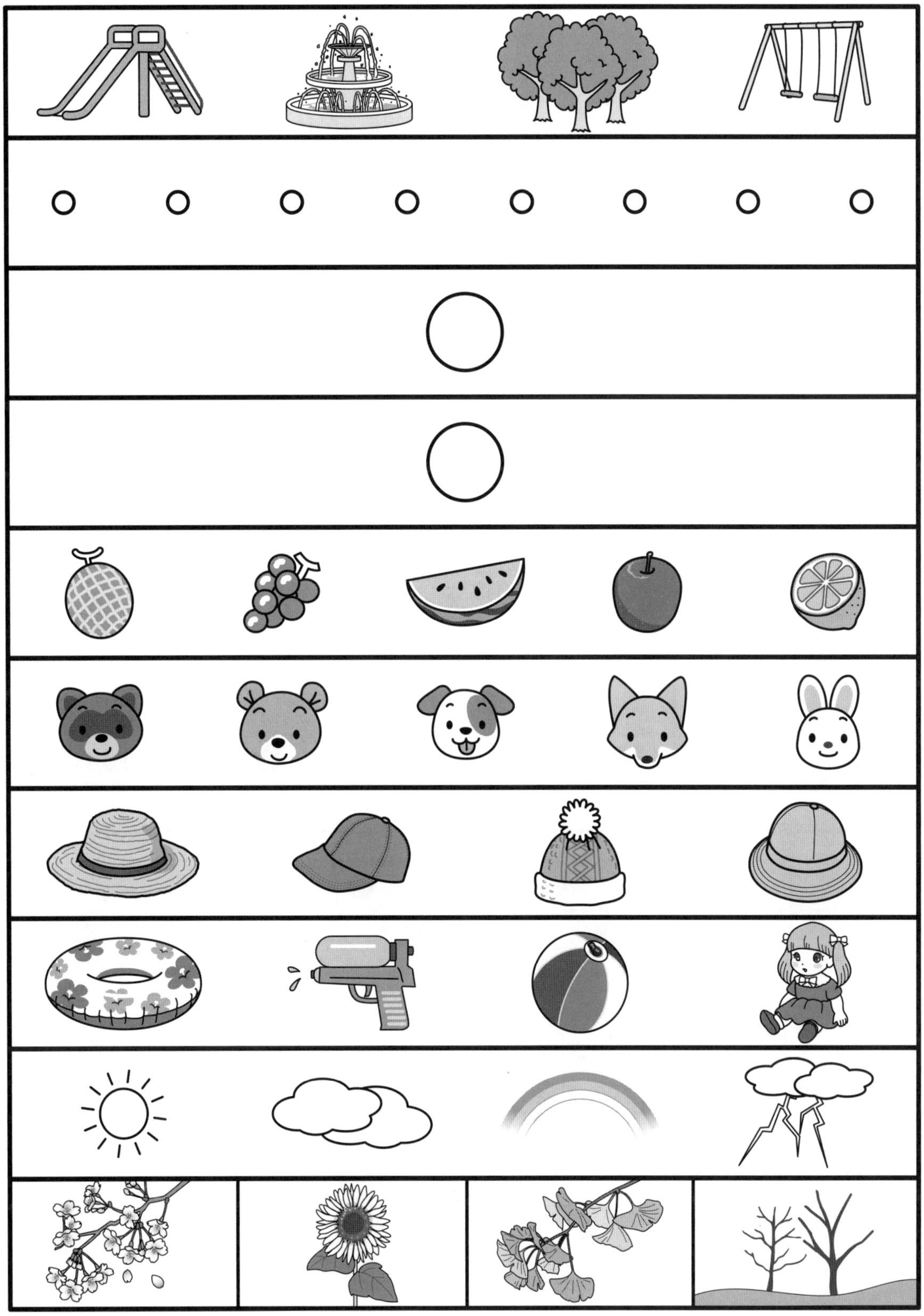

2

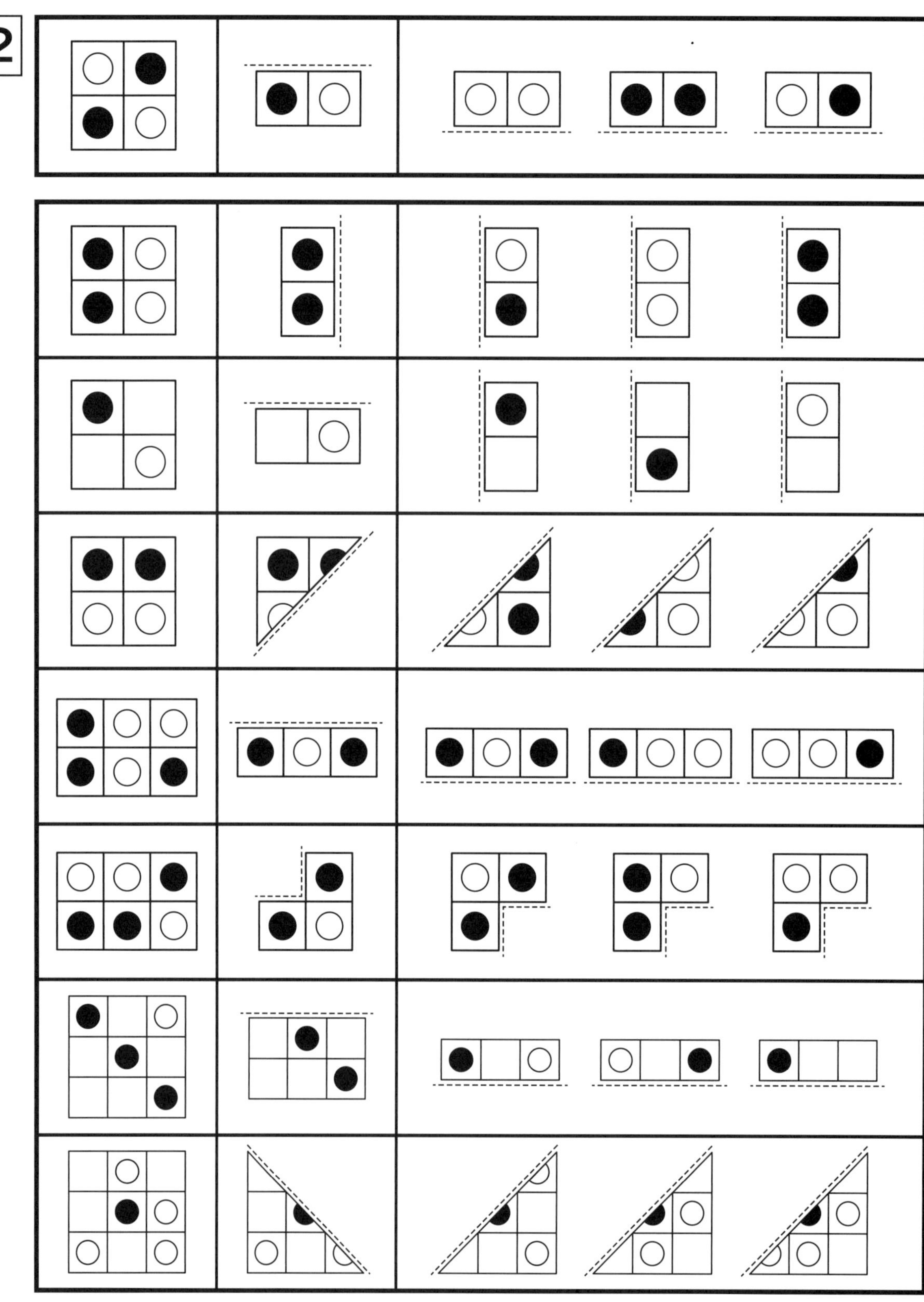

3

4

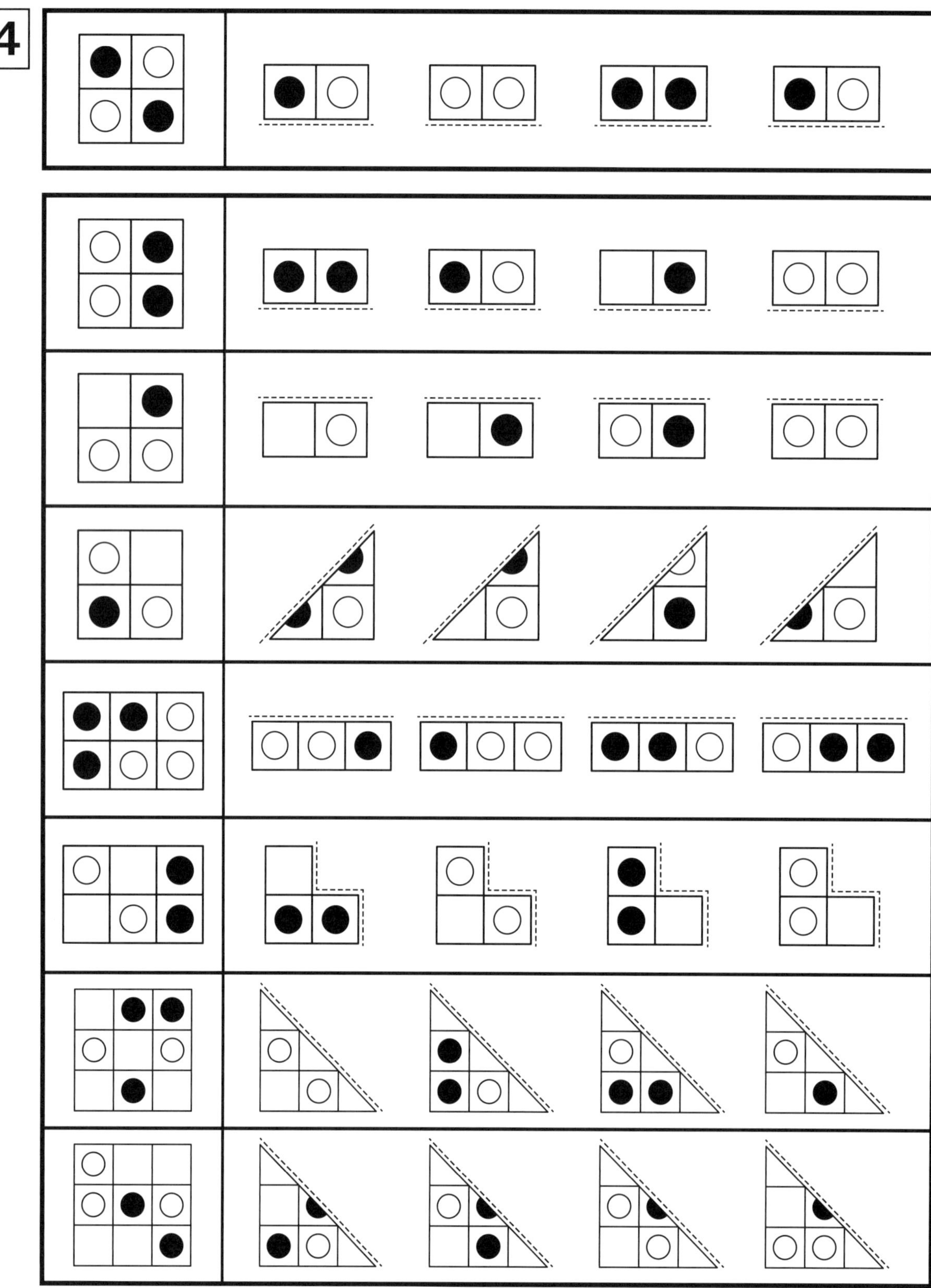

5

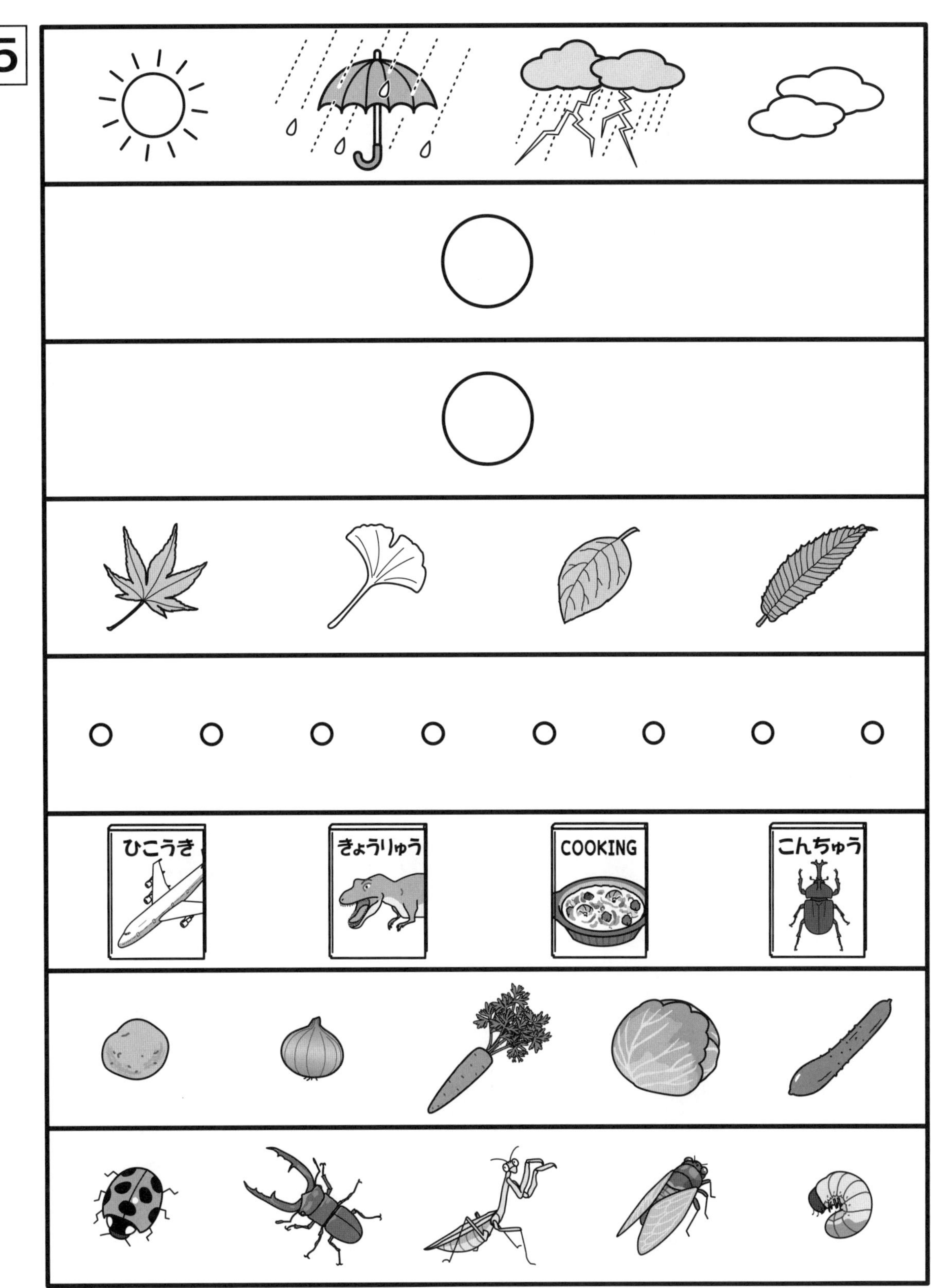

6

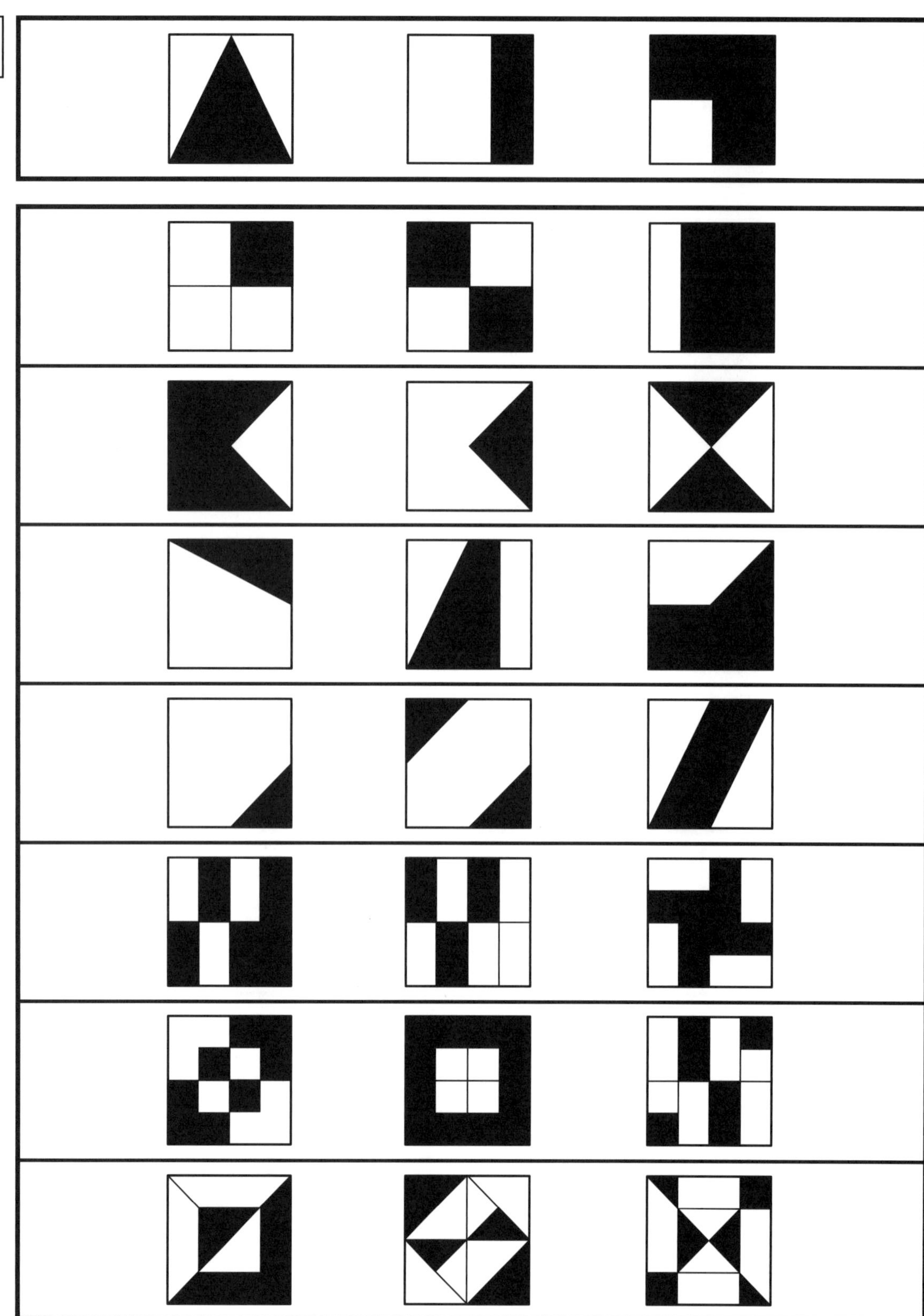

7

8

9

10

11

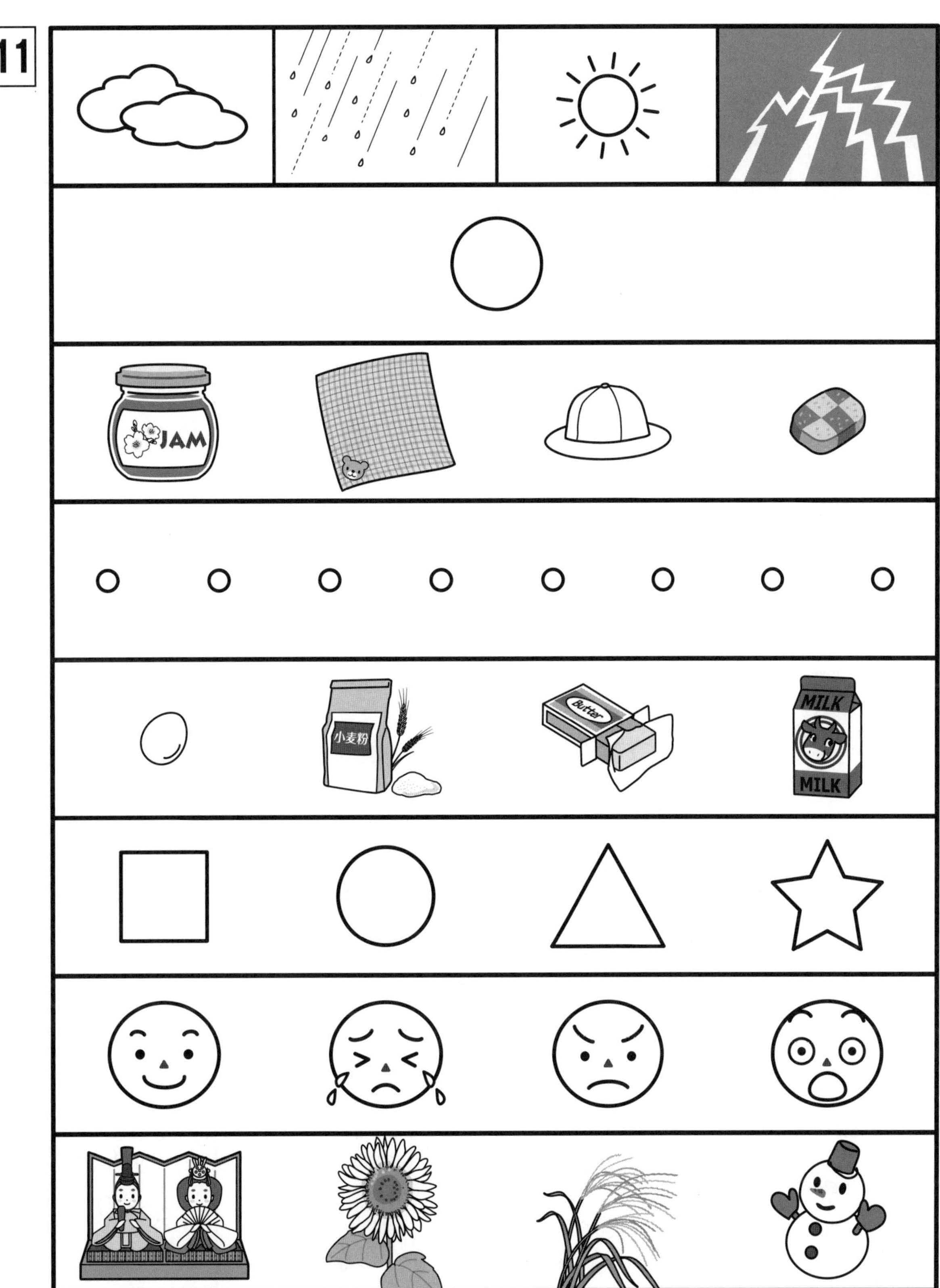

12

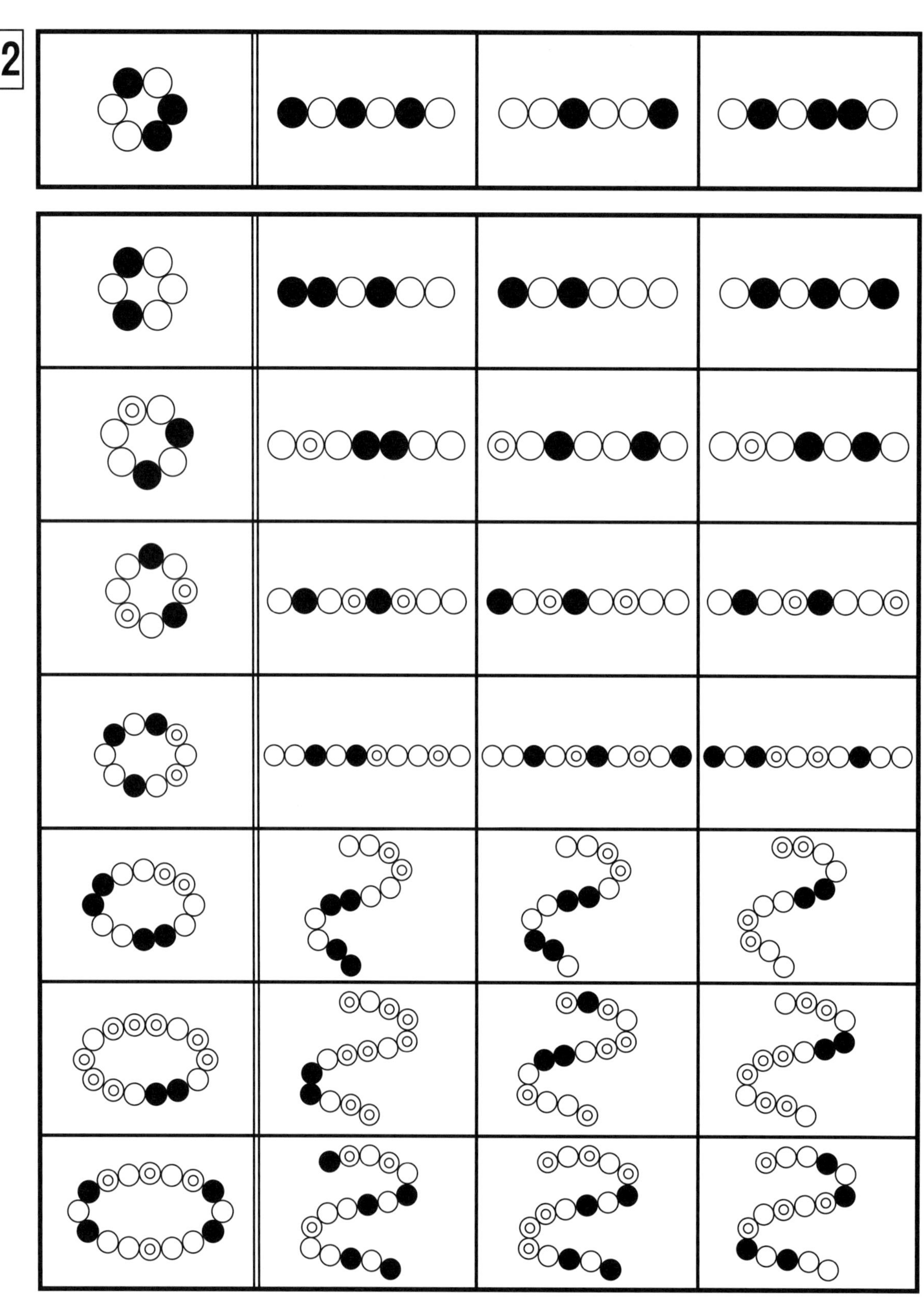

13

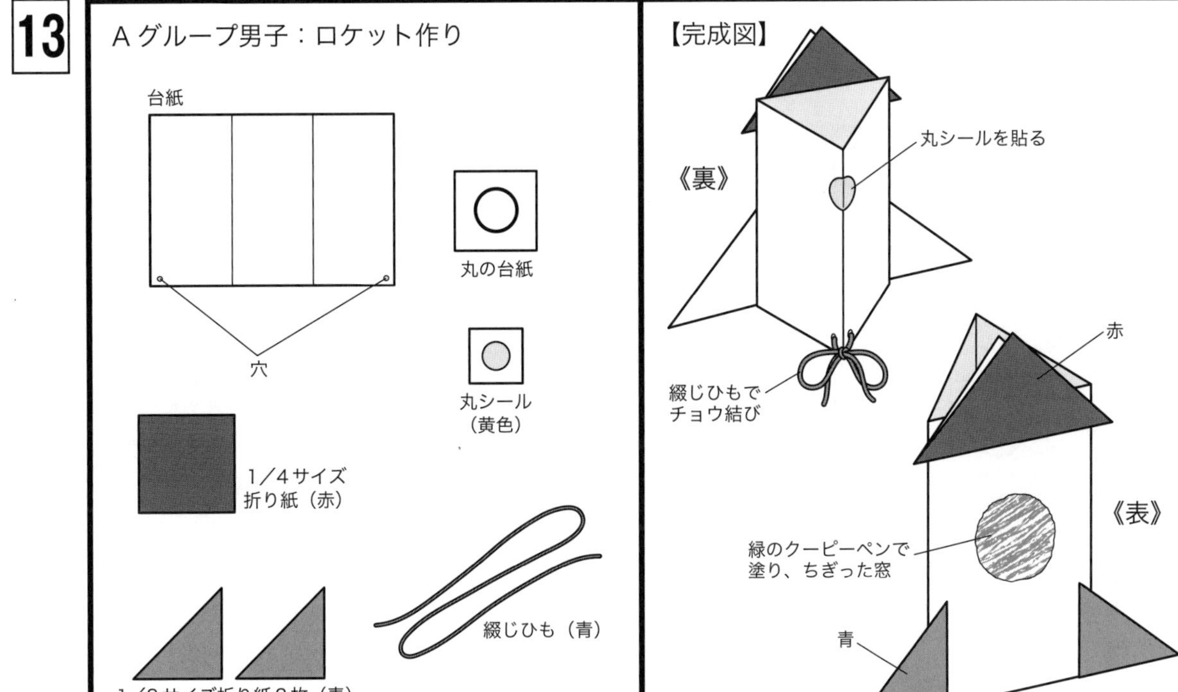

14

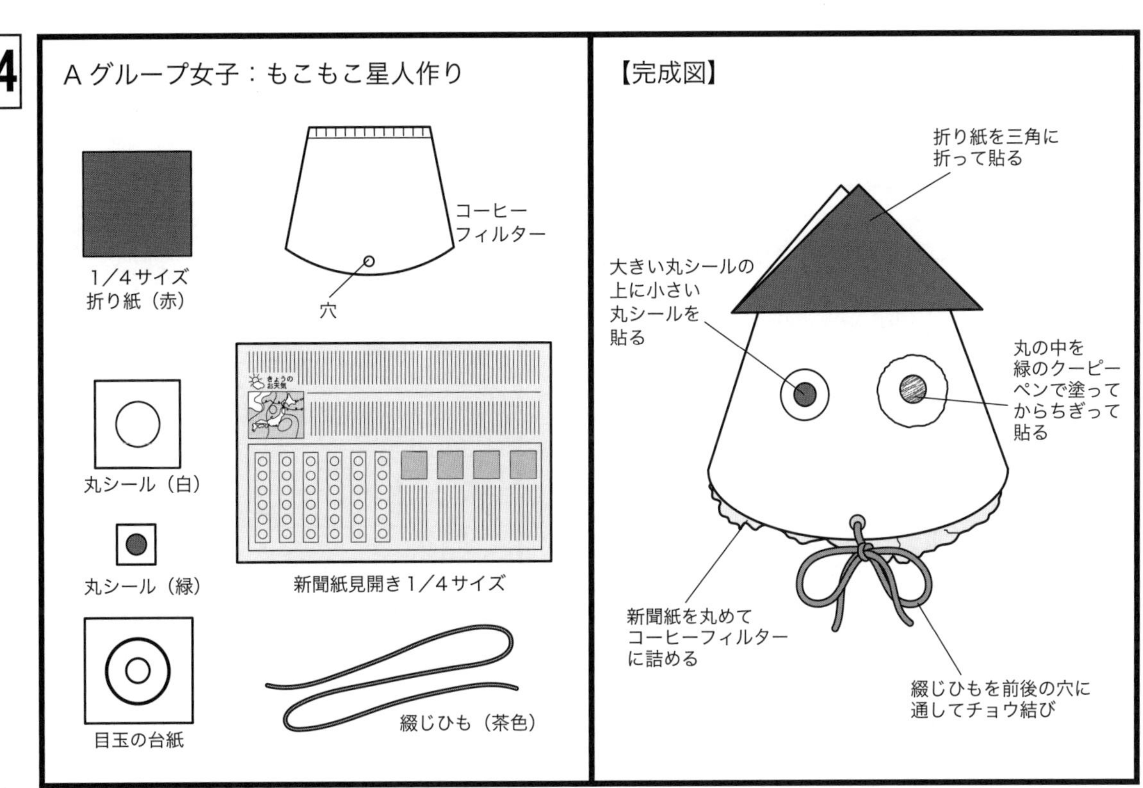

2023
2022
2021
2020
2019

15

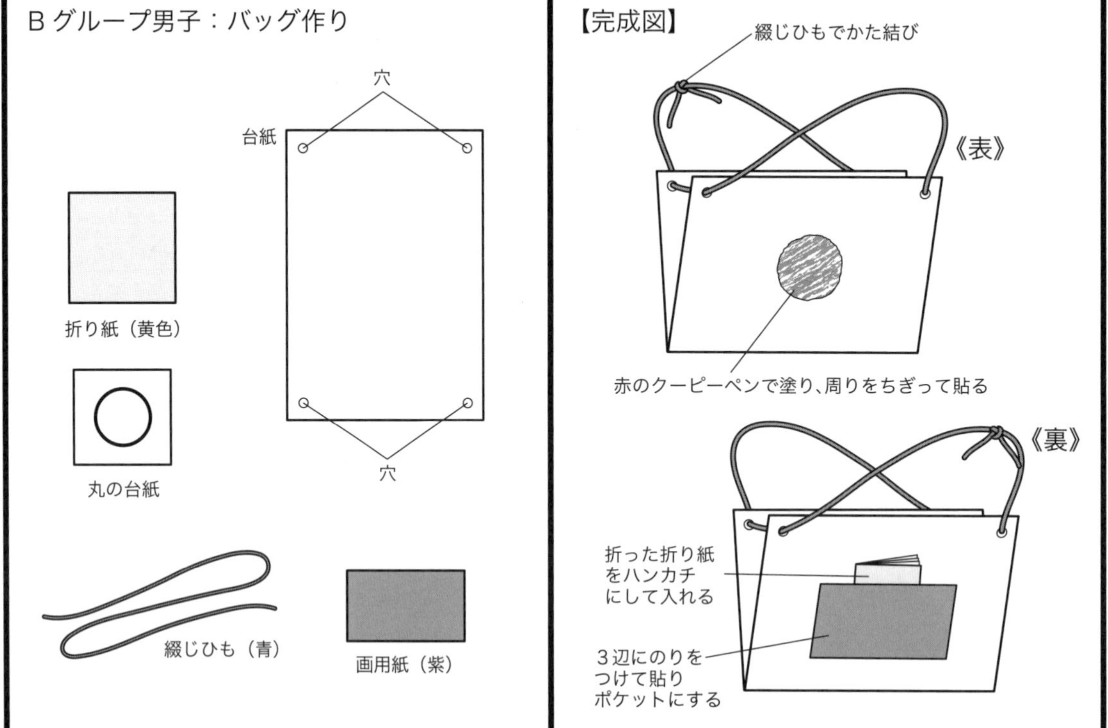
Bグループ男子：バッグ作り
穴
台紙
折り紙（黄色）
丸の台紙
穴
綴じひも（青）
画用紙（紫）
【完成図】
綴じひもでかた結び
《表》
赤のクーピーペンで塗り、周りをちぎって貼る
《裏》
折った折り紙
をハンカチ
にして入れる
３辺にのりを
つけて貼り
ポケットにする

16

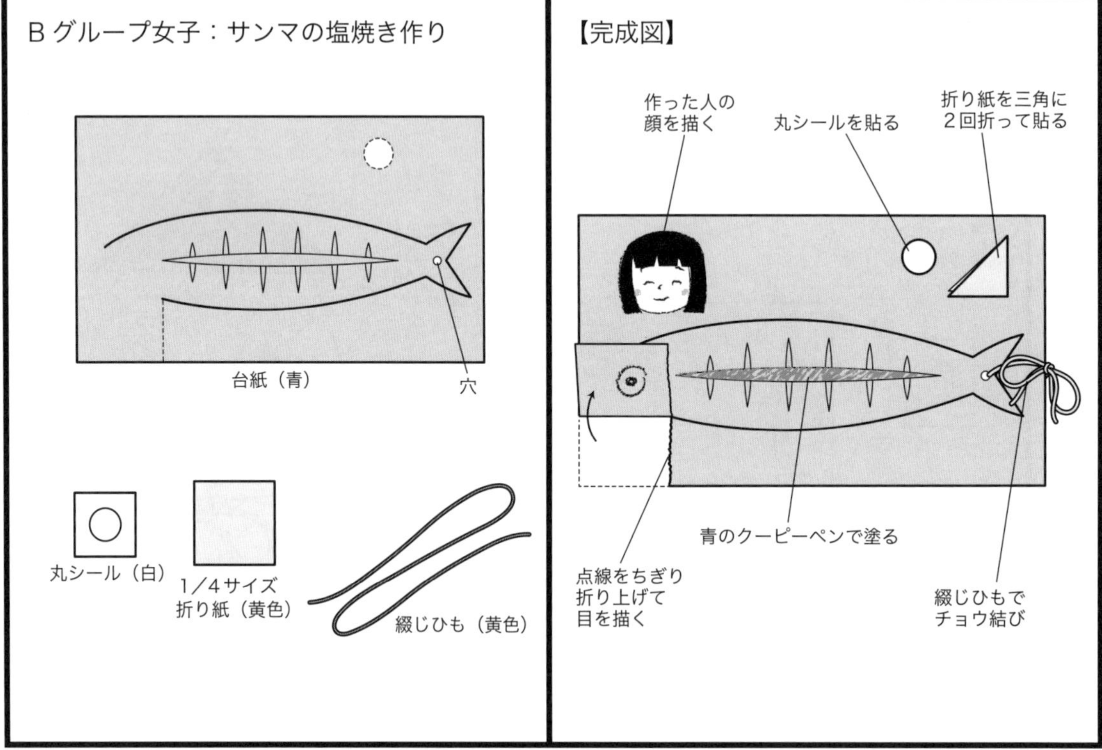
Bグループ女子：サンマの塩焼き作り
台紙（青）
穴
丸シール（白）
1/4サイズ
折り紙（黄色）
綴じひも（黄色）
【完成図】
作った人の
顔を描く
丸シールを貼る
折り紙を三角に
２回折って貼る
青のクーピーペンで塗る
点線をちぎり
折り上げて
目を描く
綴じひもで
チョウ結び

17

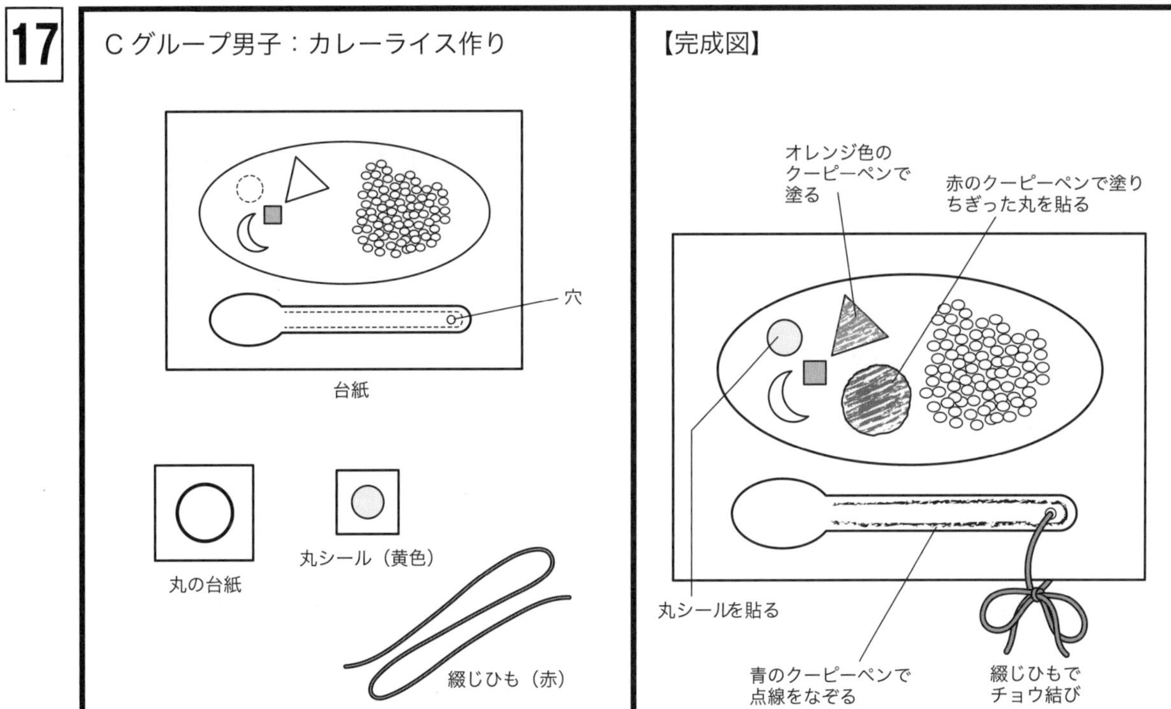
Cグループ男子：カレーライス作り
穴
台紙
丸の台紙
丸シール（黄色）
綴じひも（赤）
【完成図】
オレンジ色の
クーピーペンで
塗る
赤のクーピーペンで塗り
ちぎった丸を貼る
丸シールを貼る
青のクーピーペンで
点線をなぞる
綴じひもで
チョウ結び

18

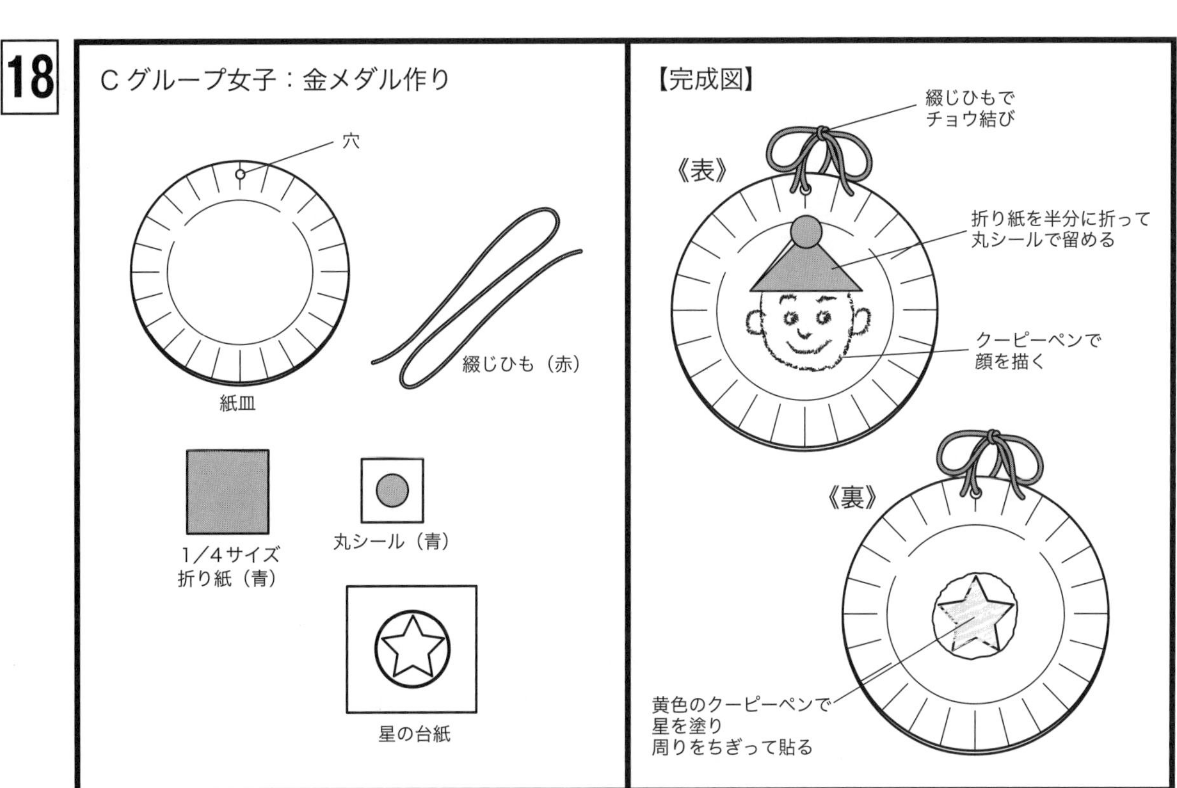
Cグループ女子：金メダル作り
穴
紙皿
綴じひも（赤）
1／4サイズ
折り紙（青）
丸シール（青）
星の台紙
【完成図】
綴じひもで
チョウ結び
《表》
折り紙を半分に折って
丸シールで留める
クーピーペンで
顔を描く
《裏》
黄色のクーピーペンで
星を塗り
周りをちぎって貼る

section
2021 筑波大学附属小学校入試問題

選抜方法

第一次 男女とも生年月日順にA（4月2日〜7月31日生）、B（8月1日〜11月30日生）、C（12月1日〜4月1日生）の3グループに分け、それぞれ抽選で男子は志願者全体の30%、女子は34%の人数を選出する。

第二次 考査は1日で、第一次合格者を対象に約25人単位でペーパーテスト、集団テスト、運動テストを行い、男女各約80人を選出する。所要時間は約1時間30分。

第三次 第二次合格者を対象に抽選を行い、男女各64人を選出する。

ペーパーテスト

筆記用具は赤、青、緑、黒など各グループで異なる色のクーピーペンを使用。訂正方法は×（バツ印）。出題方法は話の記憶のみ音声でほかは口頭。

1 話の記憶（Aグループ男子）

「昨日まで雨が降っていたのが信じられないほど、雲一つない、とてもよいお天気です。今日は動物たちがキャンプに行く約束をしている日です。ライオン君は麦わら帽子をかぶり、お気に入りのリュックサックを背負って待ち合わせ場所に向かいました。駅でコアラ君とウサギさんと待ち合わせをしているのですが、少し遅れてしまったので走って駅まで行くと、コアラ君とウサギさんが待っていました。コアラ君は青いTシャツを着ていて、遠くからでもすぐにわかりました。3匹は駅から電車に乗り、その後バスに乗り換えてキャンプ場のある公園に向かいます。公園にはヒマワリがとてもきれいに咲いています。クマ君とキリンさんは先にキャンプ場に着いていました。3匹が来るのが見えると、クマ君が手を振って迎えてくれました。ライオン君が『遅くなってごめんね。何か手伝えることはある？』と聞くと、クマ君は『ちょうどよいところに来てくれたよ。今テントを張るところだから一緒にやろう』と言い、ウサギさんも『夏は急に雨が降ることがあるから、早くテントを張りましょう。わたしも手伝うわ』と言いました。動物たちは力を合わせて赤いテントを張り、テントの中に自分たちの荷物を入れました。コアラ君は『僕ね、望遠鏡を持ってきたよ。夜になったら星を見ようね』と言い、ウサギさんは『わたしはね、釣りざおを持ってきたの。みんなで魚釣りをしましょう』と言いました。みんな楽しそうにお話ししています。それから、動物たちは思いっきり遊んだので、夕方になるとおなかがすいてきました。みんなが持ってきた材料を使って、キリンさんが焼きそばとサラダを作ります。サラダにはニンジン2本とピーマン3個を使います。ウサギさんが『サラダの野菜が

2種類しかないと何だかさみしいわね』と言うと、コアラ君が『そうだ。僕、トマトを持ってきていたんだ。これもサラダに入れてね』と言ったので、キリンさんがトマトも切って加えると、彩りのきれいなサラダができました。みんなでごはんを食べていると、『外で食べるといつもよりおいしくて、たくさん食べられるね』とウサギさんが言いました。空が暗くなってきて、星が見え始めたかと思うと、すぐに夜空はキラキラと輝く星でいっぱいになりました。星を眺めていると流れ星を見つけ、クマ君は『あ、流れ星だ。早く願い事を3回言わなきゃ』とみんなに言いました。『そんな早さで願い事を3回も言えないよ』とほかの動物たちは言いましたが、クマ君は『それでもやってみようよ』と言いました。もっと大きく星を見たいと思ったウサギさんは、コアラ君から望遠鏡を借りました。その夜、動物たちは4回も流れ星を見ることができ、楽しい思い出になりました」

・お話と同じ季節の絵に○をつけましょう。
・キャンプをする前の日の天気に○をつけましょう。
・コアラ君が着ていたTシャツは何色でしたか。その色で丸を塗りましょう。
・ライオン君がキャンプ場に行くのに使った乗り物に○をつけましょう。
・サラダにピーマンは何個入れましたか。その数だけ丸を囲みましょう。
・待ち合わせ場所に遅れた動物に○をつけましょう。
・焼きそばを作った動物に○をつけましょう。
・ウサギさんがコアラ君に借りたものに○をつけましょう。

2 数　量（Aグループ男子）

・左側の2つの四角の果物を合わせた数と同じ数になるように、右側の3つの四角のうち2つを組み合わせます。そのとき、使わない四角1つに○をつけましょう。

3 構　成（Aグループ男子）

・左のお手本を線のところで切ってバラバラにした形を組み合わせたとき、できないものはどれですか。右側から選んで○をつけましょう。形は向きを変えてもよいですが、重ねたり裏返したりしてはいけません。

4 話の記憶（Aグループ女子）

「もうすぐ夏休みです。動物村の小学校に通う動物たちは、夏休みに入る前に大掃除をして学校をきれいにすることになりました。今日はとてもよいお天気で、雲一つありません。大掃除をするにはちょうどよい日です。先生が『それでは皆さん、お掃除を始めましょう』と言ったので、動物たちは毎日使っている自分のぞうきんを用意しました。黄色いTシャツを着ていた木登り上手なサル君は、さっそく窓や棚の上などの高いところをきれいにふきました。イヌさんは、サル君が高いところをピカピカに磨いていく様子を見て、『サル君、すごーい』と声を上げました。クマ君がハタキを使って本棚をきれいにしていると、縦じまのTシャツを着たウサギさんがやって来て、『クマ君、本棚をピカピカにしてすてきね』と言いました。それを見ていたタヌキ君は『僕にもハタキを貸して』と言いました。クマ君がタヌキ君にハタキを貸すと、タヌキ君はお掃除を始めましたが、ハタキの棒が本棚にバンバン当たってしまいます。クマ君は『タヌキ君、ハタキの使い方が違うよ』と言って正しい使い方を教えてあげました。タヌキ君は『ありがとう。お家でも練習してみるね』と言いました。リス君が赤いぞうきんで床をふいていると、イヌさんが通りかかり、すってんころりんとすべって転んでしまいました。よく見ると、床がびしょびしょにぬれています。サル君が『イヌさん、だいじょうぶ？　床がぬれていてすべっちゃったんだね』と言うと、リス君は『ちゃんとぞうきんを絞ったのになあ』と言います。周りにいた動物たちも集まってきて、『リス君、どんな絞り方をしているの？』と聞くと、『僕はね、こうやっているよ』とリス君は絞っている様子を見せました。リス君は、おだんごのようにぞうきんを丸めて絞っていたのです。クマ君も『僕もリス君と同じ絞り方だよ』と言っています。すると、ウサギさんがぞうきんを持ってきて、『わたしがぞうきんの正しい絞り方を教えてあげるわね。こうすると、もう水がポタポタ落ちないでしょ』と言って、お手本を見せてくれました。『わあ、そうやって絞るんだね。ありがとう』。リス君はそう言うと、今度はしっかりとぞうきんを絞って、また一生懸命に床をふき始めました。学校がきれいになって、みんな気持ちよく夏休みを迎えられますね」

・お話の日の天気に○をつけましょう。
・転んでしまった動物に○をつけましょう。
・リス君のぞうきんは何色でしたか。その色で丸を塗りましょう。
・リス君がぞうきんを絞ったときの様子に○をつけましょう。
・ぞうきんの絞り方が上手だった動物に○をつけましょう。
・クマ君が使っていた道具に○をつけましょう。
・ウサギさんが着ていたTシャツに○をつけましょう。
・お話の季節と仲よしの絵に○をつけましょう。

5 数　量（Aグループ女子）

・左側の２つの四角の果物を合わせた数と同じ数になるように、右側の３つの四角のうち２つを組み合わせます。そのとき、使わない四角１つに○をつけましょう。

6 構　成（Aグループ女子）

・左のお手本を線のところで切ってバラバラにした形を組み合わせたとき、できないものはどれですか。右側から選んで○をつけましょう。形は向きを変えてもよいですが、重ねたり裏返したりしてはいけません。

7 話の記憶（Bグループ男子）

「目覚まし時計がピピピと鳴りました。たろう君は赤い目覚まし時計のボタンを押すと、サンタさんにもらったクマのぬいぐるみと一緒に、また寝てしまいました。昨日の夜、お父さん、お母さん、お姉さんの家族みんなでお祭りに行き、たろう君は遊びすぎて疲れてしまい、寝坊をしてしまったようです。目覚まし時計がもう一度鳴ると、たろう君は慌てて起きました。1階に下りる階段の途中には写真が飾ってあります。昨日のお祭りの写真が、さっそく赤い写真立てに入って飾られていました。昨日、近所の神社で行われたお祭りでは、入口にヒマワリがきれいに咲いていて、夜店の風鈴の音がチリンチリンと優しく聞こえてきたことや、おだんごとわたあめを買ってもらって食べたことを思い出しました。お気に入りの星の模様のTシャツを着て、ニッコリ笑っているたろう君が写真に写っています。その隣の緑の写真立てには、この間遊びに行った海の写真が飾られています。昨日の楽しかったお祭りのことを思い出していたたろう君でしたが、『たろう！　早く起きなさい！』と言うお父さんとお母さんの声が聞こえたので、慌てて1階の洗面所に行きました。ネコの踏み台に乗って顔を洗ってから、『お母さん、おはよう。朝ごはん食べたい！』と言うと、『ちゃんと手は洗いましたか？　石鹸のにおいがしないわね』とお母さんがたろう君の手のにおいをかぎました。『あー、忘れてた』とたろう君が言い、『手洗いは大事だぞ』とお父さんが言ったので、すぐに手を洗ってイヌの模様がついたタオルでふきました。朝ごはんはご飯とお味噌汁と玉子焼きです。たろう君はまず初めに大好きな玉子焼きを食べてから、ご飯を食べました。食べ終わると、急いでランドセルに筆箱と教科書、図書室で借りていた本を入れて、『行ってきまーす』と言いながら玄関で靴を履いていると、トイレに行きたくなりました。トイレを済ませてもう一度『行ってきまーす』と言って、やっと出発したたろう君でしたが、なんと玄関にランドセルを置いたままです。後からお家を出たお姉さんが『たろう！　忘れ物よ！』と、校門でたろう君に追い着き、ランドセルを渡してくれました。『ありがとう』と言って教室に向かったたろう君ですが、自分の席に着きランドセルから筆箱を出してふたを開けると、なんと鉛筆が入っていません。『あー、鉛筆もお家に置いてきちゃったか』。慌てん坊のたろう君ですね」

・たろう君が顔を洗うときに使ったタオルの模様に○をつけましょう。
・たろう君の目覚まし時計は何色でしたか。その色で丸を塗りましょう。
・たろう君が慌てていて、玄関に置いてきた忘れ物に○をつけましょう。
・たろう君が朝ごはんで初めに食べたものに○をつけましょう。
・たろう君がお祭りで食べたものに○をつけましょう。
・たろう君がお祭りに着ていったTシャツに○をつけましょう。
・たろう君は何人家族ですか。その数だけ丸を囲みましょう。
・お話と同じ季節の絵に○をつけましょう。

8 **推理・思考（比較）**（Bグループ男子）

・四角の中に、マス目が２つずつあります。マス目にかかれた太い線が長い方に○をつけましょう。

9 **推理・思考（回転図形）**（Bグループ男子）

・左の四角を右に１回コトンと倒すと、四角の中の線はどのようになりますか。すぐ右の四角の中にかきましょう。

10 **話の記憶**（Bグループ女子）

「とてもよく晴れていて、雲一つないよいお天気です。今日は動物たちが集まってサイクリングに行く日です。みんなは前から温泉に行こうと決めていました。ウシさんは赤い自転車に乗って、待ち合わせ場所のヒマワリ公園に行きました。公園にはヒマワリがきれいに咲いています。ウサギさんとネズミ君が先に公園に着いていました。ネズミ君の自転車は緑色で、ウシさんは遠くから見てすぐにわかりました。『おはよう。今日はいいお天気だね』と話しながら、３匹は次の待ち合わせ場所に向かいます。サクラ駅でヒツジさんとネコ君と待ち合わせをし、全員がそろいました。ネコ君の自転車は黄色です。『みんなの自転車はいろんな色で面白いね。信号の色がそろったわね』とウサギさんが楽しそうに言いました。さあ、温泉に向かって出発です。優しい風が顔に当たってなんて気持ちがよいのでしょう。しばらく行くと横断歩道があり、信号の青がちょうどチカチカし始めました。ネズミ君は『あ、信号が変わっちゃうよ。早く渡ろう』と言いました。『駄目よ。危ないから次の青まで待ちましょう』とウサギさんに言われて、『そうだね。慌てちゃ危ないね。ごめんね』とネズミ君はしょんぼりしてしまいました。またしばらく自転車で走っていくと、温泉に到着です。『やっと着いたね。おなかがすいちゃったよ。お弁当を食べよう！』とウシさんが言うと、『賛成！』と全員が声をそろえました。温泉の前の芝生の上で、動物たちは持ってきたお弁当を広げました。ウシさんはお弁当箱いっぱいに果物を持ってきました。ヒツジさんはホットドッグを１個、ウサギさんはハンバーガーを２個持ってきました。ネズミ君は小さなおにぎりを３個、ネコ君は大きなおにぎりを３個、お弁当箱に入れてきました。お弁当を食べ終わり、いよいよ温泉に入ります。『サイクリングの後の温泉は最高だね』と話しながら準備をしていると、ウシさんがソワソワし始めました。どうやら探し物をしているようです。『どうしたの？』とネコ君が聞くと、『お弁当のことばかり考えていたから、タオルを忘れてしまったよー』と慌てています。それを聞いたネズミ君は『僕、２枚持ってきたから１枚貸してあげるよ』と言いました。ネズミ君から借りたタオルは、ウシさんには少し小さかったようですが、みんなで入る温泉はやっぱり最高でした」

・お話の季節と仲よしの絵に○をつけましょう。
・サイクリングに出かけた日の天気に○をつけましょう。
・ネコ君の自転車は何色でしたか。その色で丸を塗りましょう。
・ネズミ君の自転車は何色でしたか。その色で丸を塗りましょう。
・お弁当に誰も持ってこなかったものに○をつけましょう。
・タオルを忘れてしまった動物に○をつけましょう。
・温泉に入った動物の数だけ丸を囲みましょう。
・横断歩道の前でウサギさんとお話しした後の、ネズミ君の顔に○をつけましょう。

11 推理・思考（比較）（Bグループ女子）

・四角の中に、マス目が２つずつあります。マス目にかかれた太い線が長い方に○をつけましょう。

12 推理・思考（対称図形）（Bグループ女子）

・左のマス目を点線で折って丸を切り抜いてから開くと、どのように穴が開きますか。すぐ右のマス目にかきましょう。

13 話の記憶（Cグループ男子）

「秋になり、イチョウの葉っぱも色づいてきました。イヌ君は、夏休みにおばあちゃんのお家に１匹で泊まりに行ったときのことを、お父さんにお話ししています。おばあちゃんのお家には七夕の笹飾りがあって、スイカと花火の模様の短冊がつるしてありました。毎日外に出かけて虫捕りや魚釣り、海水浴も楽しみました。中でもイヌ君が一番楽しかったのは、虫捕りです。おばあちゃんのお家の裏には山があって、木がたくさん生えています。おばあちゃんが『虫捕りに行くなら水筒と麦わら帽子を持っていきなさい』と言ったので、その日、イヌ君は横のしま模様の黄色いＴシャツを着て、おばあちゃんに言われたものを持ち、そのほかに虫カゴと虫捕り網を持って出かけました。山の中に入ると、昨日までなかったはずの古い木の橋がありました。そして、森の奥から『だるまさんがころんだ』と楽しそうな声が聞こえてきました。イヌ君が橋を渡ると、そこにはクマ君とキツネ君とウサギさんとリスさんがいました。クマ君がイヌ君に気がついて、『君はこの近くに住んでいるの？』と聞きました。『１週間おばあちゃんのお家に泊まっているんだ』とイヌ君が言うと、『じゃあ一緒に遊ぼう』と動物たちが誘ってくれました。それからイヌ君は、森での遊びをたくさん教えてもらいました。キツネ君は虫捕りの名人で、どの木にどんな虫が集まるかを教えてくれました。イヌ君は、カブトムシ５匹とクワガタムシ３匹を捕まえることができました。ウサギさんとリスさんは木の実を集める名人で、イヌ君にたくさんの木の実をプレゼントしてくれました。クマ君は魚釣りの名人で、川で魚の名前を教えてくれました。夢中になって遊んでいるうちに夕方になったので、イヌ君は『また遊ぼうね』

と言って、おばあちゃんのお家に帰りました。そして、次の日も虫カゴを持って山に行きました。でも、古い木の橋はどこを探しても見つかりませんでした。『不思議だなあ』とイヌ君がお父さんに言うと、『そういえば、昔お父さんも山で橋を見つけて動物たちと遊んだな。もう一度行ってもその橋は見つからなかったんだよ』と言うのです。不思議なお話ですね」

・イヌ君が虫捕りに持って行かなかったものに○をつけましょう。
・イヌ君が虫捕りに着ていったTシャツの模様はどれですか。Tシャツの色で○をつけましょう。
・お話の中で２つの季節が出てきましたね。それぞれの季節と仲よしのものに○をつけましょう。
・おばあちゃんのお家に飾ってあった短冊の模様に○をつけましょう。
・イヌ君が森で会った動物の数だけ丸を囲みましょう。
・イヌ君が捕まえたカブトムシの数だけ丸を囲みましょう。
・虫捕りの名人に○をつけましょう。
・木の実を集める名人に○をつけましょう。

14 **観察力（同図形発見）**（Cグループ男子）

・左のお手本と同じものを、右側から選んで○をつけましょう。形は向きが変わっているものもあります。

15 **構　成**（Cグループ男子）

・左端の形を作るには、すぐ右にある形にどのような形を組み合わせればよいですか。右側から選んで○をつけましょう。形は向きが変わっているものもあります。

16 **話の記憶**（Cグループ女子）

「朝になって目が覚めたタヌキ君でしたが、寒くてまた布団に潜り込みました。やっと起きたタヌキ君が窓の外を見ると、お庭が雪で真っ白になっていました。うれしくなって急いでお母さんのところへ行きました。『今朝も雪が降っているんだね』とタヌキ君が言うと、『お庭が真っ白できれいね。今日は公園で冬のお祭りがあるから、お雑煮を食べたら行ってらっしゃい。おもちはいくつ入れる？』とお母さんが言いました。タヌキ君はおもちが３個入ったお雑煮を食べました。知らないうちに雪はやんで、よいお天気になっています。買ってもらったばかりの長靴を履いて、クマ君のお家の近くにある公園に向かいました。クマ君のお家の前には雪ダルマが４つ並んでいて、雪ダルマは黄色い帽子をかぶっています。ちょうどクマ君のお父さんが、きねと臼（うす）を公園に運んでいるところでした。すると、そこにウサギさんとキツネ君もやって来ました。ウサギさんは青い毛糸の帽子をかぶっていて、ウサギさんとキツネ君はスキーを持っています。それを見たタヌキ君が『あ、ソリを持ってくるのを忘れてしまったよ』と言いました。『だいじょうぶ。わたしのスキーを貸してあげるから、一緒に遊びましょう』とウサギさんが言ったとき、クマ君がお家から出てきて『おはよう！　みんなで一緒に公園に行こう』と言いました。動物たちはみんな、昨日も公園で雪合戦をしたお友達です。でも昨日の雪合戦では、クマ君が投げた大きな雪玉がタヌキ君の顔に当たって、けんかになってしまいました。２匹はまだ仲直りをしていません。タヌキ君はクマ君に会っても知らん顔で、そっぽを向いています。するとクマ君が、『僕は力も強いし体も大きいから、つい強く投げちゃったんだ。タヌキ君、昨日はごめんね』と謝りました。そうして２匹が仲直りをして公園に向かうと、広場ではクマ君のお父さんたちが元気にもちつきをしていました。みんなは、クマ君のお母さんにあんこの載ったおもちを３個ずつもらって、ベンチに座っておいしく食べました。その後は、公園の真ん中にある雪の山でスキーをして遊びました」

・お祭りの日の朝の天気に○をつけましょう。
・ウサギさんの帽子は何色ですか。その色で丸を塗りましょう。
・スキーを貸してあげると言った動物に○をつけましょう。
・昨日、けんかをした動物に○をつけましょう。
・雪ダルマの帽子の色で、雪ダルマの数だけ丸を囲みましょう。
・お正月に、空を飛んでいるものに○をつけましょう。
・お話の季節と仲よしのものに○をつけましょう。
・タヌキ君が公園で食べたおもちの数だけ丸を囲みましょう。

17 観察力（Cグループ女子）

・左のお手本の形を線のところで切ると、どのようになりますか。右側から選んで○をつけましょう。形は向きが変わっているものもあります。

18 構　成（Cグループ女子）

・左端の形は、すぐ右にある形に、その右側からもう１つ形を組み合わせて作ります。右側の形のうち、どのように組み合わせても左端の形が作れないものを、１つ選んで○をつけましょう。形は向きが変わっているものもあります。

集団テスト

巧緻性・制作の課題は、最初に作る様子を映像で見て、全工程の説明を聞いてから行う。

19 巧緻性・制作（Aグループ男子）

夢のお化け作り：お化けが印刷された台紙（穴が開いている）、長方形１／４サイズの折り紙（赤）２枚、丸シール（黒）３枚、綴じひも（赤）１本、クーピーペン、スティックのりが用意されている。

・左の唐傘お化けは、台紙ごと口のところにある横線で折り、重ねたまま半分の丸の線に沿ってちぎり、穴を開けましょう。赤い折り紙のうち１枚を３つの山ができるようにじゃばら折りにして、唐傘お化けの口の穴に通して折り返し、裏側をスティックのりで貼りましょう。
・真ん中のサングラスお化けのサングラスを青のクーピーペンで塗りましょう。赤い折り紙１枚をクーピーペンに巻きつけて丸め、舌にしてスティックのりで貼りましょう。
・右の目玉お化けの３つの目玉に丸シールを貼りましょう。綴じひもの真ん中に結び目を作り、口の穴に裏側から通して舌にしましょう。
・下の男の子には、眠って夢を見ているような顔を描きましょう。

20 巧緻性・制作（Ａグループ女子）

アサガオ作り：花が印刷された台紙（穴が開いている）、葉っぱが印刷された台紙（緑）、正方形１／４サイズの折り紙（赤）１枚、丸シール（黒）１枚、モール（黄緑）１本、綴じひも（黄色）１本、クーピーペン、スティックのりが用意されている。

・台紙の右下にある花の形を赤のクーピーペンで塗りましょう。十字の形は塗らないでください。
・お手本のように折り紙を折ってアサガオを作り、台紙にスティックのりで貼りましょう。
・葉っぱの台紙から線に沿って葉っぱをちぎり、折り紙のアサガオの左下にスティックのりで貼りましょう。
・モールをクーピーペンに巻きつけてクルクルと丸め、アサガオのつるに見立てて丸シールで貼りましょう。
・台紙の穴に綴じひもを通して、チョウ結びをしましょう。

21 巧緻性・制作（Ｂグループ男子）

カエル作り：カエルが印刷された台紙（穴が開いている）、楕円が印刷された台紙（黄緑）、正方形１／４サイズの折り紙（緑）１枚、丸シール（白、黒）各２枚、コットン１枚、綴じひも（黄色）１本、クーピーペン、スティックのりが用意されている。

・台紙の右下のカエルを緑のクーピーペンで塗りましょう。
・黄緑の台紙の長丸をちぎって、カエルの台紙にスティックのりで貼りましょう。
・白の丸シールの上に黒の丸シールを貼って目玉にし、黄緑の長丸の上に貼りましょう。
・コットンをちぎって２枚にし、１枚をマスクにしてカエルの顔にスティックのりで貼りましょう。
・お手本のように折り紙を折って葉っぱを作り、黄緑のカエルの左下にスティックのりで貼りましょう。

・台紙の穴に綴じひもを通して、チョウ結びをしましょう。

22 巧緻性・制作（Bグループ女子）

テントウムシの木作り：葉っぱの半分の形が印刷された台紙（黄緑）、折り紙（黄土色）１枚、四角シール（白）２枚、綴じひも（赤）１本、クーピーペン、スティックのりが用意されている。

・台紙を真ん中の線で半分に折り、重ねたまままわりの線に沿ってちぎって葉っぱを作りましょう。
・葉っぱの右側にかいてある形を黒のクーピーペンで塗り、左側にテントウムシを描きましょう。
・折り紙を丸めて筒状にし、四角シールで２ヵ所を留めて木を作りましょう。
・木に葉っぱをスティックのりで貼りましょう。
・木に綴じひもを巻いて、チョウ結びをしましょう。

23 巧緻性・制作（Cグループ男子）

プレゼント作り：イチョウやハートが印刷された台紙、イチョウが印刷された台紙、５等分に線が引かれた長方形１／４サイズの折り紙（青）１枚、綴じひも（赤）１本、クーピーペン、スティックのりが用意されている。

・小さい台紙のイチョウを緑のクーピーペンで塗り、まわりをちぎって、大きい台紙に描いてある２枚のイチョウの間にスティックのりで貼りましょう。
・青い折り紙を線で折って箱型に組み立て、端と端を重ねてスティックのりで貼り、プレゼントの箱を作りましょう。
・プレゼントの箱を、台紙のハートの上にスティックのりで貼りましょう。
・プレゼントの箱に綴じひもを通して、チョウ結びをしましょう。
・台紙の下の四角の中に、イチョウを見つけて喜んでいる自分の顔を描きましょう。

24 巧緻性・制作（Cグループ女子）

魚のおもちゃ作り：ヒトデや道が印刷された台紙、ワカメが印刷された台紙（黄緑）、両端に線が引かれた台紙（水色）、魚２匹が印刷された台紙、クリップ１個、磁石１個、綴じひも（赤）１本、クーピーペン、スティックのりが用意されている。

・台紙のヒトデを赤のクーピーペンで塗りましょう。
・ワカメをちぎって点線で折り、台紙の星の上に立たせてスティックのりで貼りましょう。
・水色の台紙を線で折ってトンネルにして、台紙の道をまたぐように２つのハートにスティックのりで貼りましょう。
・魚の台紙を線で折って三角にし、両端を重ねてクリップで留めて駒を作りましょう。
・トンネルに綴じひもを通して、チョウ結びをしましょう。

・魚の駒を左下の四角の中に置き、台紙の裏から磁石で動かして、道の上を進ませて遊びましょう。

言　語（各グループ共通、自分の番が来るまで自由に絵を描いて待つ）

5人単位で呼ばれて、1人ずつ質問に答える。

・お名前、誕生日を教えてください。
・生年月日を教えてください。
・今日は誰と来ましたか。
・今日はどうやってここに来ましたか。
・お母さんの作るお料理で好きなものは何ですか。
・クリスマスには何がしたいですか。
・好きな動物（遊び、お菓子）を教えてください。
・お友達の名前をたくさん教えてください。そのお友達と何をして遊びますか。
・「はひふへほ」と先生が言ったように言ってください（ほかに「ぱぴぷぺぽ」「まみむめも」など）。

行動観察（各グループ共通、自分の番が来るまで自由に絵を描いて待つ）

5人単位で呼ばれて行う。

・テスターのまねをして、手をたたいたり頭をたたいたりしてリズム遊びをする。
・テスターとジャンケンをする。
・テスターと1列になって、スキップやケンパーをする。
・テスターのまねをして、右にケンケン、左にケンケンをする。

運動テスト

各グループ共通。

クマ歩き

U字の白線に沿って1人ずつクマ歩きをする。U字の内側に入ってはいけない。

面接資料／アンケート

第二次考査中に保護者対象の作文がある。テーマをその場で与えられ25分間で書く（【】内はテーマ）。作文の後に学校紹介の映像を鑑賞する。

Aグループ男子

・【友達関係】ある日、お子さんがほかの子どもにきつい言葉を投げかけたり、乱暴したりしていると聞きました。家ではそのような様子は見たことがありません。保護者としてどのように対応しますか。具体的にお書きください。

Aグループ女子

・【学校行事】３年生以上になると３泊４日の林間学校があり、６年生は１時間弱の遠泳をします。精神的にも体力的にも厳しいですが、どのように考えますか。また、ご家庭でどのようなサポートをしますか。具体的にお書きください。

Bグループ男子

・【役員の仕事】６年間のうち２回は役員をお願いしています。学校行事にご協力いただき来校も多くなります。仕事をしている方も同様に役員をやっていただきますが、それについての考えを具体的にお書きください。

Bグループ女子

・【パソコンを活用した学習】オンラインでの自宅学習やパソコンを活用した学習への懸念点やご家庭での対処方法について、具体的にお書きください。

Cグループ男子

・【公共のマナー】お子さんを含め、数人の子どもたちが道に広がって歩いたり、乗り物の中で騒いだりしているのを見た際に、どのように対応しますか。具体的にお書きください。

Cグループ女子

・【困難に直面したとき】遠泳や登山など、学校行事でさまざまな困難に直面することがあります。ご家庭でどのようなサポートをしますか。具体的にお書きください。

1

2

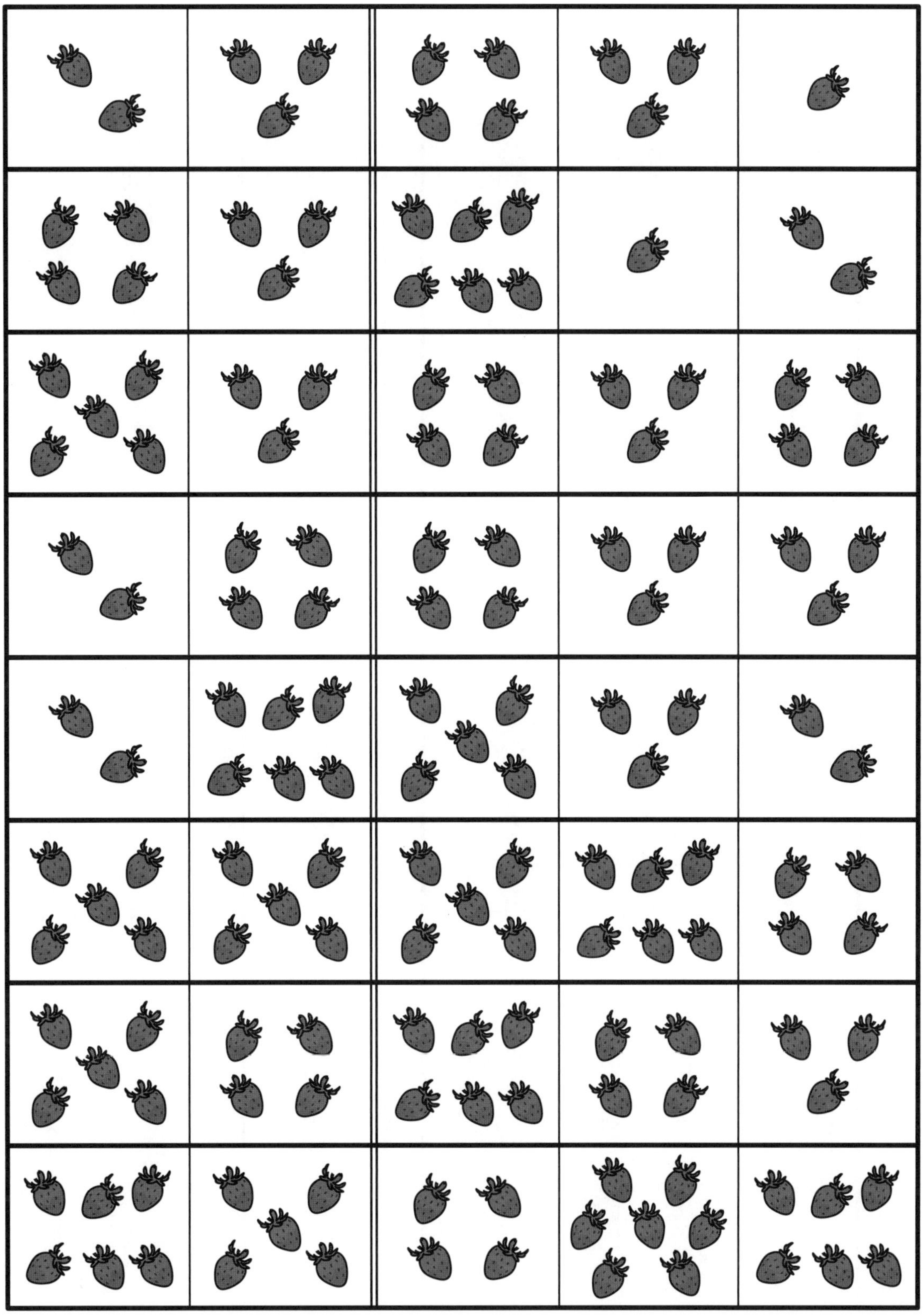

3

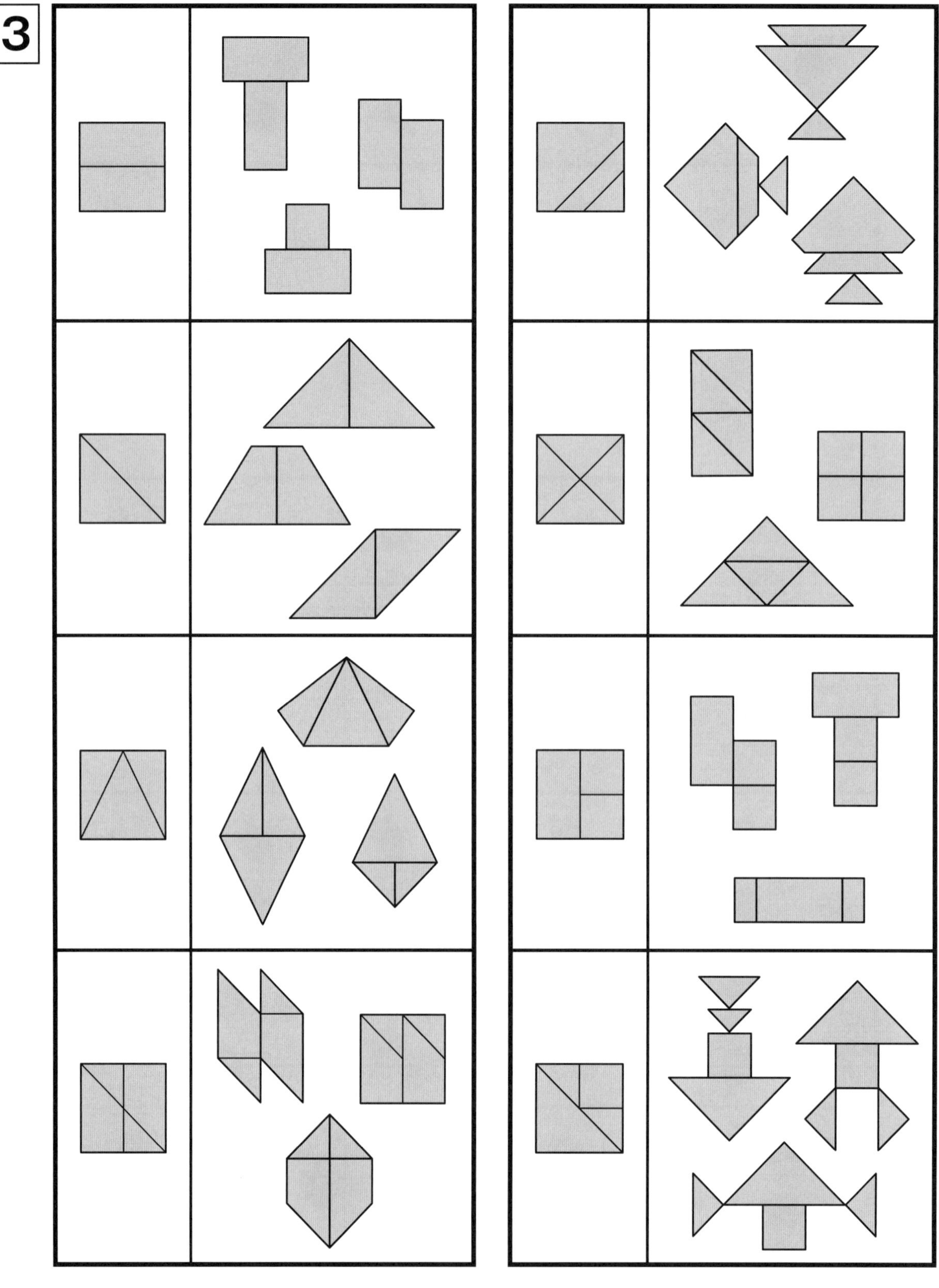

4

5

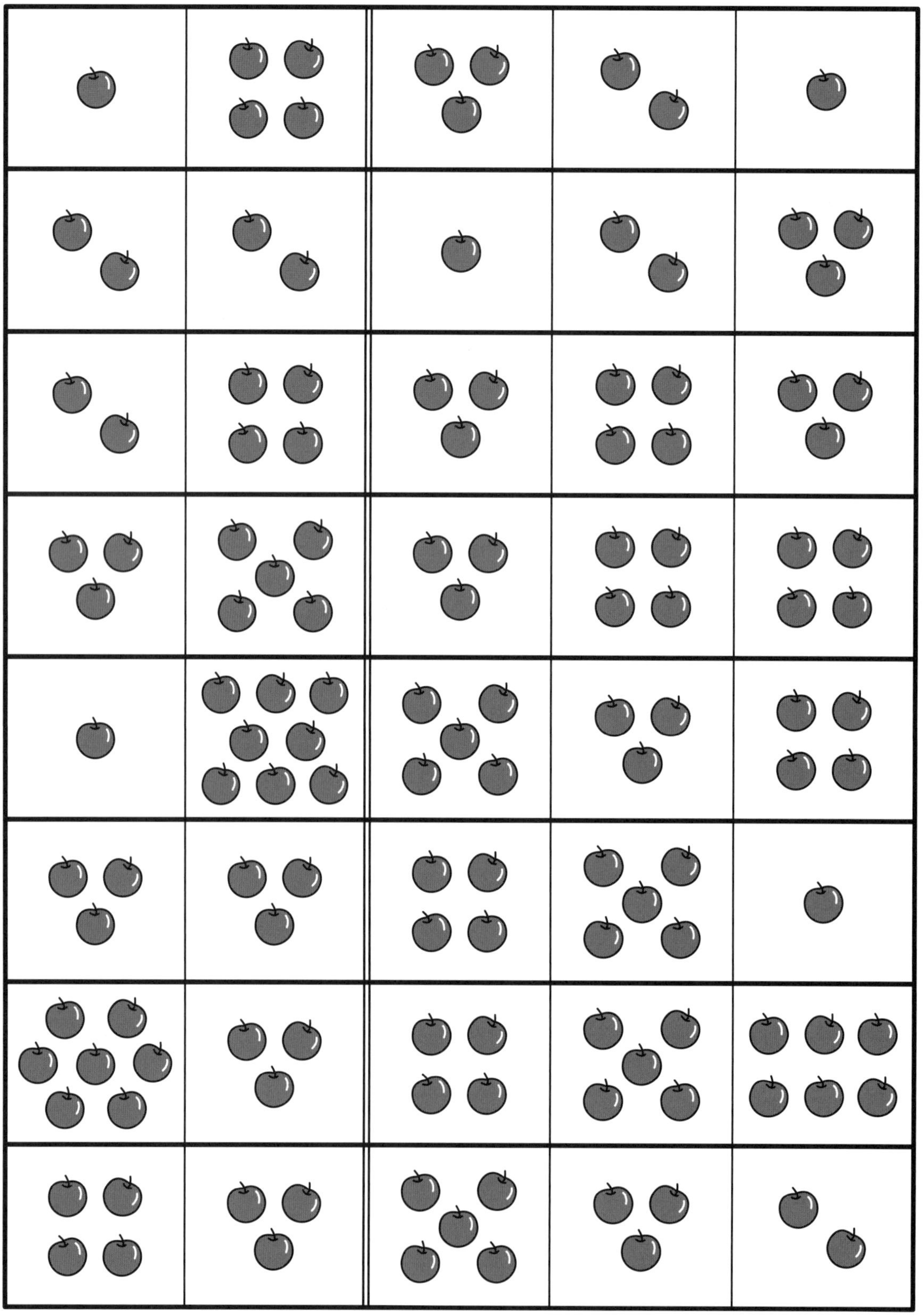

6

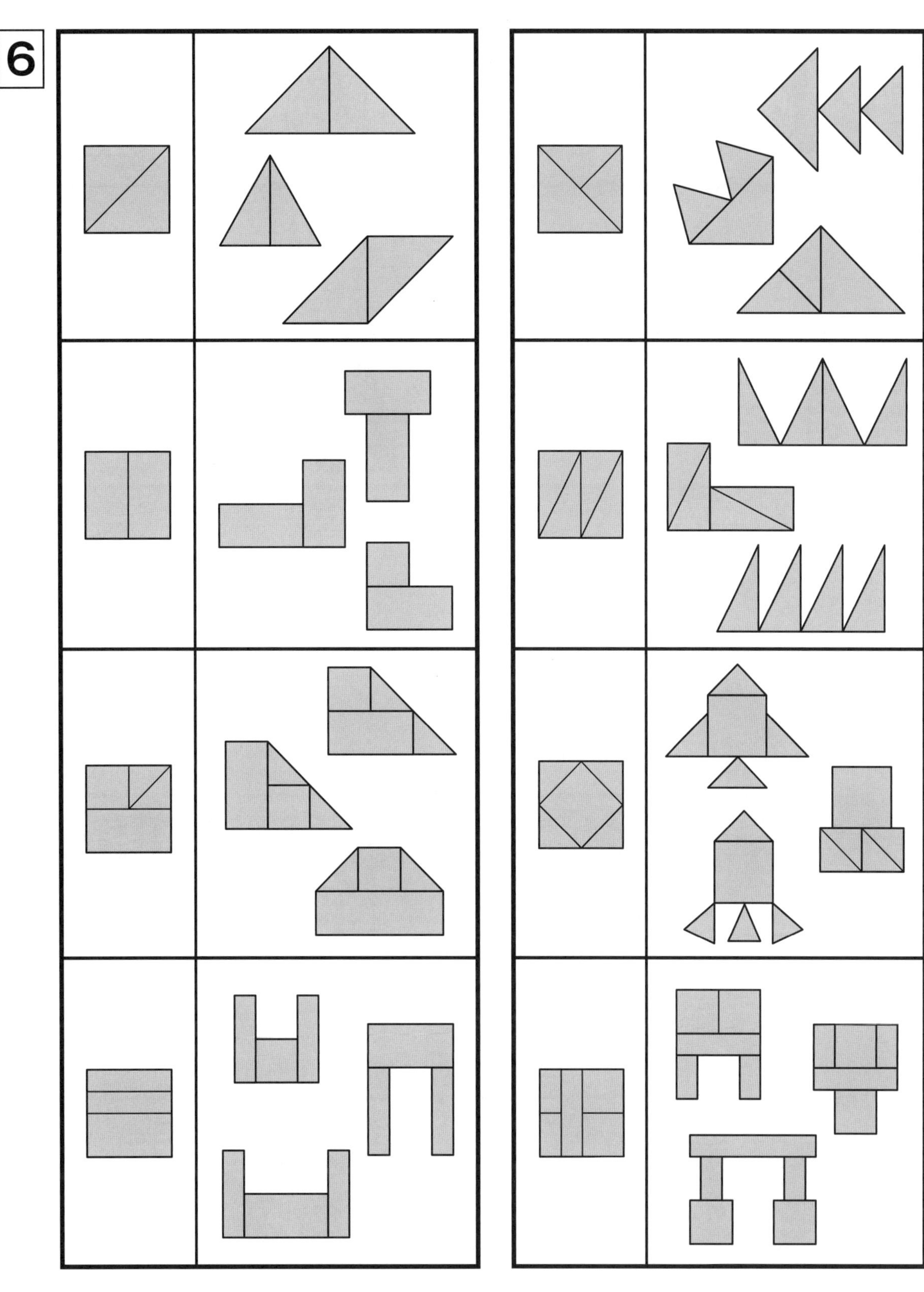

7

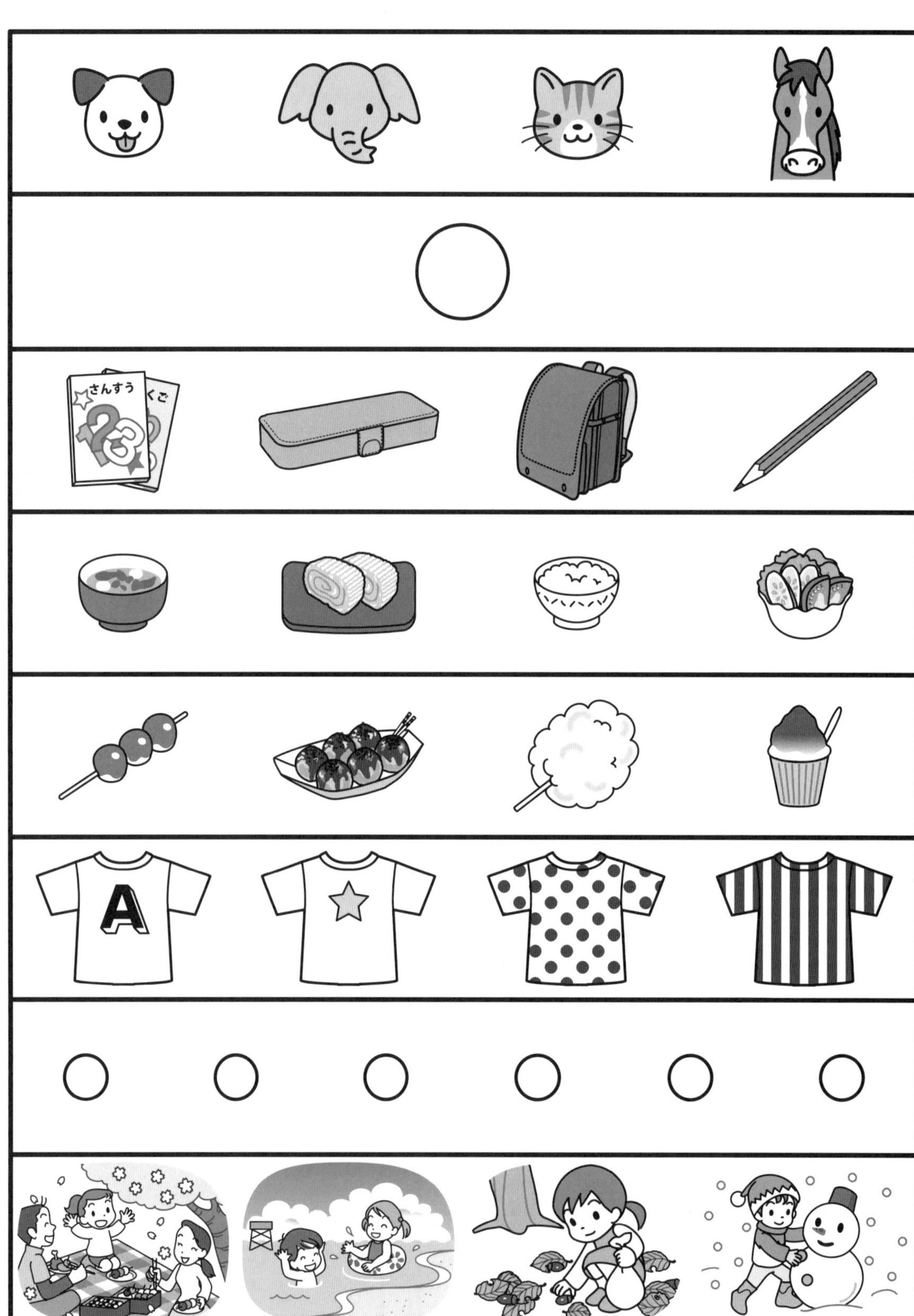

8

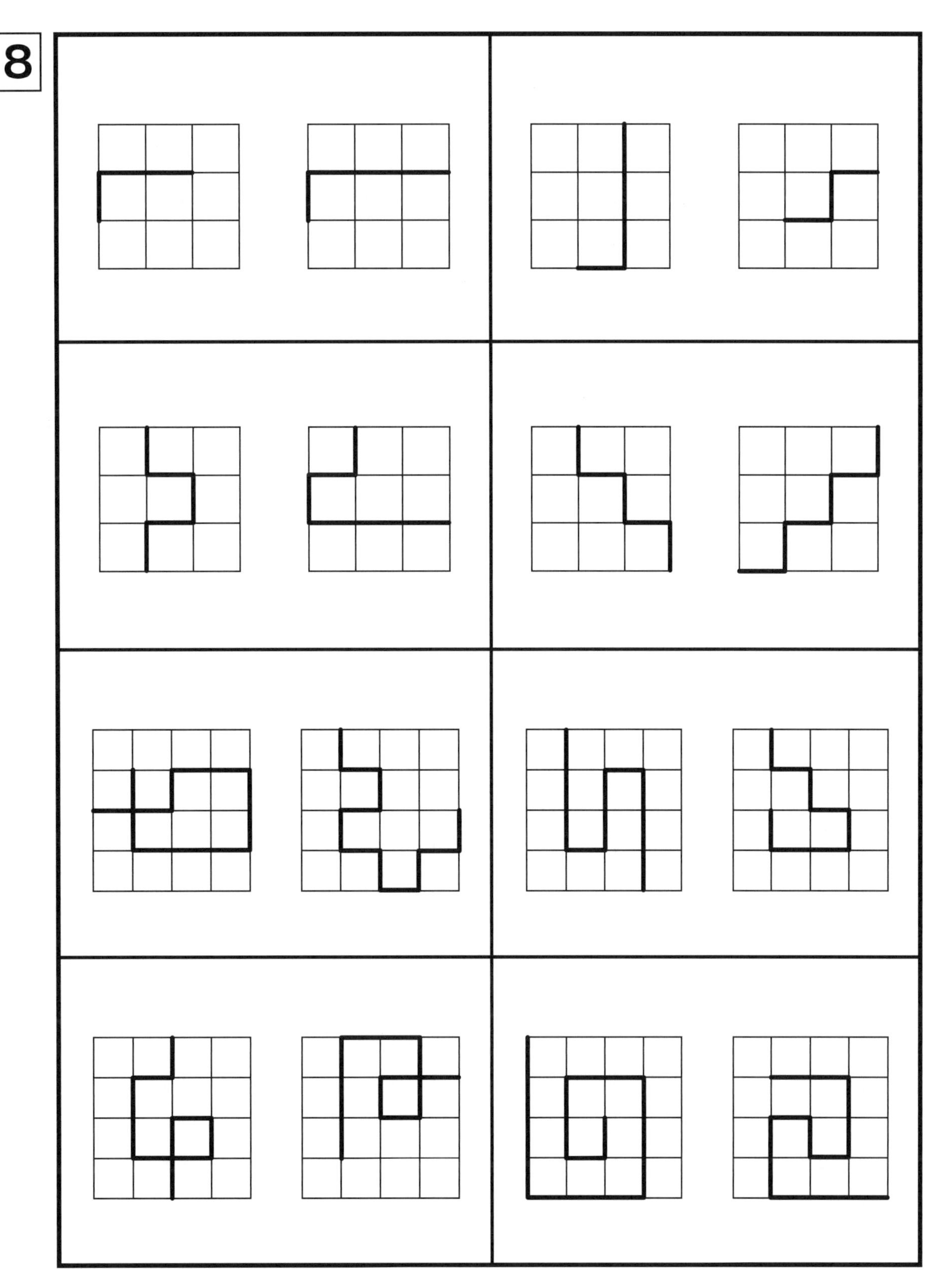

9

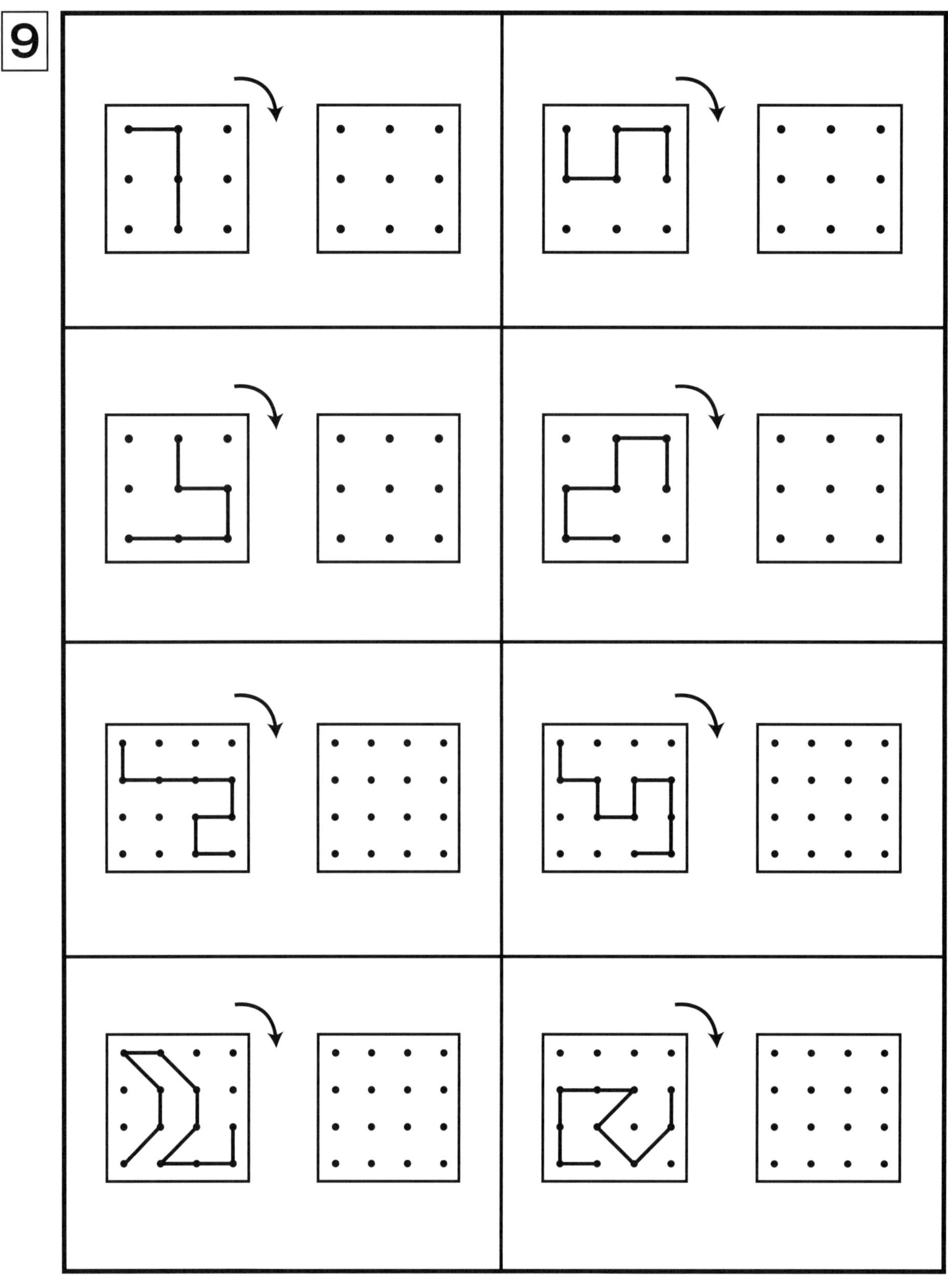

10

11

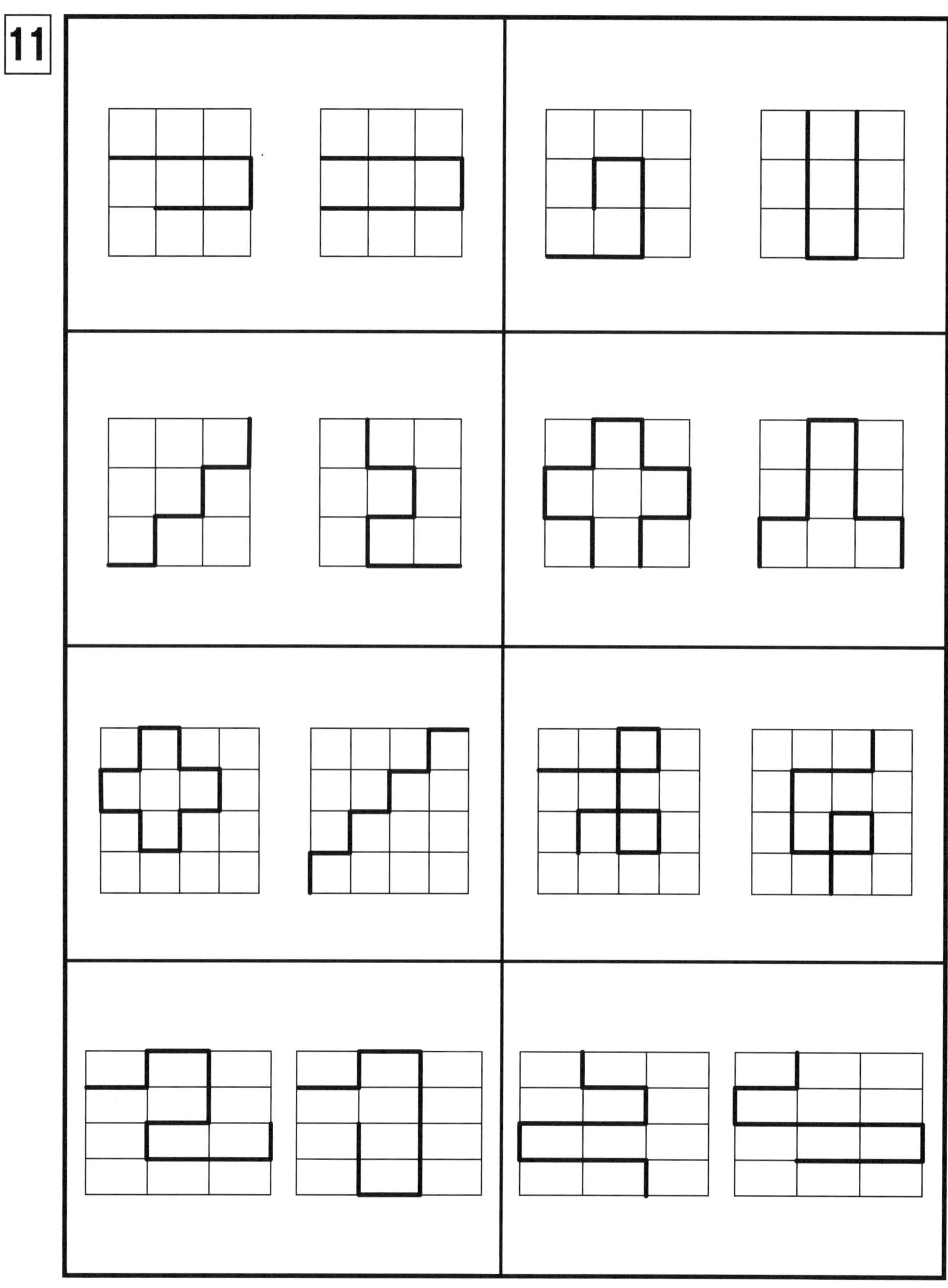

12

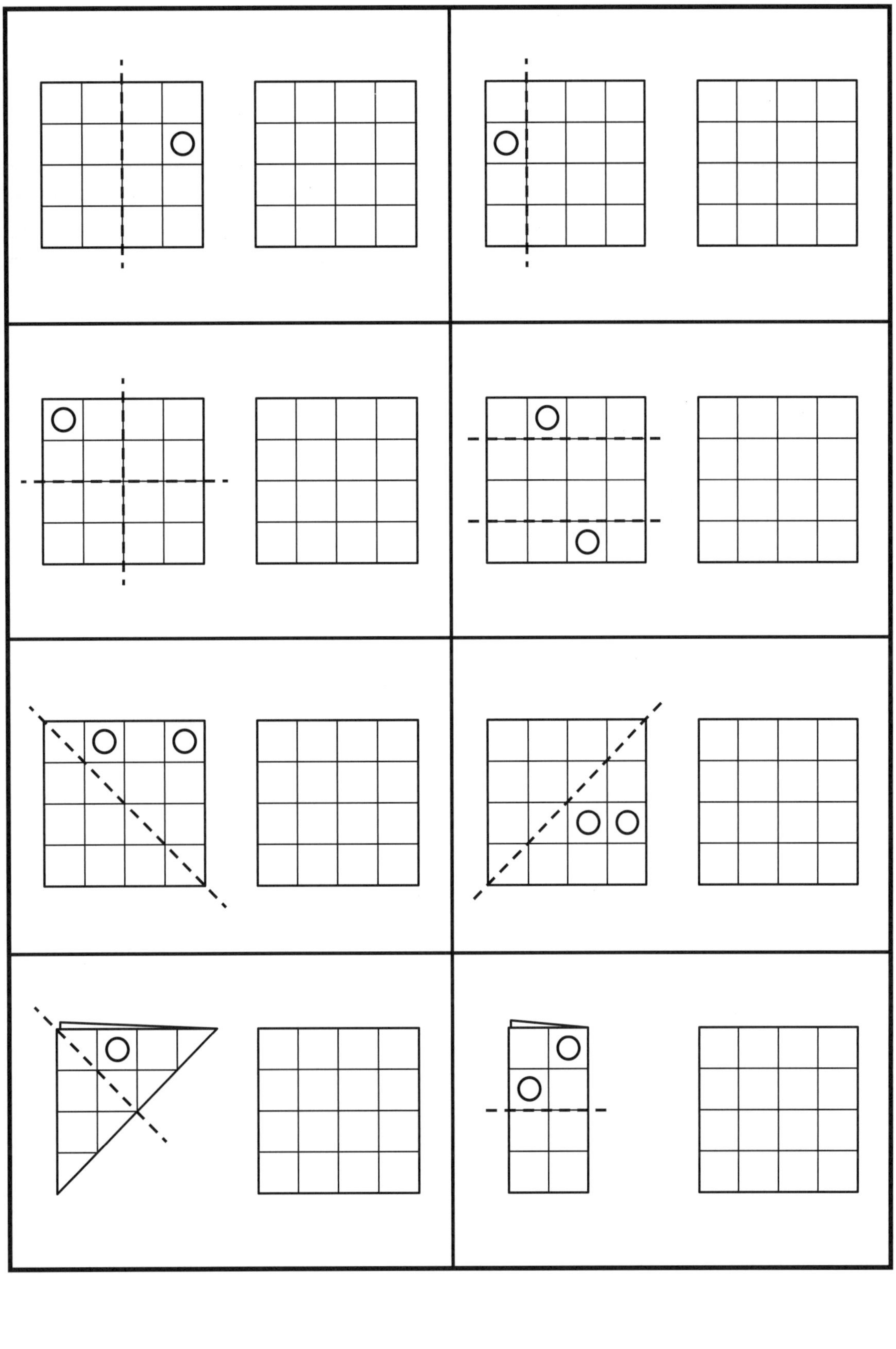

13

14

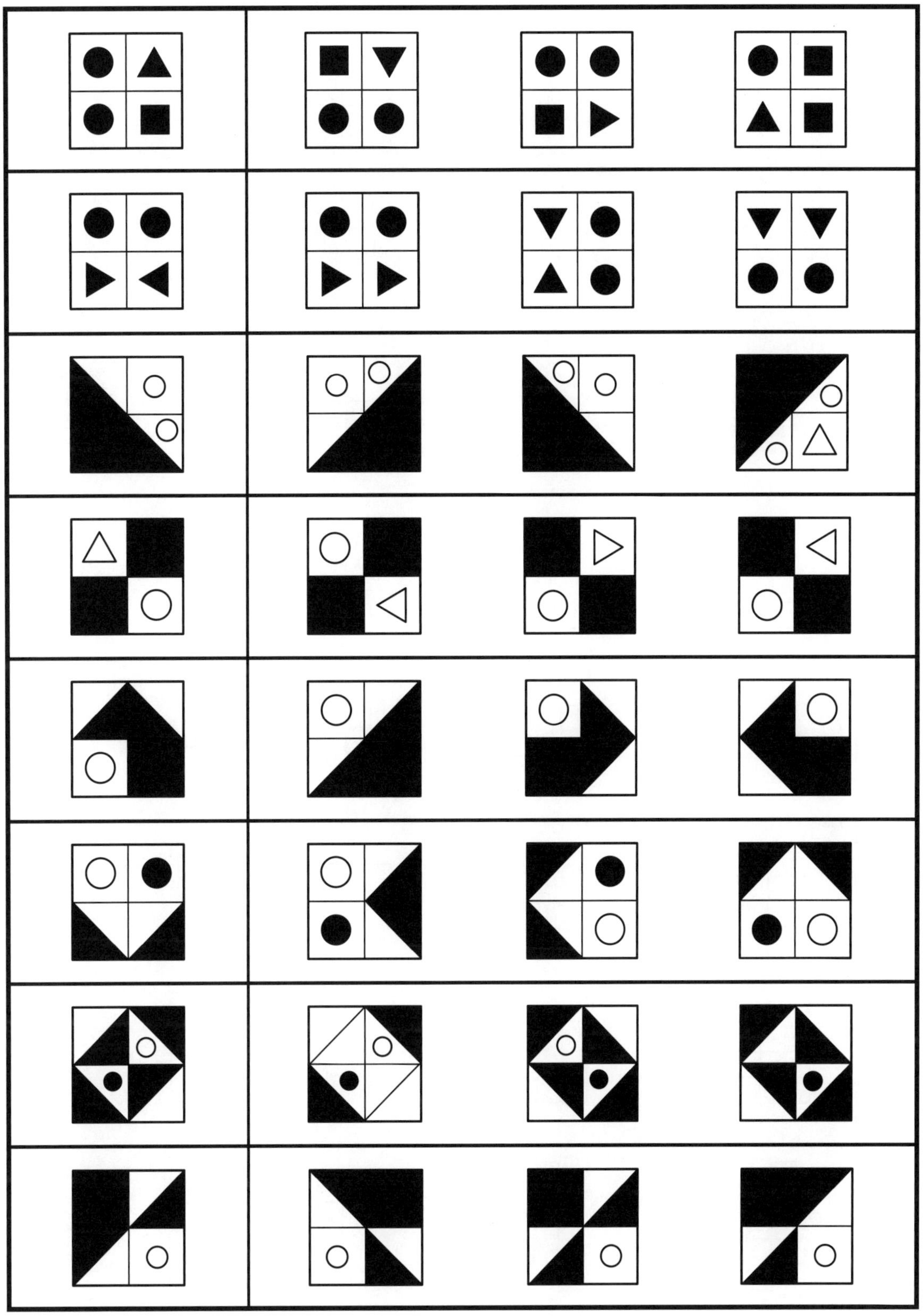

15

16

17

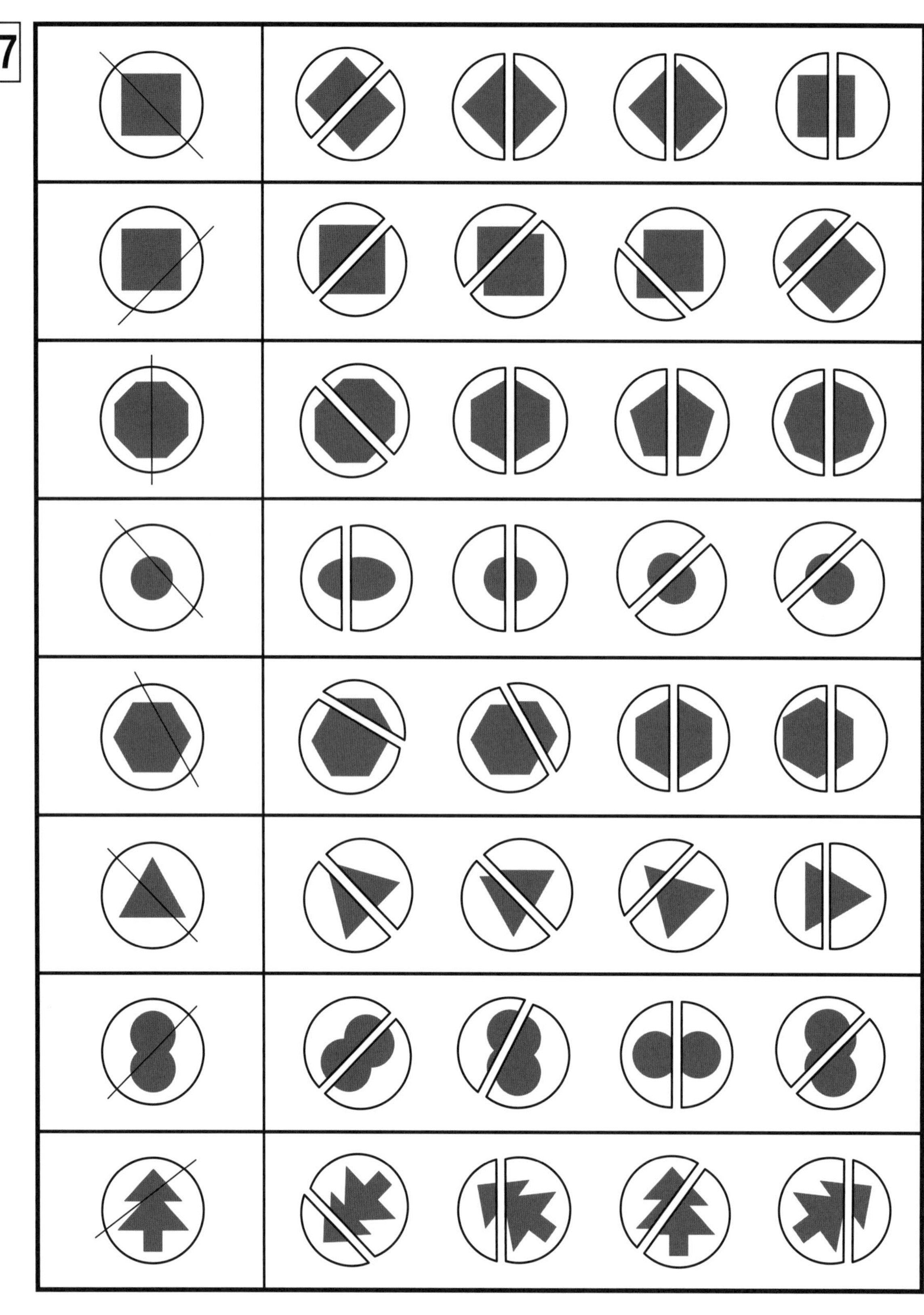

18

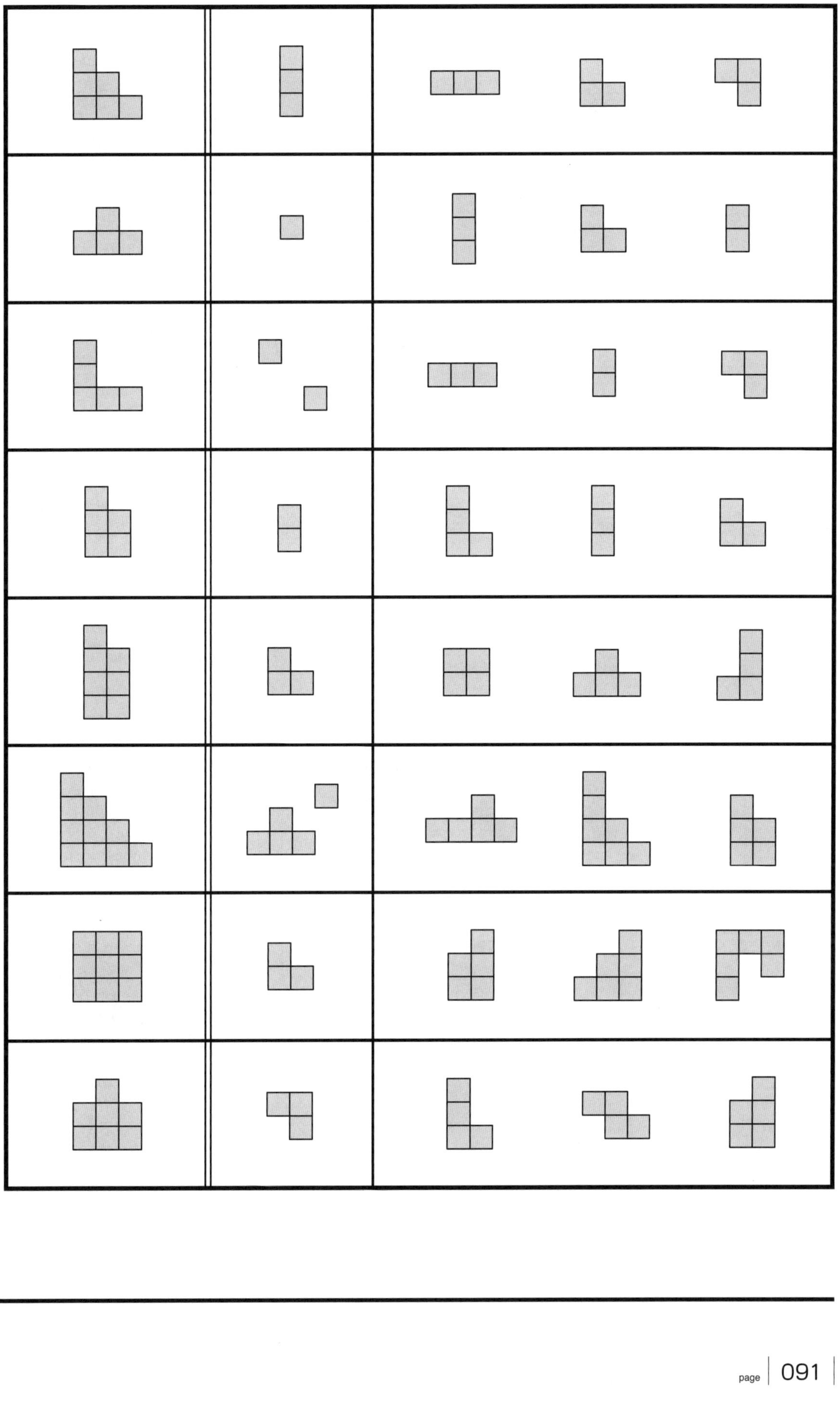

19

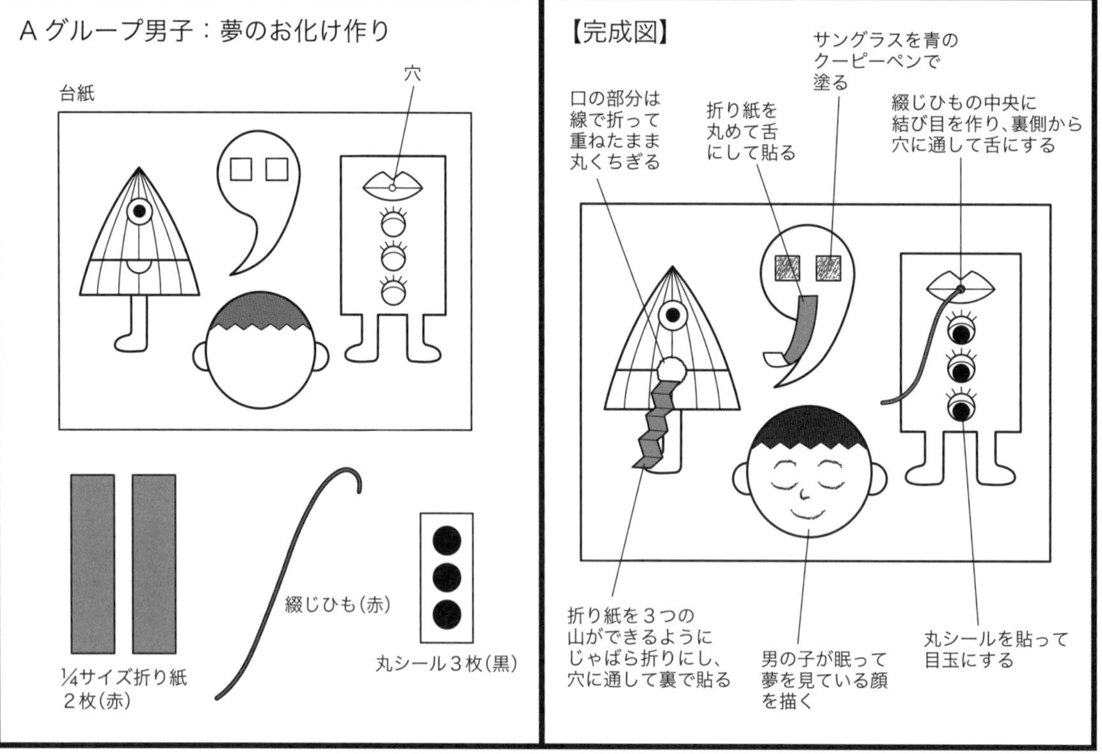
A グループ男子：夢のお化け作り
台紙
穴
¼サイズ折り紙
２枚（赤）
綴じひも（赤）
丸シール３枚（黒）
【完成図】
口の部分は
線で折って
重ねたまま
丸くちぎる
折り紙を
丸めて舌
にして貼る
サングラスを青の
クーピーペンで
塗る
綴じひもの中央に
結び目を作り、裏側から
穴に通して舌にする
折り紙を３つの
山ができるように
じゃばら折りにし、
穴に通して裏で貼る
男の子が眠って
夢を見ている顔
を描く
丸シールを貼って
目玉にする

20

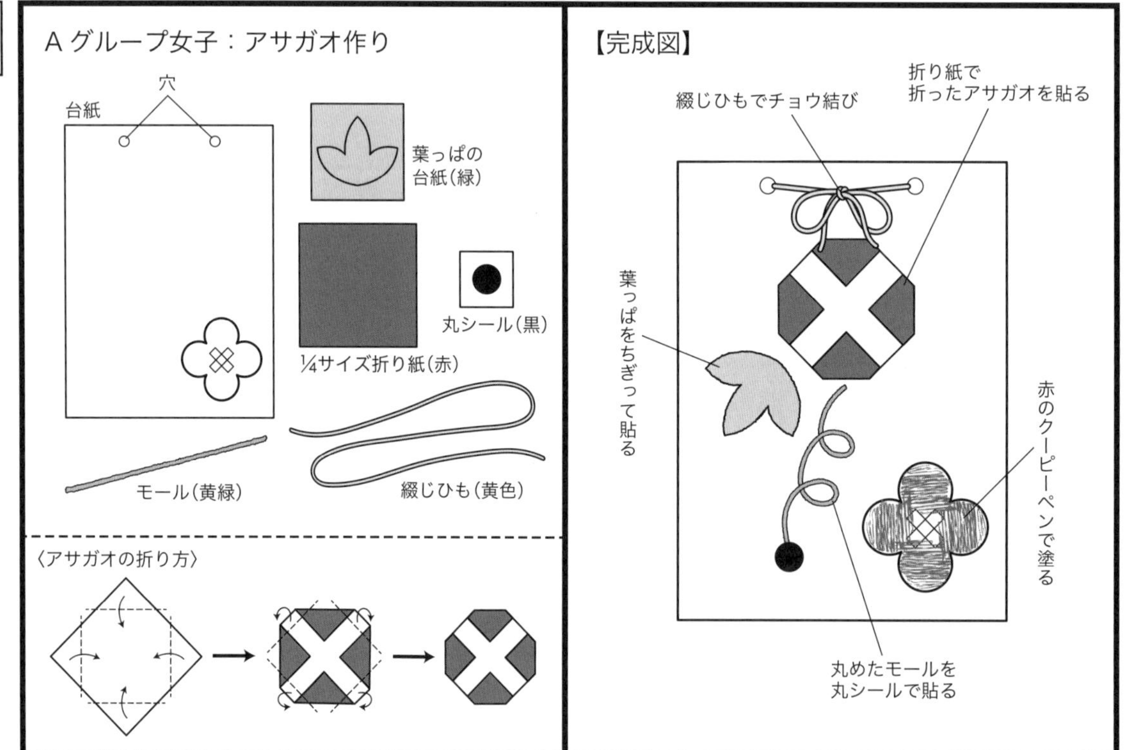
A グループ女子：アサガオ作り
穴
台紙
葉っぱの
台紙（緑）
丸シール（黒）
¼サイズ折り紙（赤）
モール（黄緑）
綴じひも（黄色）
〈アサガオの折り方〉
【完成図】
綴じひもでチョウ結び
折り紙で
折ったアサガオを貼る
葉っぱをちぎって貼る
赤のクーピーペンで塗る
丸めたモールを
丸シールで貼る

21

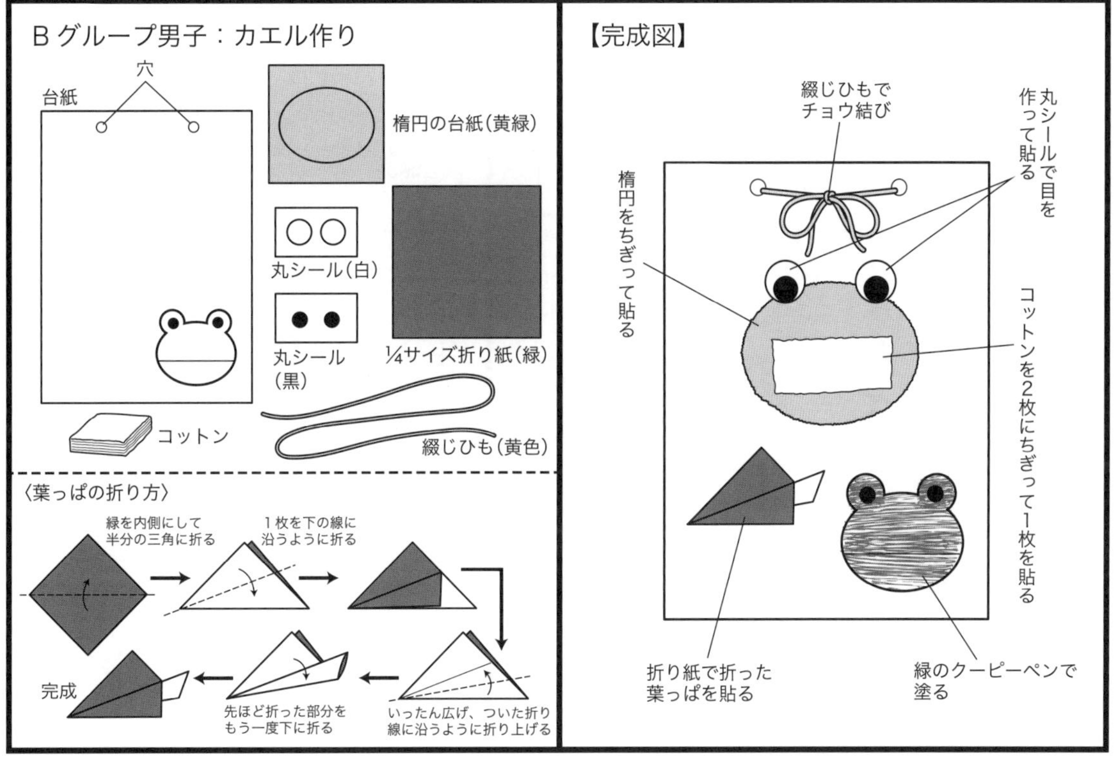
Bグループ男子：カエル作り
穴
台紙
楕円の台紙（黄緑）
丸シール（白）
丸シール（黒）
¼サイズ折り紙（緑）
コットン
綴じひも（黄色）
〈葉っぱの折り方〉
緑を内側にして半分の三角に折る
1枚を下の線に沿うように折る
いったん広げ、ついた折り線に沿うように折り上げる
先ほど折った部分をもう一度下に折る
完成
【完成図】
綴じひもでチョウ結び
丸シールで目を作って貼る
楕円をちぎって貼る
コットンを2枚にちぎって1枚を貼る
折り紙で折った葉っぱを貼る
緑のクーピーペンで塗る

22

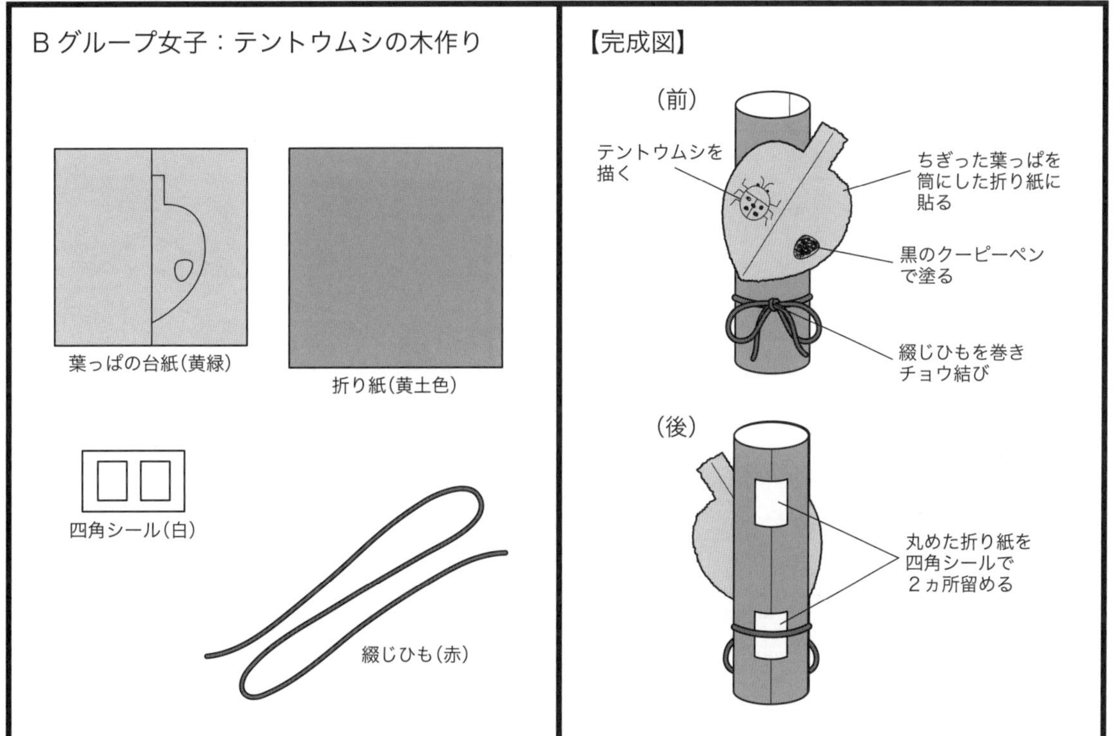
Bグループ女子：テントウムシの木作り
葉っぱの台紙（黄緑）
折り紙（黄土色）
四角シール（白）
綴じひも（赤）
【完成図】
（前）
テントウムシを描く
ちぎった葉っぱを筒にした折り紙に貼る
黒のクーピーペンで塗る
綴じひもを巻きチョウ結び
（後）
丸めた折り紙を四角シールで２ヵ所留める

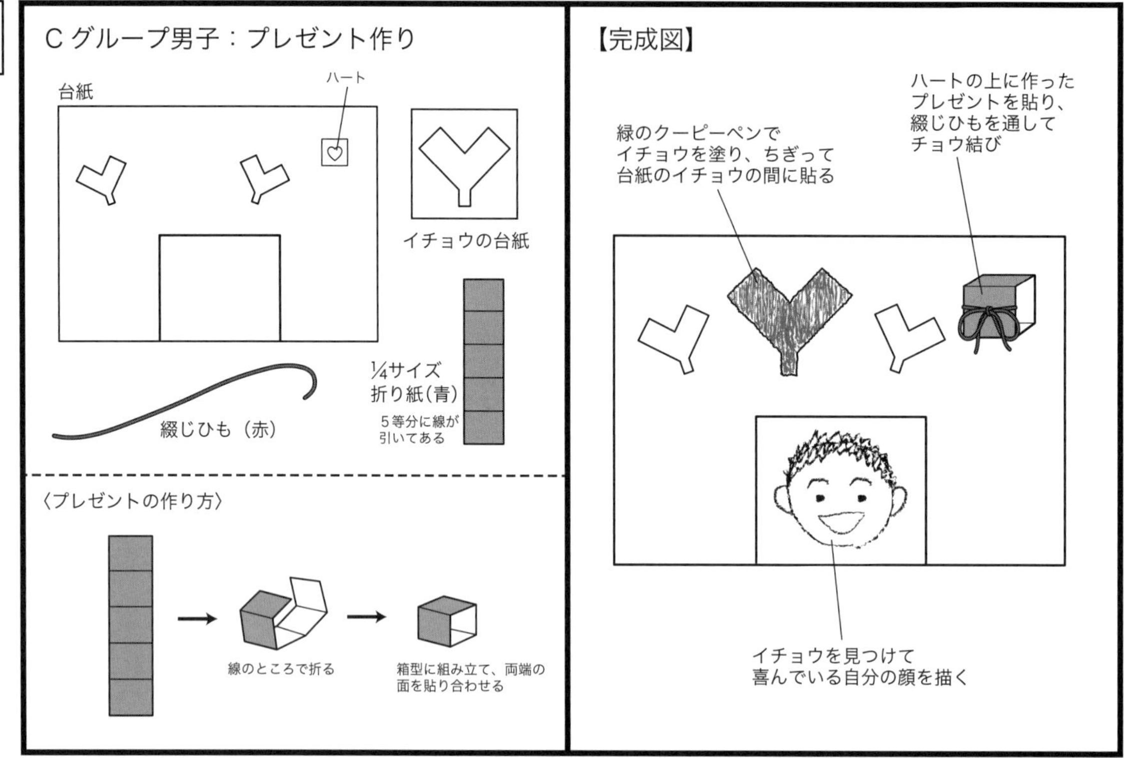
Cグループ男子：プレゼント作り
台紙
ハート
イチョウの台紙
¼サイズ
折り紙(青)
5等分に線が
引いてある
綴じひも（赤）
〈プレゼントの作り方〉
線のところで折る
箱型に組み立て、両端の
面を貼り合わせる
【完成図】
緑のクーピーペンで
イチョウを塗り、ちぎって
台紙のイチョウの間に貼る
ハートの上に作った
プレゼントを貼り、
綴じひもを通して
チョウ結び
イチョウを見つけて
喜んでいる自分の顔を描く

24

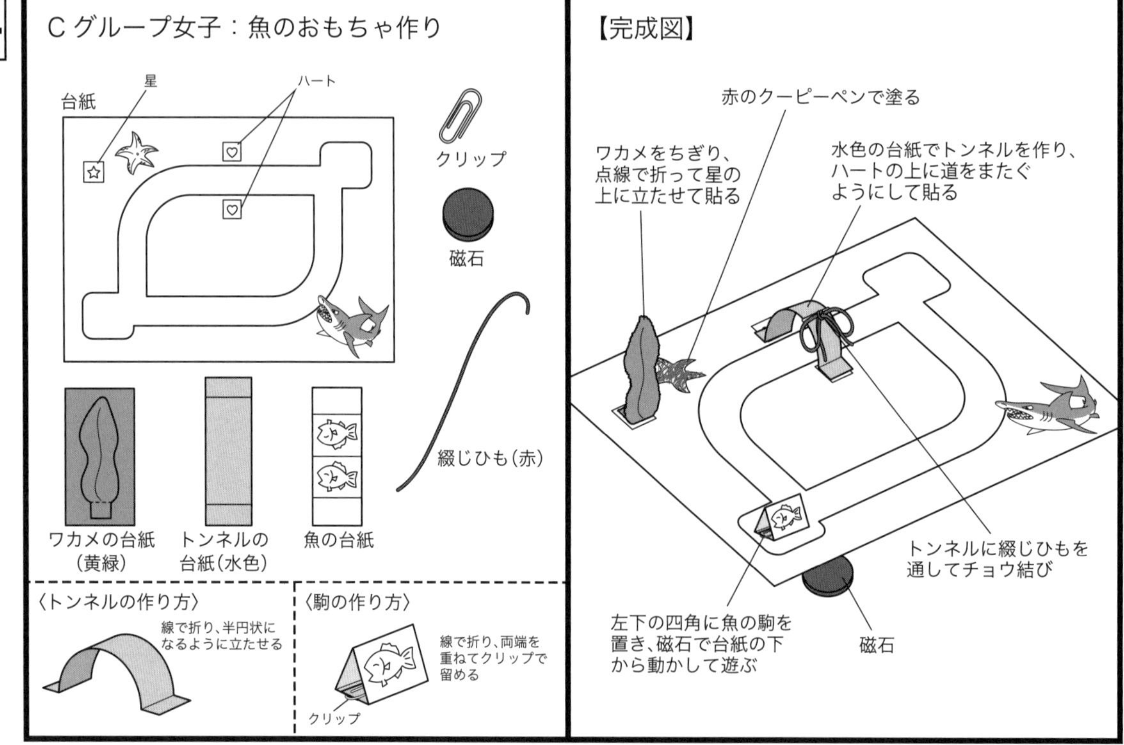
Cグループ女子：魚のおもちゃ作り
台紙
星
ハート
クリップ
磁石
綴じひも(赤)
ワカメの台紙
(黄緑)
トンネルの
台紙(水色)
魚の台紙
〈トンネルの作り方〉
線で折り、半円状に
なるように立たせる
〈駒の作り方〉
線で折り、両端を
重ねてクリップで
留める
クリップ
【完成図】
赤のクーピーペンで塗る
ワカメをちぎり、
点線で折って星の
上に立たせて貼る
水色の台紙でトンネルを作り、
ハートの上に道をまたぐ
ようにして貼る
トンネルに綴じひもを
通してチョウ結び
左下の四角に魚の駒を
置き、磁石で台紙の下
から動かして遊ぶ
磁石

section
2020 筑波大学附属小学校入試問題

選抜方法

第一次 男女とも生年月日順にA（4月2日～7月31日生）、B（8月1日～11月30日生）、C（12月1日～4月1日生）の3グループに分け、それぞれ抽選でA、Bは約300人、Cは約250人を選出する。

第二次 考査は1日で、第一次合格者を対象に約30人単位でペーパーテスト、集団テスト、約15人単位で運動テストを行い、男女各約100人を選出する。所要時間は約1時間。

第三次 第二次合格者を対象に抽選を行い、男女各64人を選出する。

ペーパーテスト

筆記用具は赤、黒、黄色、緑など各グループで異なる色のクーピーペンを使用。訂正方法は×（バツ印）。出題方法は話の記憶のみ音声でほかは口頭。

1 話の記憶（Aグループ男子）

「今日は晴れたよいお天気です。クマ君とイヌ君、タヌキ君、サル君とウサギさんのみんなで、山へキャンプに行きます。待ち合わせをした広場には、ヒマワリの花がきれいに咲いていました。そこへクマ君が一番にやって来ました。クマ君は、赤い帽子をかぶってリュックサックを背負っていました。その次にやって来たのはタヌキ君で、青いズボンをはいていました。『おはよう、今日は楽しみだね』と話していると、ほかの動物たちもやって来ました。みんなそろったところで、まずキャンプ場で食べるものを買いに行くことにしました。お肉屋さんに行き、お肉を見ながら『おいしそうだなあ』とイヌ君が言うと、『お肉だけじゃ駄目よ。栄養のバランスがあるから、お野菜も食べないとね』とウサギさんが言いました。お肉が置いてある棚の隣にはカレールーがあったので、それも買ってカレーライスを作ることにしました。『僕は辛口でもいいよ』とサル君が言うと、『僕は甘口じゃないと食べられないよ』とクマ君が言いました。ウサギさんが『じゃあ、甘口にしましょう』と言うと、サル君も賛成しました。『このお肉とカレールーをください』と言って、イヌ君がお金を払いました。次に八百屋さんへ行きました。『わたしはニンジンが大好きだから、ニンジンをいっぱい入れてね』とウサギさんが言うと、イヌ君が『ずるいな、栄養のバランスがあるって言ってたのに』と言いました。ウサギさんは、『わかったわ。カレールーの箱に書いてある材料を見て、入れる野菜を決めましょう』と言いました。そこで、タヌキ君が『ニンジンを3本、ジャガイモを3個、タマネギを2個ください』と言って、八百屋さんにお金を払いました。そして動物たちは張り切って山へ向かいました。キャンプ場に着くと、さっそくごはん作りにとりかかりました。クマ君は家族でよく山に行くので、キャンプのことをよく知っています。そこでみんなに、『それではカレーライスを作ろうね。まずは、火を起こすよ。ご飯を炊いて、それから野菜も切ってお鍋で煮るんだよ。みんなは何がしたい？』と聞きました。『僕は火を起こしたい！』とイヌ君が言うと、『僕も！』とタヌキ君とサル君が言い、『僕も火を起こしたいな』とクマ君も言いました。ウサギさんは、『わたしは何でもいいわ。火を起こす係はジャンケンで決めたらいいよ』と言いました。『最初はグー！　ジャンケンポン！』ジャンケンをして、イヌ君とサル君が火を起こすことになりました。２匹はマッチで薪に火をつけようとしましたが、なかなか火がつきません。それを見ていたクマ君が、『燃えやすいものに火をつけてから、それで薪に火をつけるといいよ』と言って、キャンプ場の人から新聞紙をもらってきてくれました。それからクマ君はお米を研いで、水と一緒にお鍋に入れてご飯を炊きました。タヌキ君とウサギさんは野菜の皮をむいて、食べやすい大きさに切りました。タヌキ君はタマネギを切りながら『味はおいしいのに、切ると目にしみるよ』と言い、ウサギさんはニンジンとジャガイモを切りながら『うわあ、おいしそう。このままニンジンを食べてしまいたいわ』と言いました。お肉と切った野菜をお鍋に入れて火にかけ、水を入れてしばらく待つと、お鍋はグツグツ煮えておいしそうなにおいがしてきたので、みんなでカレールーを入れました。炊けたご飯とできたてのカレーをお皿によそって、みんなで『いただきます』と言ったところで、『あれれ、僕だけお肉が入ってないよ！』とイヌ君が言ったので、みんなは大笑いしました。みんなで力を合わせて作ったカレーはとてもおいしくて、うれしい気持ちになりました」

・お話に出てこなかった動物に○をつけましょう。
・キャンプに行った日の天気に○をつけましょう。
・八百屋さんでお金を払った動物に○をつけましょう。
・タヌキ君が切ったものは何ですか。合う絵に○をつけましょう。
・火を起こしたいと言っていた動物に○をつけましょう。
・八百屋さんではニンジンを何本買いましたか。その数だけ丸を囲みましょう。
・火を起こすときに使ったものは何ですか。合う絵に○をつけましょう。
・ご飯を炊いた動物に○をつけましょう。
・動物たちが食べたものに○をつけましょう。
・お話と同じ季節の絵に○をつけましょう。

2　構　成（Aグループ男子）

上の問題を例題として解いてから行う。

・左の形を重ねずに並べたときにできる形は、右の４つのうちどれですか。合うものに○をつけましょう。形は向きを変えてもよいですが、裏返してはいけません。

3 話の記憶（Aグループ女子）

「サル君とクマ君は動物幼稚園の年長組です。もうすぐ運動会なので、『絶対に優勝したい！』と思って今日も公園の広場に練習をしにやって来ました。今日は爽やかに晴れたよいお天気です。空にはこいのぼりが泳いでいるのが見えます。サル君は星の模様のＴシャツ、クマ君は水玉模様のＴシャツを着ていました。年長組は運動会で、２匹が横に並び隣り合った片足同士をくっつけて、鉢巻きで結んで一緒に走る二人三脚という競争をします。『１、２、１、２！』と声をかけながら息を合わせて足を動かしましたが、２匹は勢いよく転んでしまいました。『さあ、もう一度だ！』起き上がって何度も挑戦しましたが、なかなかうまくいきません。そのうちにクマ君が『僕、疲れてきたよ』と言ったので、サル君も『じゃあ、少し休もうか』と言って一緒にベンチに座りました。クマ君が緑色のタオルで汗をふいていると、そこへ同じ幼稚園の年中組のウサギさんとキツネ君が綱を持って歩いてくるのが見えました。ウサギさんは水玉模様のＴシャツ、キツネ君はしま模様のＴシャツを着ています。『おーい、ウサギさん、キツネ君。何をしているの？』とサル君が声をかけると、ウサギさんが『運動会の綱引きの練習をしていたけど、キツネ君が強すぎて練習にならないの』と困った顔で言いました。それを聞いたクマ君たちは、『それじゃあ、僕たちが綱引きの練習を手伝ってあげるよ』と言って、ウサギさんとクマ君のチーム、キツネ君とサル君のチームに分かれて練習を始めました。『ヨーイ、ドン！』のかけ声で『オーエス、オーエス』と綱を引っ張り合いましたが、どちらのチームも強くてお互いに勝ったり負けたりをくり返しました。『綱を握る位置が一番後ろになったら、綱を体に巻きつけて引っ張るといいよ』とクマ君はウサギさんに、サル君はキツネ君にそれぞれ教えてあげました。教えてもらった後でウサギさんとキツネ君が勝負をすると、さっきまですぐに負けていたウサギさんも強くなっていました。『これなら相手の白組に勝つことができそうだね』とサル君が言いました。運動会がとても楽しみです」

- 動物幼稚園の年長組は運動会で何をすることになっていますか。合う絵に○をつけましょう。
- お話に出てきた年長組の動物に○をつけましょう。
- お話の中でどの動物も着ていなかった模様のＴシャツに○をつけましょう。
- クマ君のタオルの色は何色でしたか。その色で丸を塗りましょう。
- キツネ君とウサギさんは運動会で何をすると言っていましたか。合う絵に○をつけましょう。
- お話に出てきた動物は何匹でしたか。その数だけ丸を囲みましょう。
- 綱引きではどのようにすると強くなれると教えてあげましたか。合う絵に○をつけましょう。
- 運動会の練習をした日の天気に○をつけましょう。

・二人三脚の練習で、サル君とクマ君が足を結んでいたものに○をつけましょう。
・お話の季節と仲よしの絵に○をつけましょう。

4 構　成（Aグループ女子）

上の問題を例題として解いてから行う。
・左の形を重ねずに並べたときにできない形は、右の４つのうちどれですか。合うものに○をつけましょう。形は向きを変えてもよいですが、裏返してはいけません。

5 話の記憶（Bグループ男子）

「今日はクマ君のお家でクリスマス会があります。朝からとても寒いので、ウサギさんは真っ赤なセーターを着て、青いマフラーを首に巻いてクマ君のお家へ出かけていきました。道を歩いていると、途中でリスさんに会いました。リスさんは緑色の帽子をかぶり、青い手袋をしていました。２匹がお話をしながら一緒に歩いていると、空からチラチラと雪が降ってきました。『あっ、雪だ！』とリスさんが言うと、『雪が降るクリスマスなんて、なんだか楽しいね』とウサギさんはウキウキして言いました。お話ししながら歩いているうちに、あっという間にクマ君のお家に着きました。クマ君のお家は２階建てで、ドアが１つと窓が２つあって屋根には煙突がついています。お庭の木の枝には雪がうっすらと積もり、まるで白い花が咲いているようでした。２匹が『ピンポーン』と玄関のチャイムを鳴らすと、中からクマ君と、先に着いてパーティーの準備を手伝っていたタヌキ君とキツネさんが出迎えてくれました。『いらっしゃい。僕のお母さんが丸いケーキを焼いてくれたよ。お母さんのケーキはとってもおいしいんだ。みんなで食べよう』とクマ君が言いました。『ケーキを食べる前にクリスマスツリーの飾りつけをお願いね』とクマ君のお母さんは言いました。そこでキツネさんが『星をつけよう』と言うと、みんなも『そうしよう！』と賛成して、星を３つ飾りました。クマ君が『もうちょっときれいにしたいなあ』と言い、星をもう１つ飾ることにしました。さあ、楽しいクリスマス会の始まりです。みんなで『ジングルベル』や『赤鼻のトナカイ』を歌ってから、プレゼント交換をしました。ウサギさんの手袋はクマ君に、クマ君のマフラーはウサギさんに、キツネさんのネックレスはリスさんに、リスさんのクリスマスリースはタヌキ君に、タヌキ君のぬいぐるみはキツネさんに渡りました。プレゼント交換が終わると、クマ君のお母さんが『さあ、どうぞ』とケーキを持ってきてくれました。丸い大きなケーキには、イチゴが５つのっています。『いただきまーす！』切り分けたケーキをみんなでおいしくいただきました。最初に食べ終わったタヌキ君がふと窓の外を見ると、さっきまで降っていた雪はやんで、辺り一面に積もっていました。『みんなで雪ダルマを作ろうよ』とタヌキ君が言うと、みんなは『賛成！』と言いました。雪で作った大きな丸い球を２つ重ねて緑色のボタンを３つつけ、雪ダルマができあがるころには、あたりは薄暗くなっていました。そろそろお家に帰る時間です。『今日は楽しかったね』とキツネさんが言いました。帰り道で、『わたしは冬休みにおばあちゃんの家に行くことになっているの』とキツネさんが言うと、『僕はスキーに行くんだ』とタヌキ君が言い、『わたしはお父さんたちと暖かいところへ行くわ』とウサギさんが言いました。『わたしはスケートに連れていってもらうの』とリスさんが言いました。みんなで冬休みにする楽しいことのお話をしながらお家に帰りました」

・クリスマス会の日の天気に○をつけましょう。
・リスさんの手袋は何色でしたか。その色で丸を塗りましょう。
・クリスマスツリーに飾った星はいくつでしたか。その数だけ丸を囲みましょう。
・ケーキの上にのっていたイチゴはいくつでしたか。その数だけ丸を囲みましょう。
・雪ダルマのボタンはいくつでしたか。その数だけ○をかきしょう。
・ウサギさんが身に着けていたものに○をつけましょう。
・ウサギさんがあげたプレゼントに○をつけましょう。
・クマ君はどんなお家にすんでいましたか。合う絵に○をつけましょう。
・冬休みにタヌキ君は何をすると言っていましたか。合う絵に○をつけましょう。
・お話の季節と仲よしの絵に○をつけましょう。

6 推理・思考（対称図形）（Bグループ男子）

上の問題で解き方のお手本を見せてから行う。

・一番上を見てください。左のマス目の中に、黒丸と白丸があります。白丸が黒丸の反対側に動くと、それぞれどのようになりますか。白丸がいくところに○をかきましょう。（やり方を確認する）右側のマス目のようになりますね。では同じように、下を全部やりましょう。白丸がマス目に入らない位置にいくこともあります。そのときの白丸はかかないようしてください。

7 話の記憶（Bグループ女子）

「青い空が広がった日曜日のことです。前から一緒にキャンプに行くお約束をしていたキツネ君とタヌキ君は、それぞれのお父さんが運転する車に家族で乗って川の近くにあるキャンプ場に行きました。キツネ君は赤い車、タヌキ君は緑色の車です。さっそくキツネ君は、『タヌキ君、川に魚釣りに行こうよ』と誘いました。キツネ君は青いTシャツを着てバケツと釣りざおを持っています。川に着くと、ウサギのおじさんが魚釣りをしていました。『ここは何が釣れますか？』とキツネ君が聞くと、『ニジマスが釣れますよ』と教えてくれました。2匹がそれぞれ釣りを始めようとしているところへ、サル君とクマ君がやって来ました。『あれっ、キツネ君とタヌキ君もいたの？』とサル君が元気に声をかけてきました。『さっき、着いたんだ。クマ君たちも一緒に釣ろうよ』と4匹が大きな声でお話ししていると、ウサギのおじさんが『魚釣りはね、静かに待っていないと魚が離れていってしまうんだよ』と教えてくれたので、静かに魚が釣れるのを待ちました。しばらくすると、みんな２匹ずつニジマスを釣ることができました。釣ったニジマスを持ってキャンプ場に戻ると、お父さんとお母さんたちがバーベキューの準備をしていました。『ニジマスが釣れたよ！』と言って、みんなそれぞれお母さんに渡しました。それからクマ君とサル君は山登りに出かけ、キツネ君とタヌキ君は森に虫捕りに出かけました。森の中にはたくさんの虫がいます。木にはクワガタムシがいて、樹液を吸っています。タヌキ君は『クワガタムシは頭にはさみがあるから、指を挟まれちゃうかもしれないよ』と怖がって、触ることができません。すると『だいじょうぶだよ。体を持てば挟まれないよ』と、キツネ君がさっとつかんで自分の虫カゴに入れました。少し離れた木で、タヌキ君がカブトムシを見つけました。『僕はカブトムシだったら怖くないよ』と言って捕まえて、虫カゴの中へ入れました。トンボやチョウチョも飛んでいたので追いかけて捕まえようとしましたが、トンボは飛ぶのが早いし、チョウチョはひらひらと木のてっぺんまで飛んでいくしで、どちらも捕まえられません。今度はセミを見つけました。『ミーンミーン』と元気に鳴いています。キツネ君とタヌキ君は時間が経つのも忘れて虫捕りを楽しみました。セミを４匹捕まえたので、キツネ君とタヌキ君で仲よく半分ずつ分けました。そこへ『そろそろ、夕ごはんの時間よ』とお母さんたちが呼びに来ました。ちょうどそのとき、クマ君とサル君もキャンプ場に戻ってきました。『いっぱい遊んでおなかがペコペコでしょう。たくさん食べて、強い子になりましょうね。お相撲で動物に勝った、昔話の金太郎に負けないくらいに』と、キツネ君のお母さんが言いました。タヌキ君は野菜が嫌いなのでお肉ばかり食べていると、タヌキ君のお母さんがお肉と一緒にピーマンとニンジンをお皿に載せてタヌキ君に渡しました。『お肉ばっかりじゃなくて野菜も食べなさい』。タヌキ君は泣きべそをかいてしまいました。『タレをつけるとおいしいよ。少しだけ食べてみたら？』とキツネ君に励まされたタヌキ君は、少しだけ野菜を食べてみました。『これなら食べられそう！』タヌキ君は頑張ってお皿の上の野菜を全部食べました。おなかがいっぱいになったみんなはきれいな星空を見て、その夜は仲よくテントで眠りました」

・お話に出てこなかった動物に○をつけましょう。
・キツネ君が着ていたＴシャツは何色でしたか。その色で丸を塗りましょう。
・静かにしていないと魚が釣れないことを教えてくれた動物に○をつけましょう。
・動物たちはニジマスを全部で何匹釣りましたか。その数だけ○をかきましょう。
・キツネ君とタヌキ君が捕まえた虫に○をつけましょう。
・キツネ君とタヌキ君はセミを何匹捕まえましたか。その数だけ丸を囲みましょう。
・タヌキ君が、嫌いでも頑張って食べたものに○をつけましょう。
・動物たちは夜、どこで寝ましたか。合う絵に○をつけましょう。
・キツネ君のお母さんがお話しした昔話で、金太郎とお相撲を取った動物に○をつけましょう。
・お話の季節と仲よしのものに○をつけましょう。

8 **推理・思考（重ね図形）**（Bグループ女子）

上の問題で解き方のお手本を見せてから行う。

・一番上を見てください。2枚の透明な紙に、それぞれマス目と丸がかいてあります。左のマス目を右に1回コトンと倒してから右のマス目に重ねたとき、丸がないマス目はどこですか。そのマス目に○をかきましょう。（やり方を確認する）右側のマス目のその場所に、丸がかいてありますね。では同じように、下を全部やりましょう。

9 **話の記憶**（Cグループ男子）

「乗り物が大好きなたろう君は、幼稚園から帰って色鉛筆で新幹線の絵を描いています。お母さんが夕ごはんの支度をしながら、『お父さんが帰ってきたわよ。お絵描きの続きは後にして、お父さんと一緒にお風呂に入ってね』と言いました。たろう君が玄関にお父さんを迎えに行くと、お父さんは『ただいま』と言って、靴を脱ごうとしてしゃがみました。そのときお父さんのお尻のポケットから、何かが落ちました。たろう君が笑いながら『お帰りなさい。お財布が落ちたよ』と言うと、お父さんは財布を探してキョロキョロと周りを見ます。その間にたろう君は玄関に飾ってあったススキを手に取って、お父さんのお尻をくすぐりました。お父さんは『くすぐったーい』と言って、たろう君を捕まえてくすぐり返しました。2人が玄関で大笑いをしていると、お母さんが『早くお風呂に入りなさい』と怒って言いました。『はーい！』とたろう君は答えて、お風呂に入る準備をしました。お風呂の中で、2人はしりとりをしました。お父さんが『コマ』と言うと、たろう君は『まり』、お父さんが『リンゴ』、たろう君が『ゴリラ』と続けました。ゆっくりとお風呂に入り、夕ごはんを食べ終わるともう8時になっていました。いつもなら寝る時間なのでたろう君はびっくりして、慌てて新幹線の続きを色鉛筆で描いてから、布団に入りました。あまり慌てたので、色鉛筆を片づけるのを忘れたことに気づきませんでした。夜、たろう君の家族が寝静まったころ、赤と黄色と緑と黒の色鉛筆が動き出しました。『僕たちで新幹線の絵を描こう』と赤が言うと、『いいよ！』とほかの色たちも元気に絵を描き始めました。そして、赤い新幹線と緑の電車が描けました。黒がＳＬ機関車を描いていると、『僕も入れて』と茶色もやって来て線路を描きました。それを見て、ＳＬ機関車が『わーっ、かっこよくなったね！』と喜びました。黄色も新幹線を描こうとしましたが朝になってしまい、色鉛筆たちは急いで元いた場所に散らばって寝転がりました。そこへお母さんが起きてきて、たろう君の部屋をのぞきました。『あら、いつの間にこんなに新幹線や電車の絵を描いたのかしら』。窓の外は晴れていて、イチョウやモミジの葉っぱがきれいに色づいていました」

・しりとりでお父さんが言ったものに○をつけましょう。
・お母さんが「早くお風呂に入りなさい」と言ったときの顔に○をつけましょう。
・お話の季節と仲よしの絵に○をつけましょう。

・絵を描いた色鉛筆は全部で何本でしたか。その数だけ丸を囲みましょう。
・ＳＬ機関車の絵を描いた色鉛筆は何本でしたか。その数だけ○をかきましょう。
・たろう君が描いたものに○をつけましょう。
・朝になったので絵を描くことができなかった色鉛筆は何色でしたか。その色で丸を塗りましょう。
・朝の天気に○をつけましょう。
・たろう君がいつも寝る時間をさしている時計に○をつけましょう。

10 系列完成（Ｃグループ男子）

問題の解き方のお手本を見せてから行う。
・いろいろな印が決まりよく並んでいます。空いている大きい四角の中にはどのような印が入るとよいですか。その印をかきましょう。

11 話の記憶（Ｃグループ女子）

「お花が大好きなゆうこさんは、お花の絵を描くのも大好きです。今日は雨がしとしとと降っています。『明日は晴れるかな』と考えながら白い画用紙に赤の色鉛筆でバラの花を描いていると、お母さんが『お風呂に入りましょう』と言いました。ゆうこさんはいつも７時になったらお風呂に入り、８時になったら寝るとお約束しています。ゆうこさんは、お風呂に入りながらお母さんとしりとりをしました。ゆうこさんが『山』と言うとお母さんが『まり』、ゆうこさんが『リス』、お母さんが『スイカ』と続けました。お風呂を出てからお絵描きの続きをしていると、眠くなってきて、ゆうこさんは色鉛筆を片づけずに、雨の音を聞きながらそのまま寝てしまいました。夜、ゆうこさんの家族がすっかり寝静まったころ、カタカタと色鉛筆たちが動き出しました。箱の中にいた色鉛筆の緑が、黄色に話しかけます。『黄色さん、一緒に画用紙に絵を描こうよ』『いいよ』。そう言うと２本は箱から飛び出して、黄色は画用紙にヒマワリの花びらを描き始めました。『黄色さん、きれいね。でも緑の花はないから、わたしは何を描いたらいいのかしら』と緑は寂しそうに言いました。そこへ、箱の外で寝ていたほかの４色の色鉛筆もやって来ました。ピンクがサクラの花を描きました。『まあ、すてき。でも緑の花はないから、わたしは何を描いたらいいのかしら』と寂しそうに緑は言いました。そこへ青がやって来てアジサイの花を、紫はアサガオの花を描きました。『まあ、すてき。でも緑の花はないから、わたしは何も描けないわ』と緑はしょんぼりしています。そこへ赤がやって来て言いました。『どうしたの？』『わたしは何も描くものがないの』。すると、赤がよいことを思いつき、『わたしがチューリップの花を描くから、緑さんは葉っぱを描いてね』と言いました。緑は喜んで、チューリップの茎と葉っぱを描きました。朝になり少しずつ明るくなってきたので、色鉛筆たちは静かに元の場所へ戻りました。７時になると、お母さんがゆうこさんを起こしに来ました。『７時よ、起きなさい。あら、すてきな絵ね』。窓の外は雨がやんで虹が出ていました。そして虹の下には、こいのぼりが風に吹かれて気持ちよさそうに泳いでいました」

・ゆうこさんがしりとりで言ったものに○をつけましょう。
・ゆうこさんが好きなものに○をつけましょう。
・寝る前の天気に○をつけましょう。
・箱の中にいた色鉛筆は何色でしたか。その色で丸を塗りましょう。
・箱の外にいた色鉛筆は何本でしたか。その数だけ丸を囲みましょう。
・寂しがっていた色鉛筆の緑を助けたのは何色ですか。その色で丸を塗りましょう。
・青が描いたものに○をつけましょう。
・お話の季節と仲よしの絵に○をつけましょう。
・ゆうこさんが起きる時間をさしている時計に○をつけましょう。

12 系列完成（Cグループ女子）

上の問題を例題として解いてから行う。
・それぞれの段に印が決まりよく並んでいます。【】の中にはどのような印が入るとよいですか。その印をかきましょう。

集団テスト

巧緻性・制作の課題は、最初に作る様子を映像で見て、全工程の説明を聞いてから行う。

13 巧緻性・制作（Aグループ男子）

イモムシ作り：丸が印刷された顔の台紙、長方形1／4サイズの折り紙（赤）4枚、丸シール（赤）1枚、綴じひも（赤）1本、クーピーペン（赤、緑）、スティックのりが用意されている。
・イモムシの目を緑のクーピーペンで塗り、口を描いて顔にしたら周りをちぎりましょう。
・折り紙4枚の外側が赤、白、白、赤の順番になるように輪つなぎをしましょう。
・輪つなぎの端に、顔を後ろから丸シールで貼って留めましょう。
・おしり側の輪に綴じひもを通して、チョウ結びをしましょう。

14 巧緻性・制作（Aグループ女子）

動物園作り：女の子が印刷された台紙（穴が開いている）、正方形1／4サイズの折り紙（赤）2枚、丸シール（青）1枚、綴じひも（赤）1本、クーピーペン、スティックのりが用意されている。
・折り紙1枚を半分の三角に折り、三角の下の長いところを折り上げて帽子を作り、女の子の頭にスティックのりで貼りましょう。
・丸シールを帽子に貼りましょう。

・旗の中の丸を赤のクーピーペンで塗りましょう。
・折り紙1枚を長方形になるよう半分に折ってからちぎり、ギザギザの柵の線の横に動物園の門になるようにスティックのりで貼りましょう。
・台紙のギザギザの柵の線の真ん中にクーピーペンで線を引きましょう。
・柵の中に4本足の動物を描きましょう。
・台紙の穴に綴じひもを通して、チョウ結びをしましょう。

15 巧緻性・制作（Bグループ男子）

お化け作り：ビニール袋1枚、目玉が印刷された台紙、正方形1／4サイズの折り紙(赤)1枚、四角シール（白）1枚、丸シール（白）1枚、綴じひも（赤）1本、クーピーペン、スティックのりが用意されている。
・ビニール袋をふくらませて、袋の口を四角シールで留めましょう。
・目玉の中の丸を青のクーピーペンで塗り、外側の丸い線でちぎってビニール袋にスティックのりで貼りましょう。
・丸シールをもう片方の目玉にして貼りましょう。
・折り紙を半分の三角に折って口にして、ビニール袋にスティックのりで貼りましょう。
・ビニール袋の口に綴じひもを巻いて、チョウ結びをしましょう。

16 巧緻性・制作（Bグループ女子）

ウサギのパンケーキ作り：ウサギが印刷された台紙（穴が開いている)、丸が印刷された台紙、四角シール（黄色）1枚、正方形1／4サイズの折り紙（赤）1枚、綴じひも（赤）1本、クーピーペン、スティックのりが用意されている。
・ウサギのエプロンを青のクーピーペンで塗り、顔を描きましょう。
・台紙の丸をちぎって、ウサギが持っているフライパンの真ん中にあるバツ印にスティックのりで貼りましょう。その上に、四角シールを貼ってパンケーキにしましょう。
・折り紙を、半分の三角に2回折って帽子にし、ウサギの頭にスティックのりで貼りましょう。
・台紙の穴に綴じひもを通して、チョウ結びをしましょう。

17 巧緻性・制作（Cグループ男子）

べろべろ君作り：太線が印刷された台紙（穴が開いている)、赤い画用紙（2.5cm×10cm）1枚、目玉が印刷された台紙、大きい丸シール（黒）1枚、小さい丸シール（黄色）1枚、綴じひも（赤）1本、クーピーペン、スティックのりが用意されている。
・台紙の穴が下になるように置いて、上の部分を太線のところで下向きに折りましょう。
・目玉の中の丸をピンクのクーピーペンで塗り、外側の丸い線でちぎりましょう。
・大きい丸シールの上に小さい丸シールを貼って目玉にし、折った台紙の上の面に貼りましょう。
・ピンクの目玉も折った台紙の上の面にスティックのりで貼りましょう。
・赤い画用紙を自分の指に巻きつけて丸め、折った台紙の上の面に裏側からスティックのりで貼りましょう。
・台紙の穴に綴じひもを通して、チョウ結びをしましょう。

18 巧緻性・制作（Cグループ女子）

鳥作り：太線と丸が印刷された台紙（穴が開いている）、赤い画用紙(2.5cm×15cm) 1枚、目玉が印刷された台紙、丸シール(黒) 1枚、綴じひも(赤) 1本、クーピーペン、スティックのりが用意されている。
・丸が見えるようにして、台紙の上と下を太線のところで後ろ側に折り曲げましょう。
・目玉の中の丸をピンクのクーピーペンで塗り、外側の丸い線でちぎりましょう。
・台紙の丸の中に丸シールを貼り、目玉にしましょう。
・ピンクの目玉も折った台紙にスティックのりで貼りましょう。
・赤い画用紙を2回半分に折り、両端の面を重ねて三角の形を作り、くちばしにしてスティックのりで台紙に貼りましょう。
・台紙の穴に綴じひもを通して、チョウ結びをしましょう。

言　語（各グループ共通、約15人単位で行う）

1人ずつ質問に答える。
・今日は誰とどのようにして来ましたか。
・何に乗ってきましたか。
・朝ごはんは何を食べてきましたか。
・好きな食べ物は何ですか。
・好きな色は何ですか。
・好きなスポーツは何ですか。
・お誕生日はいつですか。
・「たちつてと」と先生が言ったように言ってください。

行動観察（各グループ共通、約15人単位で行う）

・並び競争…「背の低い順番」「誕生日の順番」「ヘアバンドの番号順（受付時にゼッケン代わりに頭につける）」などその場で指示のあった順番に並ぶ競争をする。
・グループ作りゲーム…「朝ごはんに食べたもの」「好きな色」「誕生日の月」などその場の指示に応じて、お友達と声をかけ合ってグループを作る。
・ジャンケンゲーム…グループで相談して出す手を1つ決めて、グループ対抗でジャンケンをする。

運動テスト

各グループ共通。

クマ歩き

U字の白線に沿って１人ずつクマ歩きをする。U字の内側に入ってはいけない。

面接資料／アンケート

第二次考査中に保護者対象の作文がある。テーマをその場で与えられ25分間で書く（【】内はテーマ）。作文の前に学校紹介の映像を鑑賞する。

Aグループ男子

・【役員の仕事】６年間のうち２回は役員をお願いしています。学校行事にご協力いただき来校も多くなります。仕事をしている方も同様に役員をやっていただきますが、それについての考えを具体的にお書きください。

Aグループ女子

・【指導方針】学校、担任とご家庭の教育方針が必ずしも一致するとは限りません。そのような場合、保護者としてどのように考えますか。具体的にお書きください。

Bグループ男子

・【学校行事】３年生以上になると３泊４日の林間学校があり、６年生は１時間弱の遠泳をします。精神的にも体力的にも厳しいですが、どのように考えますか。また、ご家庭でどのようなサポートをしますか。具体的にお書きください。

Bグループ女子

・【友達関係】子どもが泣いて帰ってきました。お友達が一緒に帰ってくれないと言います。保護者として何を話し、どのような行動をとるか、具体的にお書きください。

Cグループ男子

・【登校】子どもが朝学校に行く時間になると、おなかが痛いと言います。学校を休ませるのですが、午後になると元気になるということが２、３日続いています。子どもに何を話し、どう行動するか、具体的にお書きください。

Cグループ女子

・【給食】本校は自校給食です。健康相談を行い健康指導を行っておりますが、人的設備的要因から、アレルギーに対応していません。そのことについてどう考えますか。また、給食に関して学校に期待することと家庭で対応すべきことを具体的にお書きください。

1

3

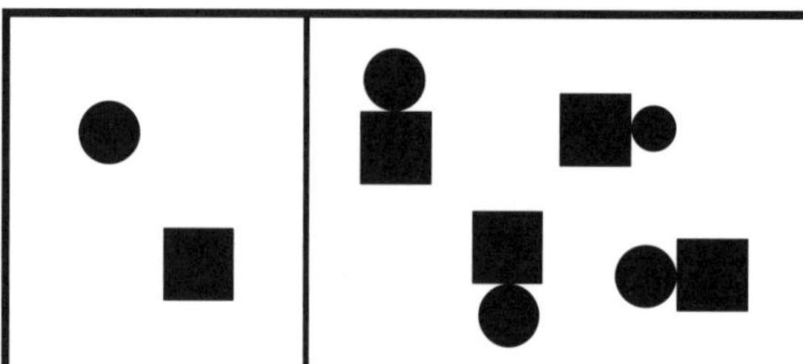

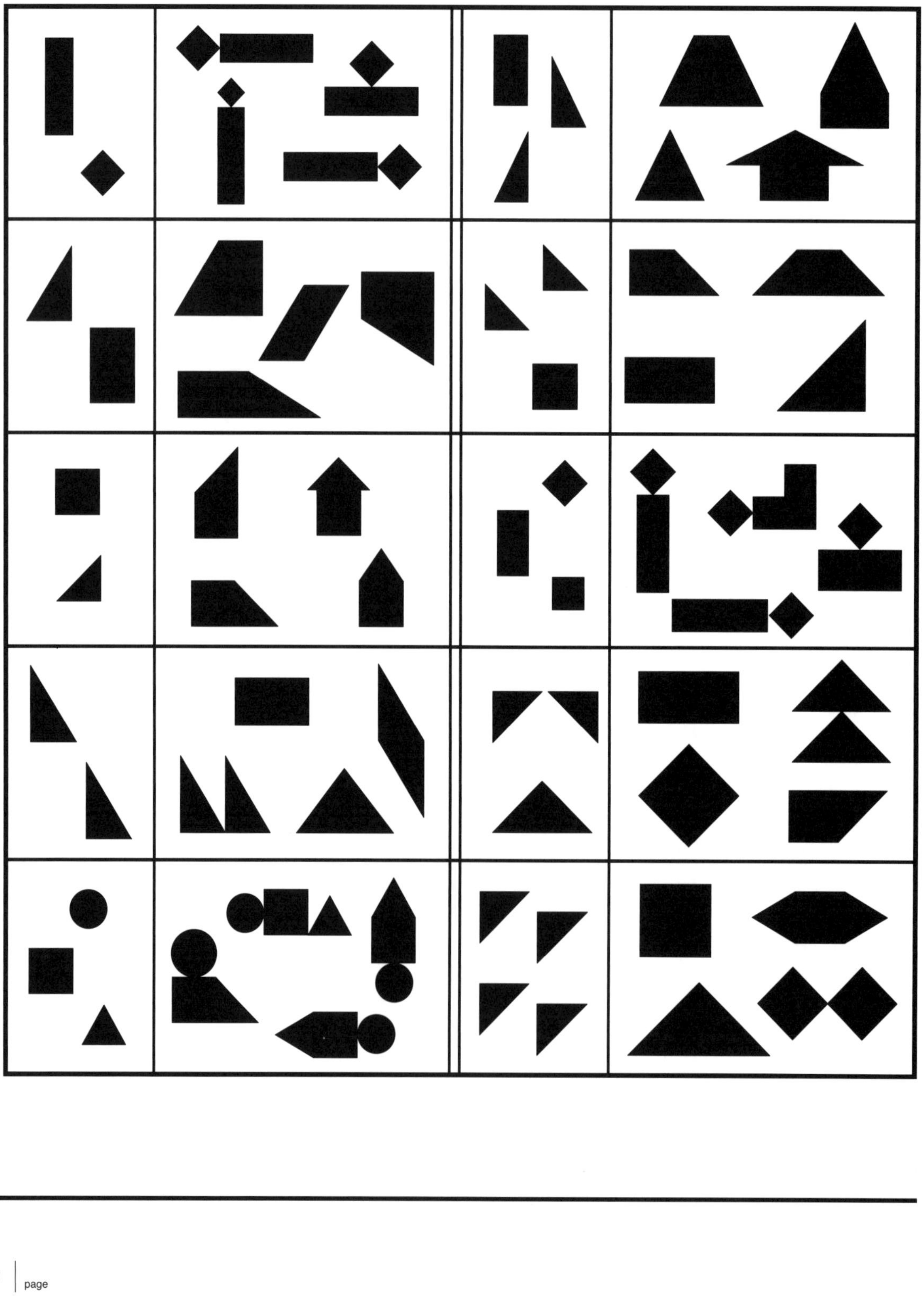

5

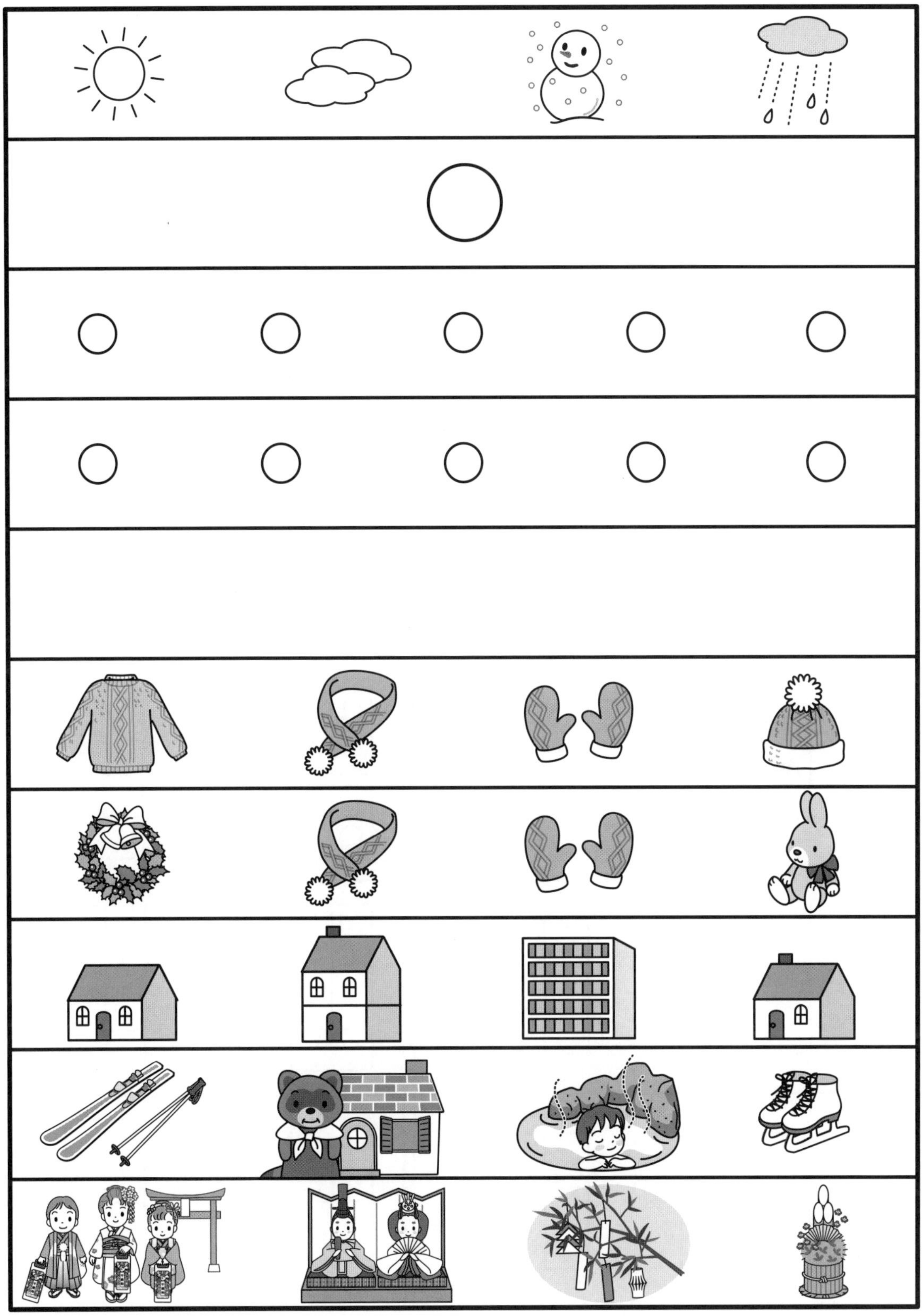

6

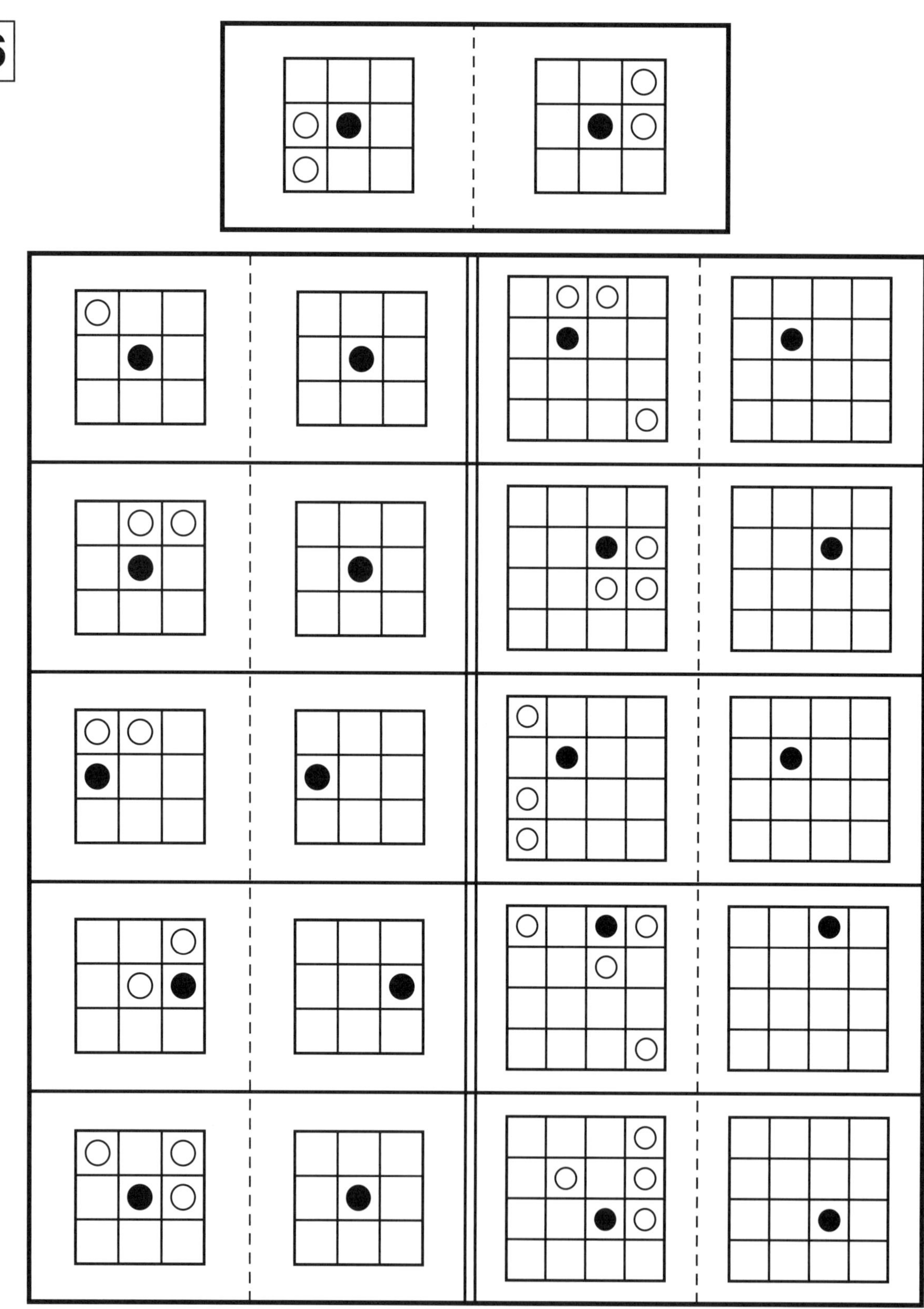

7

8

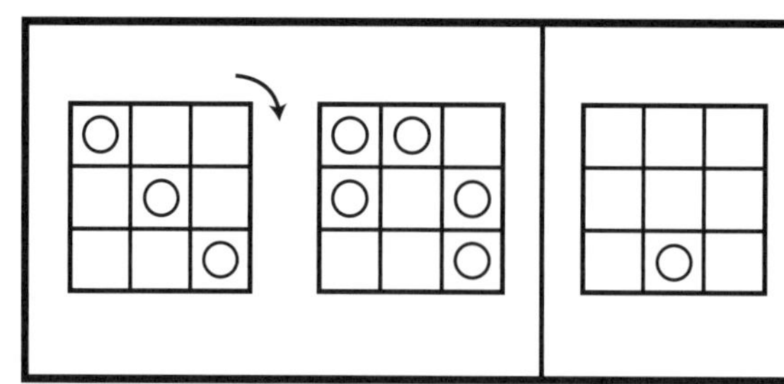

9

10

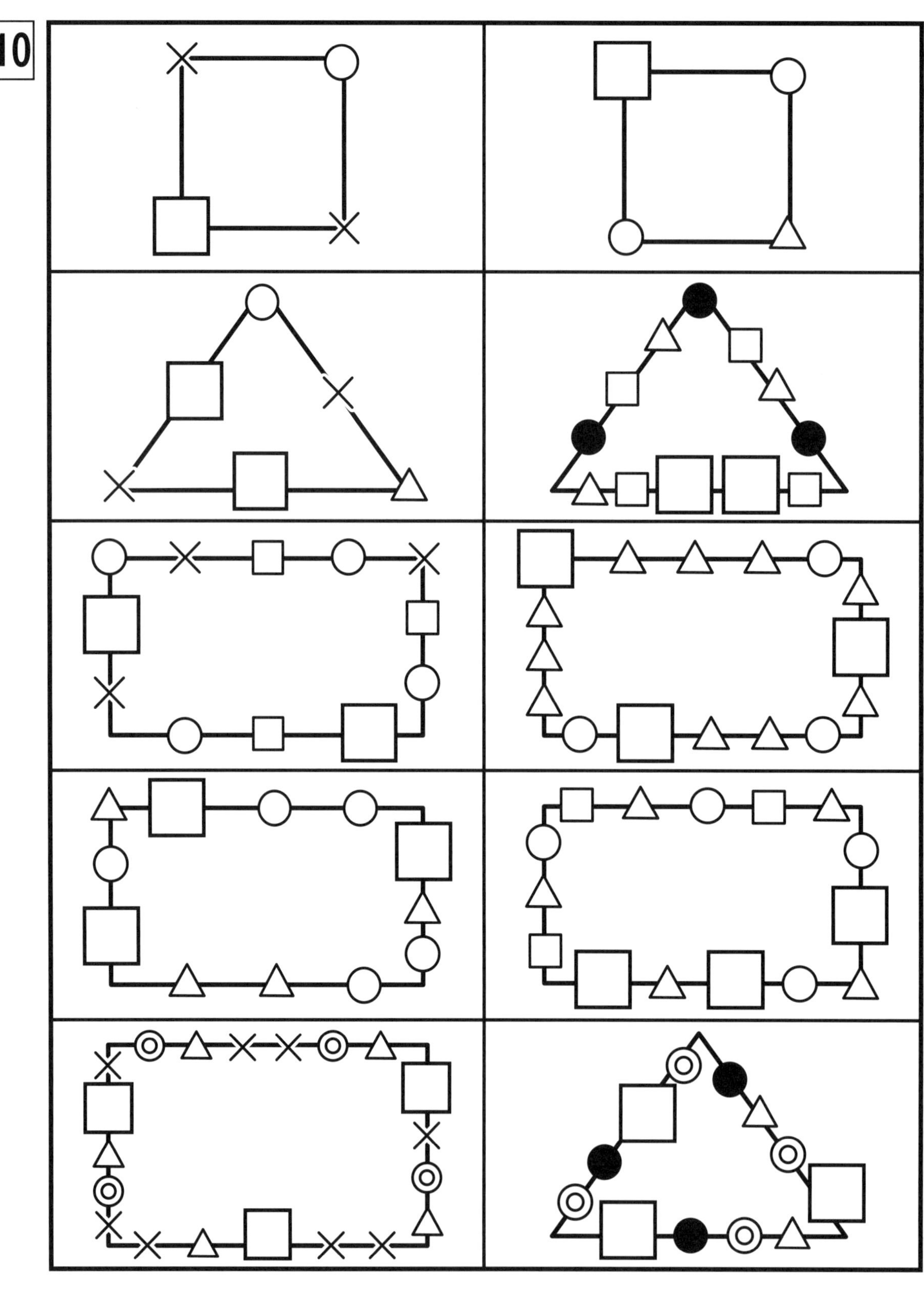

11

12

○→△→○→【 】→【 】→△

【 】→△→【 】→○→△→●

△→【 】→×→【 】→●→×

○→【 】→○→◇→【 】→◇

×→△→○→【 】→△→【 】

●→▲→【 】→【 】→▲→■→【 】→▲→■→●

【 】→×→△→●→×→×→【 】→●→×→【 】

△→【 】→◇→◇→△→○→◇→【 】→△→【 】

△→【 】→◇→□→【 】→□→【 】→□→△→□

13

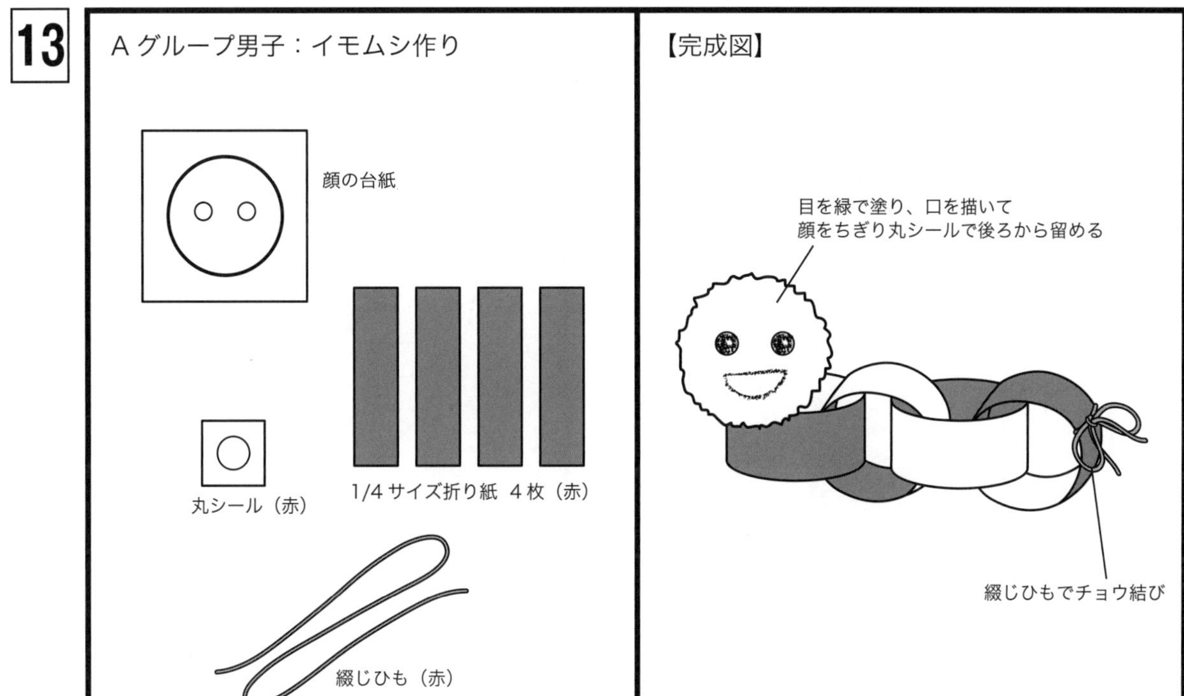
A グループ男子：イモムシ作り
顔の台紙
丸シール（赤）
1/4 サイズ折り紙　4 枚（赤）
綴じひも（赤）
【完成図】
目を緑で塗り、口を描いて
顔をちぎり丸シールで後ろから留める
綴じひもでチョウ結び

14

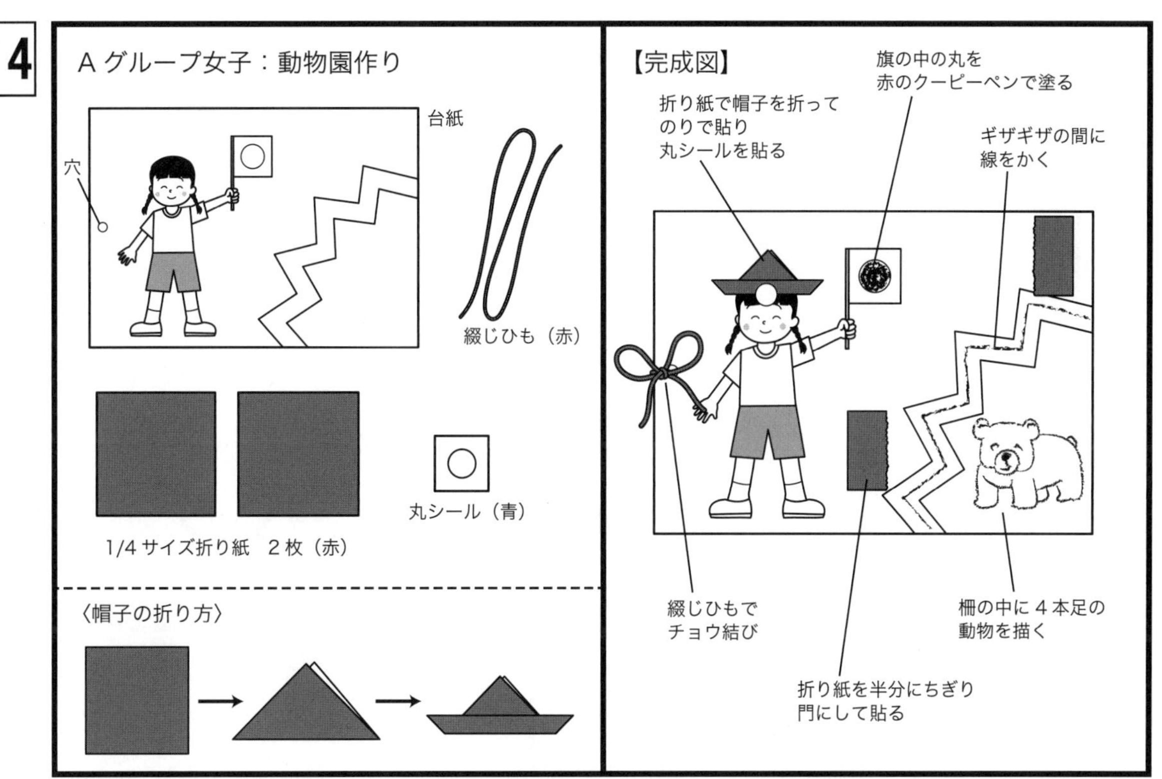
A グループ女子：動物園作り
台紙
穴
綴じひも（赤）
1/4 サイズ折り紙　2 枚（赤）
丸シール（青）
〈帽子の折り方〉
【完成図】
旗の中の丸を
赤のクーピーペンで塗る
折り紙で帽子を折って
のりで貼り
丸シールを貼る
ギザギザの間に
線をかく
綴じひもで
チョウ結び
柵の中に 4 本足の
動物を描く
折り紙を半分にちぎり
門にして貼る

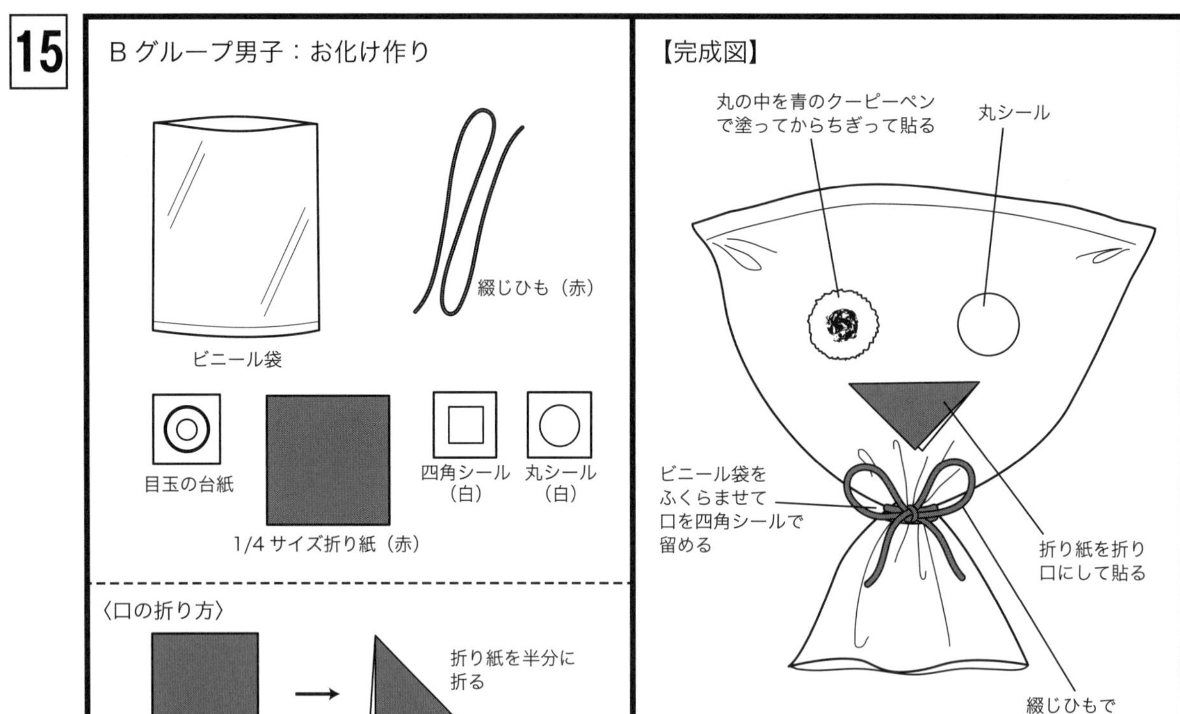
15
Bグループ男子：お化け作り
ビニール袋
綴じひも（赤）
目玉の台紙
1/4 サイズ折り紙（赤）
四角シール（白）
丸シール（白）
〈口の折り方〉
折り紙を半分に折る
【完成図】
丸の中を青のクーピーペンで塗ってからちぎって貼る
丸シール
ビニール袋をふくらませて口を四角シールで留める
折り紙を折り口にして貼る
綴じひもでチョウ結び

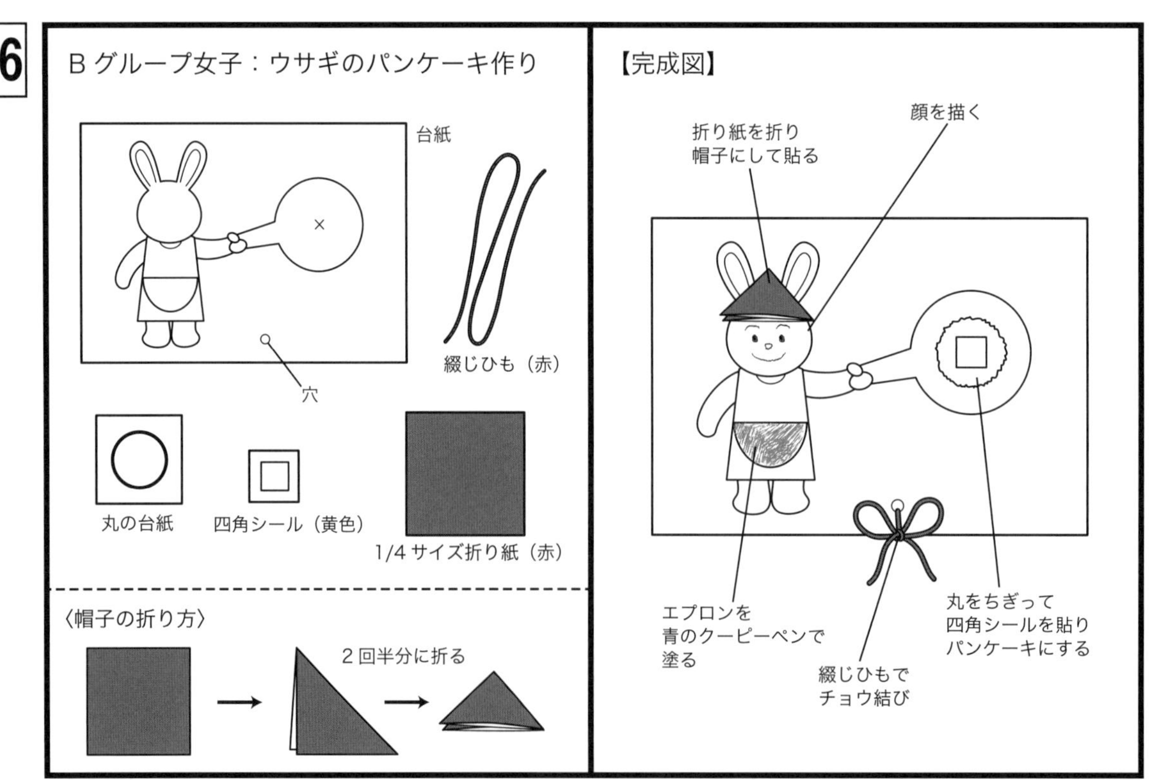
16
Bグループ女子：ウサギのパンケーキ作り
台紙
綴じひも（赤）
穴
丸の台紙
四角シール（黄色）
1/4 サイズ折り紙（赤）
〈帽子の折り方〉
2 回半分に折る
【完成図】
折り紙を折り帽子にして貼る
顔を描く
エプロンを青のクーピーペンで塗る
綴じひもでチョウ結び
丸をちぎって四角シールを貼りパンケーキにする

17

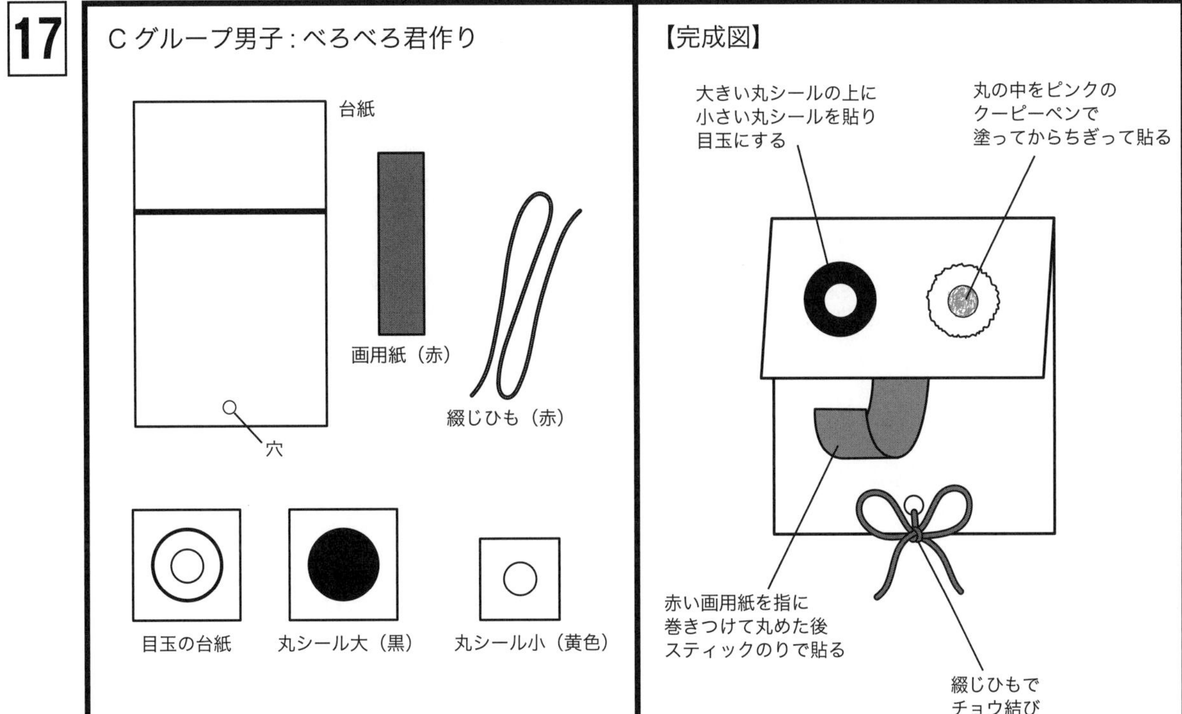
Cグループ男子：べろべろ君作り
台紙
画用紙（赤）
綴じひも（赤）
穴
目玉の台紙
丸シール大（黒）
丸シール小（黄色）
【完成図】
大きい丸シールの上に
小さい丸シールを貼り
目玉にする
丸の中をピンクの
クーピーペンで
塗ってからちぎって貼る
赤い画用紙を指に
巻きつけて丸めた後
スティックのりで貼る
綴じひもで
チョウ結び

18

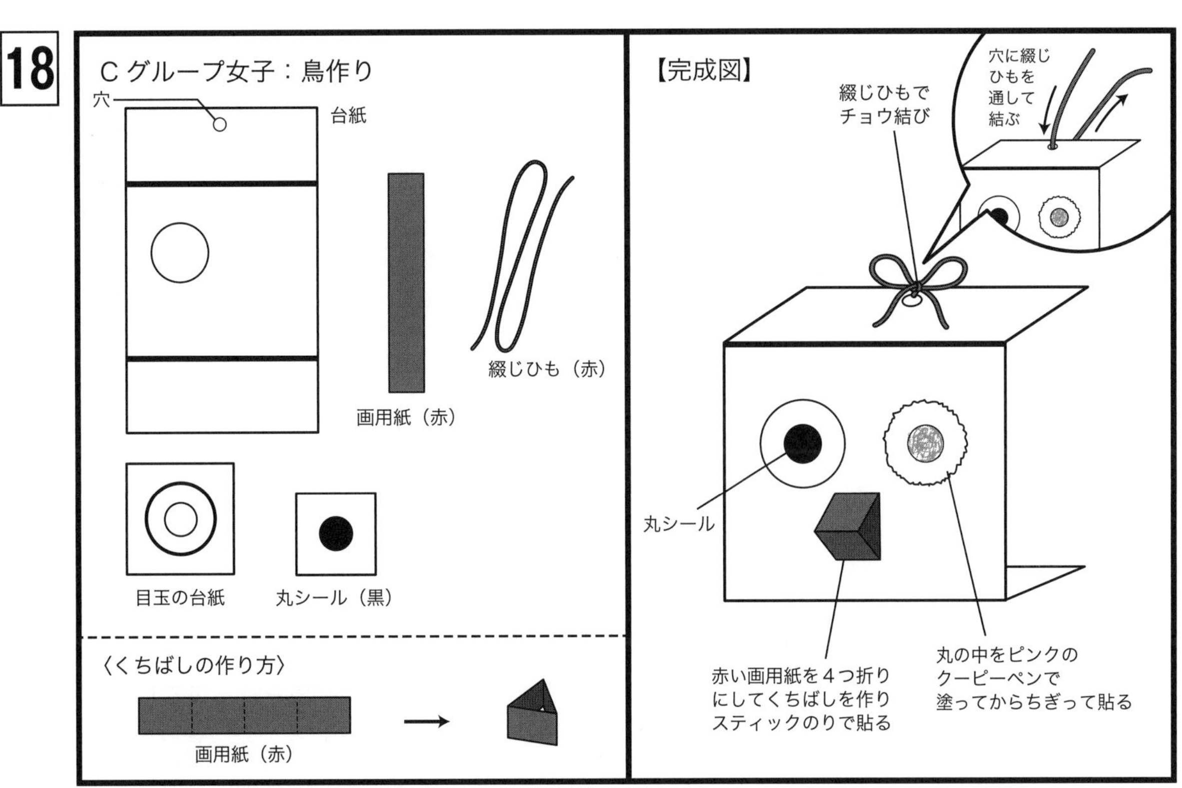
Cグループ女子：鳥作り
穴
台紙
綴じひも（赤）
画用紙（赤）
目玉の台紙
丸シール（黒）
〈くちばしの作り方〉
画用紙（赤）
【完成図】
綴じひもで
チョウ結び
穴に綴じ
ひもを
通して
結ぶ
丸シール
赤い画用紙を4つ折り
にしてくちばしを作り
スティックのりで貼る
丸の中をピンクの
クーピーペンで
塗ってからちぎって貼る

section
2019 筑波大学附属小学校入試問題

選抜方法

第一次 男女とも生年月日順にA（4月2日〜7月31日生）、B（8月1日〜11月30日生）、C（12月1日〜4月1日生）の3グループに分け、それぞれ抽選でA、Bは約300人、Cは約230人を選出する。

第二次 考査は1日で、第一次合格者を対象に約30人単位でペーパーテスト、集団テスト、約15人単位で運動テストを行い、男女各約100人を選出する。所要時間は約1時間。

第三次 第二次合格者を対象に抽選を行い、男女各64人を選出する。

ペーパーテスト

筆記用具は赤、青、黒、黄色、緑など各グループで異なる色のクーピーペンを使用。訂正方法は×（バツ印）。出題方法は話の記憶のみ音声でほかは口頭。

1 話の記憶（Aグループ男子）

「クマ君とウサギさん、リスさん、カメ君は公園で遊んだ帰り道を一緒に歩いています。『あの山に登ると景色が最高なんだよ。みんなで一緒に登りたいな』とクマ君が山を指さして言いました。すると『いいね。明日一緒に登ろう』とみんなも賛成しました。『楽しみになってきたわ。お弁当をお母さんに作ってもらいましょう。それと、クマ君は一度登ったことがあるから明日はリーダーになってね』とウサギさんが言いました。クマ君は少し照れながら、『わかった。明日は水筒と帽子とレインコートを持っていった方がいいと思うよ』と言いました。『明日も今日みたいにいいお天気みたいだよ。どうしてレインコートを持っていくの？』とカメ君が聞きました。『山の天気は変わりやすいから雨が降るかもしれないんだ』と答えたクマ君に『さすがリーダーだわ』と、ウサギさんたちは話しながら帰っていきました。次の日の朝です。空はとてもよく晴れていて、ウグイスが『ホーホケキョ』と鳴いています。みんなは登山口に集合しました。クマ君は青い帽子、カメ君は星の模様がついた帽子をかぶっています。『これから出発します。みんな、途中で疲れても最後まであきらめないこと、話をよく聞くことを守ってください』とクマ君はルールを2つ決めました。山を歩いていくと、途中でタヌキ君に会いました。『どこに行くの？僕も連れていってほしいな』と言いましたが、『タヌキ君、水筒を持ってないでしょ。ごめんね、次は絶対に誘うからね』と言ってタヌキ君と別れました。クマ君たちはどんどん山の上へと登っていきます。しばらくすると、カメ君が『僕、もう疲れたよ。さっきタヌキ君と交代すればよかったな』と言ってへたり込んでしまいました。『疲れても、頂上に着くまであきらめないお約束だったよ。カメ君、頑張って』とみんなが励ましました。『一度休もう。必ず一口はお水を飲んでね』とクマ君が言いました。少し休んでいると、雨がポツポツと降ってきました。『雨が降ってきたから、もう登るのをやめようよ。帰ろう』とカメ君が言いました。『みんな、レインコートを着て。カメ君、最後まであきらめないよ。一緒に頑張ろう』とクマ君が言うと、みんなは急いでレインコートを着て、また歩き始めました。しばらく歩いていくと、山の頂上が見えてきました。『あと少しだよ、みんな頑張って』とクマ君が励まします。やっと頂上に着くころには雨がやんでいました。『いい天気になったわ。クマ君の言う通りだったね』とリスさんが言うと、『うわー、富士山が見えるよ』とカメ君が大きな声で言いました。『この景色をみんなに見せたかったんだ。カメ君、最後まで頑張ってくれてありがとう』とクマ君が言うと、『クマ君、少し大変だったけどあきらめなくてよかったよ。誘ってくれてありがとう』とカメ君はうれしそうに言いました。ウサギさんとリスさんは、富士山に向かって『ヤッホー』とさけんでいます。すると、クマ君のおなかからグーッと音が聞こえてきました。『頑張ったらおなかがすいちゃったよ。みんな、お弁当を食べよう』とクマ君が恥ずかしそうに言いました。みんなは笑って、木の下でお弁当を広げました。クマ君はおにぎりとリンゴを持ってきていました。ウサギさんとリスさんはサンドイッチ、カメ君はご飯と玉子焼きを持ってきていました。とても楽しいピクニックになりました」

・山登りをした日の朝はどんな天気でしたか。○をつけましょう。
・リーダーは誰でしたか。リーダーがかぶっていた帽子の色のクーピーペンでその生き物に○をつけましょう。
・カメ君の帽子はどんな模様でしたか。○をつけましょう。
・山に登ったのは何匹でしたか。その数だけ黒丸を囲みましょう。
・山に持っていったものは何でしたか。合うものに○をつけましょう。
・山に登る途中で会った生き物に○をつけましょう。
・お弁当がサンドイッチだった生き物２匹に○をつけましょう。
・カメ君がへたり込んだときの顔に○、頂上に着いたときの顔に△をつけましょう。
・お話の季節はいつでしたか。同じ季節の絵に○をつけましょう。
・クマが出てくる昔話に○をつけましょう。

2 推理・思考（重ね図形）（Ａグループ男子）

・左の２枚は透き通った紙にマス目と丸がかかれています。この２枚をそのまま重ねたときに重なっていない丸を見つけて､矢印の右のマス目の同じところに○をかきましょう。

3 話の記憶（Ａグループ女子）

「今日はとてもよく晴れた気持ちのよい日です。クマ君は庭で草取りのお手伝いをしていましたが、暑くて汗びっしょりになってしまいました。空を見上げると、太陽がピカピカと輝いていてとてもまぶしいです。『お母さん、とっても暑いからプールに行ってもいい？』とクマ君が聞くと、お母さんが『たくさん草取りをしてくれたからいいわよ。行ってらっしゃい。気をつけてね』と言いました。クマ君はお気に入りの青い水着と緑色のタオルをバッグに入れました。『行ってきます』とお家を出ると、プールに向かう途中でサル君に会いました。サル君は、カブトムシの模様の浮き輪を持っていました。『サル君、こんにちは。浮き輪を持ってどこに行くの？　プールに行くなら一緒に行こう』と言うと、サル君は喜んで『わーい。誰かお友達が一緒だといいなと思っていたんだ』と一緒に行くことになりました。『今日は暑いから早く泳ぎたいね』と話しながら歩いていると、すぐにプールが見えてきました。更衣室に着いて着替えをしていると、イヌ君もやって来ました。サル君とイヌ君が水着を着て、赤い帽子をかぶったそのときです。クマ君が大きな声で『あ、帽子を忘れちゃった。どうしよう』と言いました。困っていると、イヌ君が『僕は帽子を２つ持ってきたから貸してあげるよ』と言って、帽子を貸してくれました。クマ君はほっとして、サル君とイヌ君とプールへ向かいました。プールにはカエル君とキツネさんがいました。カエル君は水玉模様の水着、キツネさんはしま模様の水着を着て、イルカのおもちゃで楽しそうに遊んでいます。クマ君とサル君とイヌ君が『一緒に遊ぼう』と声をかけたので、その後はみんなで仲よく遊びました」

・プールに行った日はどんな天気でしたか。○をつけましょう。
・クマ君はプールに行く前にどんなお手伝いをしていましたか。○をつけましょう。
・クマ君のタオルは何色でしたか。その色で丸を塗りましょう。
・プールで一緒に遊んだ生き物は何匹でしたか。その数だけ黒丸を囲みましょう。
・サル君が持っていたうきわの模様は何でしたか。○をつけましょう。
・カエル君とキツネさんがプールで遊んでいたものは何のおもちゃでしたか。○をつけましょう。
・帽子を忘れてしまったと気がついたときのクマ君の顔に○をつけましょう。
・カエルの足はどれですか。○をつけましょう。
・お話の季節はいつでしたか。同じ季節の絵に○をつけましょう。
・サルが誰かに意地悪をした昔話に出てきたものに○をつけましょう。

4 推理・思考（重ね図形）（Aグループ女子）

・左の２枚は透き通った紙にかかれています。点線の四角と黒い線の四角を矢印の右側のように重ねるとどうなりますか。矢印の右のマス目に○をかきましょう。

5 話の記憶（Bグループ男子）

「ある日、ウサギ君は隣のお家にすんでいるサル君にジャガイモをもらいました。サル君は幼稚園の遠足で畑に行き、ジャガイモをたっぷり採ってきたので、1匹では食べきれないからとウサギ君に分けてくれたのです。ウサギ君とお母さんは、もらったジャガイモを使ってカレーを作ることにしました。『スーパーマーケットにカレーの材料を買いに行きましょう』とお母さんが言うと、ちょうど時計がボーンボーンボーンと3回鳴りました。ウサギ君は青いシャツを着て野球帽をかぶりました。お母さんは途中で雨が降ってもいいようにと傘を持って出発です。ヒマワリスーパーは、自動車屋さんと郵便ポストの間にあって、入口にはヒマワリの看板がついています。野菜売り場には、タマネギとニンジン、そしてウサギ君の嫌いなキュウリもありました。タマネギとニンジンを買い物カゴに入れて、『次はお肉売り場に行きましょう』とお母さんが振り返ると、ウサギ君はいつの間にかいなくなっていました。お母さんがお菓子売り場へ探しに行くと、ウサギ君はそこで会ったお友達のクマさんとネコさんと一緒にお菓子を見ていました。お母さんは、『カレーにお菓子は入れませんよ』と優しく言いましたが、ウサギ君はお菓子売り場から離れようとしません。お母さんが『1つだけなら買っていいわよ』と言うと、『やった!』とウサギ君は喜んで、四角いチョコレートを選びました。クマさんは丸い形とハートの形をしたアメ、ネコさんは三角の形と丸い形のチョコレートを選んでレジに並びました。やっとお菓子売り場から離れて、ウサギ君はお母さんとお肉売り場へ行きました。『カレーに入れるお肉はどれがいいかしら』と話していると、お肉を売っていたイヌさんが、『このお肉がお勧めですよ』と教えてくれました。帰るころには雨がパラパラと降ってきたので、お母さんと2匹で一緒に傘をさしました。ウサギ君は買ってもらったチョコレートがうれしくて、かぶっていた野球帽を袋代わりにして、中に入れて持って帰りました。お家に帰ると、お母さんはさっそくカレーを作り始めました。お母さんがタマネギとニンジンを包丁で切っていると、ウサギ君もお手伝いをしたくなって『お母さん、何かお手伝いすることはある?』と聞きました。『それじゃ、ジャガイモを全部洗ってくれるかしら』と言われて、張り切って全部きれいに洗いました。『まあ、とってもきれい。ありがとう』とお母さんにほめられて、ウサギ君はうれしくなりました。カレーのいいにおいがしてきたころ、時計が5回鳴りました。できあがったカレーをお皿によそおうとしたら、何かが足りないような気がしました。『あら大変、ご飯が炊けてないわ。スーパーマーケットに行く前に炊飯器のスイッチを入れるのを忘れていたわ。ごめんなさい』と、お母さんは慌ててスイッチを入れました。おなかがすいてしまったウサギ君は、ご飯が炊けるまでチョコレートを食べて待っていました」

・ジャガイモをくれたのはどの動物でしたか。○をつけましょう。
・ウサギ君はチョコレートを何に入れて持って帰りましたか。○をつけましょう。
・ウサギ君が嫌いな野菜にその色で○をつけましょう。
・カレーを作り終わったころに時計が鳴った数だけ黒丸を囲みましょう。
・スーパーマーケットの名前は何でしたか。○をつけましょう。

・スーパーマーケットは何と何の間にありましたか。○をつけましょう。
・クマさんはどの形のアメを買いましたか。○をつけましょう。
・傘を何本持っていきましたか。その数だけ黒丸を囲みましょう。
・スーパーマーケットから帰るときの天気に○をつけましょう。
・お母さんはカレーを作るときに何を忘れてしまいましたか。○をつけましょう。

6 推理・思考（対称図形）（Bグループ男子）

・マス目に丸のかかれた紙があります。太い線でパタンと折って重ねると、丸はどこに来ますか。その場所にまず○をかいて、開いて元に戻し、今度は点線で折って重ねると、先ほどかいた丸はどこに来ますか。その場所に○をかきましょう。

7 話の記憶（Bグループ女子）

「今日はクマ君のお父さんの誕生日です。お父さんのために、いつもはお母さんと行くお花屋さんへクマ君一匹でお使いに行くことになりました。お母さんは、『ヒマワリ２本とチューリップ１本を買ってきてね』と手提げバッグを持たせてくれました。クマ君は星の模様の帽子をかぶって張り切ってお家を出ました。いつものお花屋さんへ行こうと思ったクマ君は、バス停でいつもの赤いバスを待ちました。バス停にはイヌ君がいました。イヌ君は、サル君のお見舞いに行くところです。『クマ君、バスが来たよ』と教えてくれましたが、青いバスだったので乗りませんでした。しばらくすると赤いバスが来たので、クマ君とイヌ君は一緒にバスに乗りました。バスの中は混んでいましたが、席が１つだけ空いていました。『ジャンケンしよう』と言ってジャンケンをし、クマ君はチョキ、イヌ君はグーを出したので、イヌ君が座ることになりました。すると近くに座っていたおじいさんが『バスの中では静かな方がよいですよ』と言ったので、２匹は『ごめんなさい』と謝りました。次のバス停でイヌ君は『バイバイ』と言って降りていきました。空いた席にクマ君が座っていると、そこへおばあさんが乗ってきました。クマ君はお母さんとのお約束を思い出して、『どうぞ、この席に座ってください』と席を譲りました。次のバス停でネコさんが乗ってきました。『ヤッホー！』と声をかけようとしましたが、さっきおじいさんに言われたことを思い出して、手を振って小さな声であいさつをしました。お花屋さんのあるバス停に着きバスを降りると、クマ君は頼まれた花を忘れないように、『ヒマワリ２本、チューリップ１本』と歌いながら花屋さんに向かって歩いていきました。でも途中で『チューリップ２本、ヒマワリ１本』といつの間にか反対になってしまいました。反対になった数のまま、お花を買って帰りました。クマ君は、バスの中で席を譲ったことをお母さんに話したいと思いました。お母さんは、クマ君が買ってきたお花を見て、くすっと笑いました」

・バスの中では静かな方がよいと教えてくれたのは誰でしたか。○をつけましょう。

・初めに来たバスは何色でしたか。その色で丸を塗りましょう。
・クマ君が買ったチューリップの数だけ黒丸を囲みましょう。
・全部でお花を何本買いましたか。その数だけ黒丸を囲みましょう。
・イヌ君は誰のお見舞いに行きましたか。○をつけましょう。
・今日は誰の誕生日ですか。○をつけましょう。
・お使いに行くときにお母さんが持たせてくれたものに○をつけましょう。
・クマ君の帽子の模様に○をつけましょう。
・１つだけ空いていた席に初めに座ったのはどの動物でしたか。○をつけましょう。
・クマ君が席を譲ったときのおばあさんの顔に○をつけましょう。

8 推理・思考（対称図形）（Ｂグループ女子）

・マス目に線がかかれた紙があります。太い線で折って重ねると、マス目の中にある線はどのようになりますか。マス目の中にかいたら開いて元に戻し、今度は白い線で折って重ねると、先ほどかいた線はどのようになりますか。マス目の中にかきましょう。

9 話の記憶（Ｃグループ男子）

「朝から雨がポツポツ降っています。こんなお天気ですが、今日はウサギさんの誕生日会があり、クマ君は昨日から楽しみにしていました。ほかにはキツネさん、リスさんも招待されています。クマ君が出かける準備をしていると、ピンポーンとお家のチャイムが鳴りました。『はーい。今行くよ』と返事をして玄関を開けると、そこにはキツネさんとリスさんが立っていました。３匹でウサギさんのお家に出発しました。クマ君はしま模様のＴシャツを着て、麦わら帽子をかぶっています。『雨が降ってるのに帽子をかぶってきちゃったな』とクマ君が言うと『でも帽子のツバが雨をよけてくれるからいいじゃない』とキツネさんが言ってくれました。リスさんは青い傘をさして、キツネさんは赤い傘をさしています。ウサギさんのお家に向かう途中で、クマ君は『プレゼントは何を持ってきたの？』と聞きました。『わたしはお母さんとクッキーを焼いたの』とキツネさんが言いました。『わたしはハンカチにかわいいリボンの飾りをつけたの』とリスさんが言いました。『僕はね、折り紙で作ったバラの花を持ってきたんだ』とクマ君が言うと、『ちょっと見せて。どれどれ。クマ君、折り目が汚いわよ』とリスさんに笑われてしまいました。３匹がウサギさんのお家に着いてチャイムを鳴らすと、ウサギさんが出てきました。さあ、ウサギさんの誕生日会の始まりです。ウサギさんのお母さんが焼いてくれたケーキには、イチゴが２つのっていました。そこにロウソクを３本立てて、みんなでハッピーバースデーの歌を歌いました。それからウサギさんが勢いよくふーっとロウソクの火を消して、みんなでおいしいケーキを食べました。そしていよいよプレゼントを渡すことになりました。キツネさんとリスさんがプレゼントを渡すと、ウサギさんはとても喜びました。それを見ていたクマ君は、『僕のプレゼントはだいじょうぶかな。あんまり上手にできていないし、ウサギさんは喜んでくれるかな』と心配になりました。勇気を出して『お誕生日おめでとう』とプレゼントを渡すと、『わあ、すてき』とウサギさんはうれしそうに受け取ってくれました。キツネさんも『とってもすてきね。わたしにも折り方を教えてくれる？』と言ってくれました。クマ君はうれしくなって、『うん！』と答え、それから４匹で仲よく遊びました。帰るころには空はすっかり晴れていて、虹がきれいに見えました。遠くからセミがジージーと鳴く声も聞こえます。『さっきは折り目が汚いなんて言ってごめんね』とリスさんが言いました。クマ君は『いいよ』と言って、３匹で一緒に帰りました」

・クマ君が出かけるときに身につけていたものに○をつけましょう。
・この中でウサギさんがプレゼントにもらっていないものは何ですか。○をつけましょう。
・リスさんが持っていた傘は何色ですか。その色で丸を塗りましょう。
・お話の中で、朝はどんな天気でしたか。○をつけましょう。
・クマ君がウサギさんにプレゼントを渡す前の顔に○をつけて、渡した後の顔に△をつけましょう。
・ウサギさんにハンカチをプレゼントしたのはどの動物でしたか。○をつけましょう。
・お誕生日ケーキにロウソクは何本立っていましたか。その数だけ黒丸を囲みましょう。
・お誕生日ケーキに載っていたイチゴはいくつですか。その数だけ黒丸を囲みましょう。
・お話の季節と仲よしのものに○をつけましょう。
・ウサギが出てくる昔話に○をつけましょう。

10 推理・思考（重ね図形）（Cグループ男子）

・左の２枚は透き通った紙にかかれています。そのままずらしてピッタリ重ねるとどうなりますか。右側から選んで○をつけましょう。

11 話の記憶（Cグループ女子）

「今日はお正月です。緑色のパジャマを着たウサギさんは２階から１階へ下りてきました。『おはよう』とお父さんがあいさつをしました。お父さんもまだ黄色いパジャマを着ていました。『あけましておめでとうございます。２匹とも早く着替えていらっしゃい』とお母さんが声をかけました。ウサギさんが着替えてリビングに戻ると、お母さんが『朝ごはんにしましょう。おもちはいくつ食べたい？』と聞きました。『３個食べたい。１つはお雑煮に入れてね。２つはお醤油をつけて食べたいな』と答えました。そしていつも使っているお気に入りの青いお皿を用意しました。お母さんが作ってくれたお雑煮を家族みんなで食べていると、『今日はこれから神社に初詣に行こう』とお父さんが言いました。朝ごはんを済ませるとさっそく神社に向かいました。その途中、サル君に会いました。サル君は神社から帰ってくるところで、手にはわたあめを持っていたので、ウサギさんは『わたしもわたあめが食べたいな』と言うと、『神社でちゃんとお参りをしてからにしよう』とお父さんに言われました。神社には、たこ焼き屋さん、焼きそば屋さん、お面屋さん、わたあめ屋さん、的当て屋さんがありました。お参りをすませたウサギさんがどのお店を見ようか迷っていると、クマさんが自分の顔にそっくりなお面を買っているのを見かけました。ウサギさんは、たこ焼き１箱とわたあめを買って、喜んでお家に帰りました。お家に帰ると、お父さんが言いました。『今日はお正月遊びをしよう。すごろく、コマ、たこ揚げがあるけど、どれにする？』ウサギさんは悩んでしまいましたが、去年できなかったたこ揚げをすることに決めました。お父さんとお家の近くの公園に行くと、お父さんにたこを持ってもらい、ウサギさんはタコ糸を持って思い切り走りました。するとたこは真っ青な空に高く上がり、とても小さくなっていきました。空には飛行機が飛んでいるのも見えました。そこへ、マフラーをしたキツネさんが『おーい』と手を振りながらやって来ました。その次にタヌキ君が『おーい』とやって来ました。タヌキ君は手袋をしています。キツネさんとタヌキ君は『一緒に遊ぼう。僕たちにもたこ揚げをさせて』と言いました。１つしかたこを持っていなかったので、ウサギさんのお父さんがお家にあと２つたこを取りに行きました。その間に３匹はジャングルジムで遊んでからブランコに乗り、その後に砂場で遊びました。砂場ではお山に道路を作ろうということになりました。ウサギさんが４つもお山を作り、タヌキ君とキツネさんがお山にトンネルを通して道路をつないでいると、そこへウサギさんのお父さんが戻ってきました。キツネさんには鳥の模様のたこ、タヌキ君には星の模様のたこを貸してあげ、３匹は元気いっぱいたこ揚げを楽しみました。ウサギさんはよいお正月だなと思いました」

・ウサギさんのパジャマは何色でしたか。その色で丸を塗りましょう。
・ウサギさんのお皿は何色でしたか。その色で丸を塗りましょう。
・ウサギさんはおもちを全部でいくつ食べましたか。その数だけ黒丸を囲みましょう。
・キツネさんが身に着けていたものに○をつけましょう。
・ウサギさんが砂場で作ったお山は全部でいくつでしたか。その数だけ黒丸を囲みましょう。
・ウサギさんは初詣に行った帰りに何を買いましたか。○をつけましょう。
・たこ揚げをしているときに空には何が見えましたか。○をつけましょう。
・ウサギさんとタヌキ君とキツネさんは初めに公園で何をして遊びましたか。○をつけましょう。
・ウサギさんは初詣に行く途中、どの動物に会いましたか。○をつけましょう。
・タヌキ君はどんな模様のたこを貸してもらいましたか。○をつけましょう。

12 推理・思考（重ね図形）（Cグループ女子）

・左の２枚は透き通った紙にかかれています。左側の絵を真ん中の黒い線でパタンと折って右側の絵に重ねるとどのようになりますか。右側から選んで○をつけましょう。

集団テスト

巧緻性・制作の課題は、最初に作る様子を映像で見て、全工程の説明を聞いてから行う。

13 巧緻性・制作（Aグループ男子）

応援マスコット作り：紙コップ（両側面に穴が開いている）1個、丸がかいてある顔の台紙、正方形1／4サイズの折り紙（黄土色）1枚、綴じひも（青）1本、竹ひご2本、丸シール（白）1枚、粘土、クーピーペン（赤、黒）、スティックのりが用意されている。

・顔の台紙の丸の中に黒のクーピーペンで顔を描いてからちぎり、紙コップにスティックのりで貼りましょう。
・折り紙を内側が白になるように四つ折りにしましょう。
・日の丸の旗になるように、折った折り紙に赤のクーピーペンで丸をかいて塗りましょう。
・丸をかいた折り紙を1度開き、折り目の上に竹ひごを置いてシールを貼って留めて旗にし、紙コップの横の穴にさしましょう。
・もう1本の竹ひごに丸めた粘土をさし、紙コップのもう一方の穴にさしましょう。
・綴じひもを紙コップの後ろから巻いて、前でチョウ結びをしましょう。

14 巧緻性・制作（Aグループ女子）

巾着袋作り：ビニール袋1枚、綴じひも（赤）1本、丸がかいてある台紙、折り紙（赤）1枚、四角シール（白）4枚、クーピーペン（オレンジ色）が用意されている。

・台紙の丸の中にクーピーペンで花を描いて、丸の線でちぎりましょう。
・折り紙を、外側が赤になるように四つ折りにしましょう。
・ビニール袋の口を外側に1回折り返して、袋の前と後ろに2枚ずつ、全部で4ヵ所を四角シールで留めましょう。
・折り返したところに綴じひもを通して1周させたら、両端を合わせて2本一緒に玉結びをしましょう。結び目を引っ張ると巾着袋になります。
・巾着袋の中に花を描いた丸い紙と折り紙を入れて、巾着袋の口を閉じましょう。

15 巧緻性・制作（Bグループ男子）

ＵＦＯ作り：紙皿（上と下の向かい合う2ヵ所に穴が開いている）1枚、丸の中に星がかいてある台紙、正方形1／4サイズの折り紙（青）1枚、綴じひも（黒）1本、クーピーペン（赤、黄色）、スティックのりが用意されている。

・台紙の星を黄色のクーピーペンで塗り、その外側の丸の線でちぎりましょう。
・紙皿を裏にして穴が上下に来るように置き、その真ん中にちぎった丸をスティックのりで貼りましょう。
・貼った丸の左右から紙皿の縁まで赤のクーピーペンで線をかき、ＵＦＯの模様にしましょう。
・折り紙をお手本のように折って、紙皿の表の真ん中に貼りましょう。
・紙皿の穴に下から綴じひもを通して、ＵＦＯをつるして持てるようにかた結びにしましょう。

16 巧緻性・制作（Ｂグループ女子）

お弁当の本作り：真ん中に点線があり、その左右にお弁当箱の絵が印刷された台紙①（穴が開いている）、真ん中に点線があり、その左側にお弁当箱、右側に子どもの首から下が描かれた台紙②、丸がかいてある台紙、丸シール（黄色）１枚、綴じひも（赤）１本、クーピーペン（赤）、スティックのりが用意されている。
・台紙①と②のお弁当箱の梅干しを、クーピーペンで塗りましょう。
・台紙の丸をちぎり、真ん中に黄色の丸シールを貼って目玉焼きにして、台紙②のお弁当箱にスティックのりで貼りましょう。
・台紙①と②を絵が内側になるように点線で折り、台紙①の右側の裏と台紙②の左側の裏をスティックのりで貼り合わせて本にしましょう。
・台紙①の左上の穴に綴じひもを通してチョウ結びをしましょう。
・最後に、台紙②の右側にお弁当ができて喜んでいる自分の顔を描きましょう。

17 巧緻性・制作（Ｃグループ男子）

クマさん作り：クマの顔が途中まで描かれたＢ５判（白）の台紙（穴が開いている）、耳が印刷されてた台紙、正方形１／４サイズの折り紙（赤）１枚、丸シール（黒）１枚、綴じひも（赤）１本、クーピーペン（赤、黒）、スティックのりが用意されている。
・耳の台紙から耳をちぎり取り、Ｂ５判の台紙にクマの左耳になるようにスティックのりで貼りましょう。
・Ｂ５判の台紙に、左目になるように黒のクーピーペンで丸をかき、真ん中に黒の丸シールを貼りましょう。
・鼻を赤のクーピーペンで塗りましょう。
・折り紙を半分の三角に折って、口になるようにスティックのりで貼りましょう。
・台紙の上の穴に綴じひもを通してチョウ結びをしましょう。

18 巧緻性・制作（Ｃグループ女子）

応援マスコット作り：女の子が描かれたＢ５判（白）の台紙（穴が開いている）、丸がかかれたメダルの台紙、長方形１／８サイズの折り紙（黄色）１枚、丸シール（赤）１枚、綴じひも（赤）１本、粘土、クーピーペン（黄色）、スティックのりが用意されている。
・メダルの台紙の丸の中をクーピーペンで塗り、ちぎって台紙の女の子の胸にスティックのりで貼りましょう。

・折り紙を白が外側になるように半分に折って真四角にし、赤の丸シールを貼って日の丸の旗にしましょう。
・できた旗を、女の子が挙げている手で持っているように、スティックのりで貼りましょう。
・台紙の穴に裏から綴じひもを通して、女の子の腰の位置にチョウ結びをしましょう。
・粘土を半分に分けて、左右の靴の形にして靴の上に置きましょう。

言　語（各グループ共通、約15人単位で行う）

1人ずつ質問に答える。
・今日は誰と来ましたか。
・今日はどうやって来ましたか。
・好きな遊びは何ですか。
・好きな食べ物は何ですか。
・好きな動物は何ですか。
・誕生日を教えてください。
・「あいうえお」と先生が言ったように言ってください（グループにより「かきくけこ」「さしすせそ」「たちつてと」など異なる）。

行動観察（各グループ共通、約15人単位で行う）

・紙コップ積みゲーム…5、6人のグループに分かれて行う。用意された紙コップをお城やタワーに見立ててできるだけ高くなるように積む。

運動テスト

各グループ共通。

クマ歩き

U字の白線に沿って1人ずつクマ歩きをする。U字の内側に入ってはいけない。

面接資料／アンケート

第二次考査中に保護者対象の作文がある。テーマをその場で与えられ25分間で書く（【】内はテーマ）。作文の後に学校紹介の映像を鑑賞する。

Aグループ男子
・【下校】子どもがバスや電車で帰宅途中にふざけて、乗客の1人に注意されたとお友達が教えてくれました。あなたならどのように対応するか具体的にお書きください。

Aグループ女子
・【友達関係】教室にいるお友達はみんな考え方が異なるのが普通です。それに対するご家庭での考え方や、子どもにどのような指導をするかを具体的にお書きください。

Bグループ男子

・【指導方針】学校、担任とご家庭の教育方針が必ずしも一致するとは限りません。そのような場合、保護者としてどのように考えますか。具体的にお書きください。

Bグループ女子

・【給食】自校給食ですが、食物アレルギーに対して個別に対応食を作っておりません。また、偏食のないよう指導しています。このことについてのお考えと、お子さんにどのように伝えるかを具体的にお書きください。

Cグループ男子

・【林間学校】林間学校では体力的にも精神的にも厳しい指導をしますが、ご家庭ではどのように考えサポートしていきますか。具体的にお書きください。

Cグループ女子

・【役員の仕事】６年間のうち２回は役員をお願いしています。学校行事にご協力いただき来校も多くなります。仕事をしている方も同様に役員をやっていただきますが、それについての考えを具体的にお書きください。

1

2

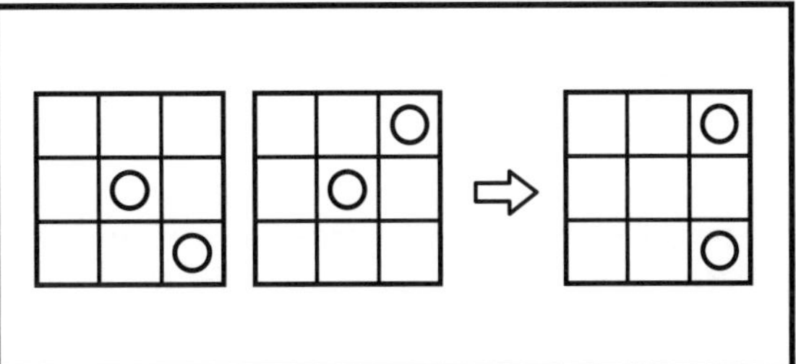

3

4

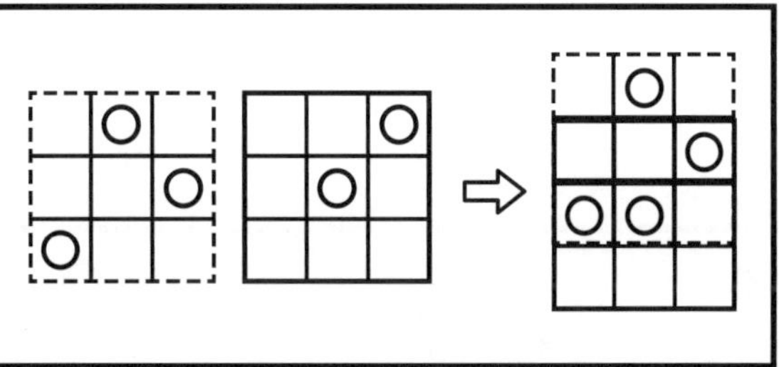

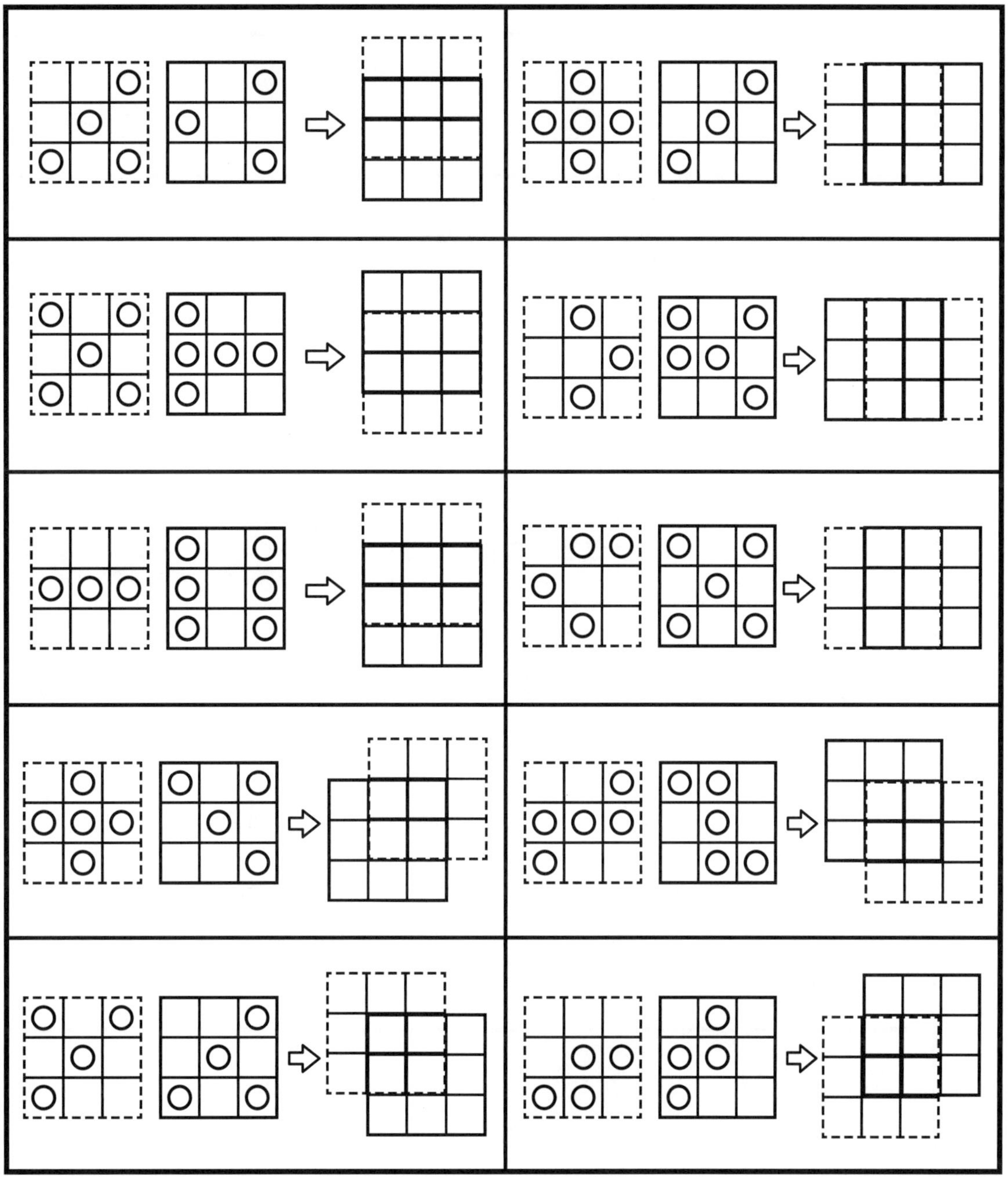

5

6

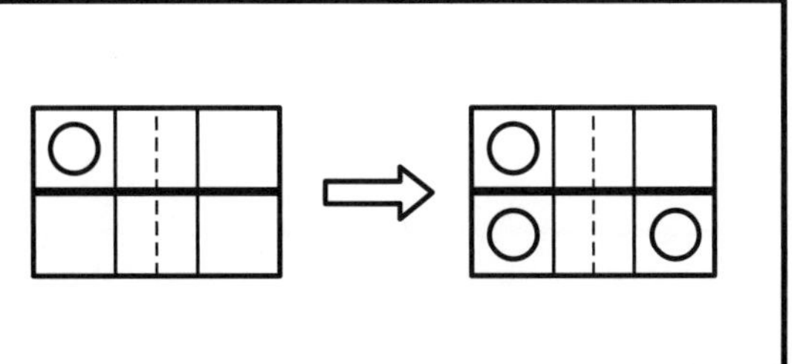

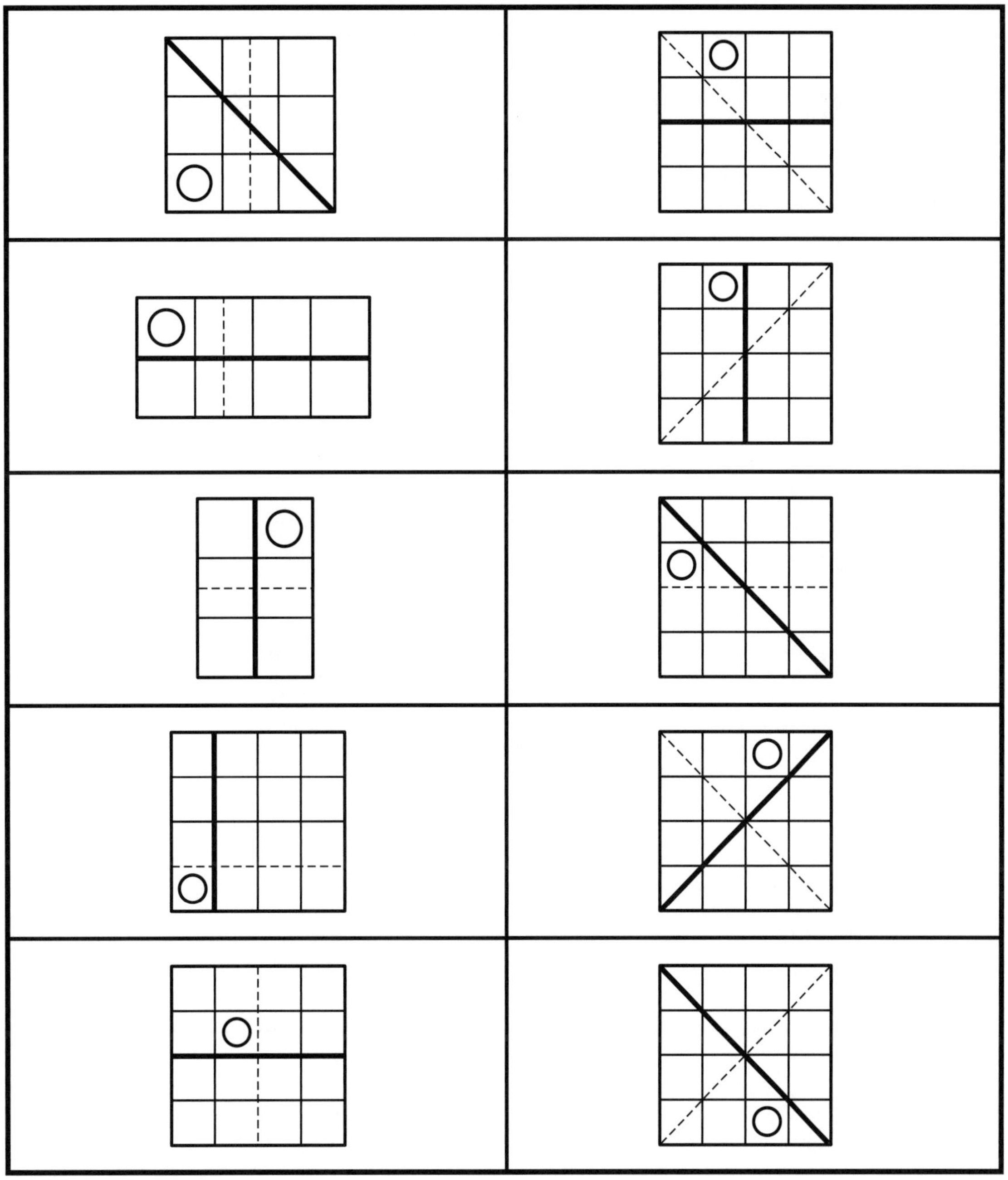

2023

2022

2021

2020

2019

7

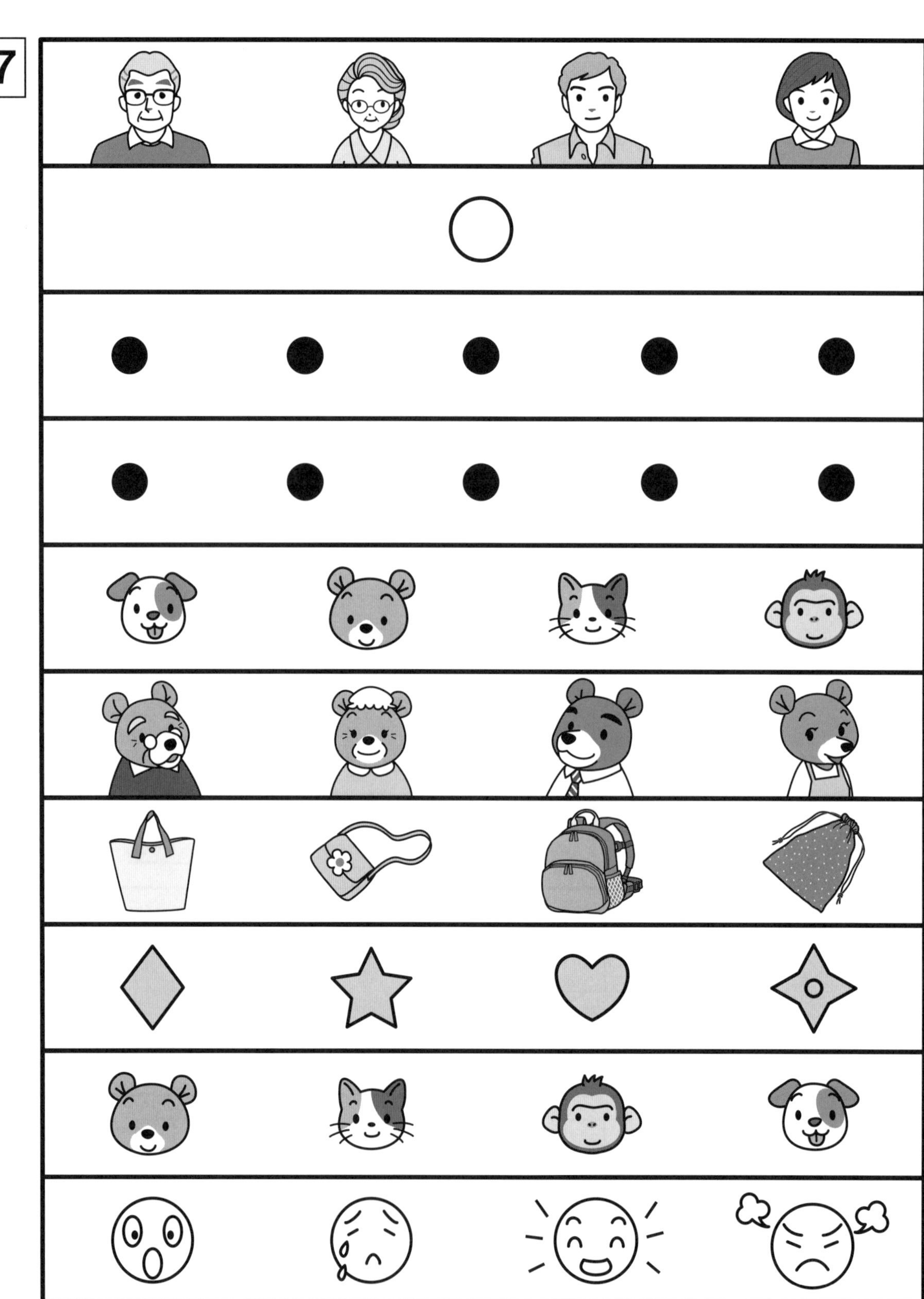

8

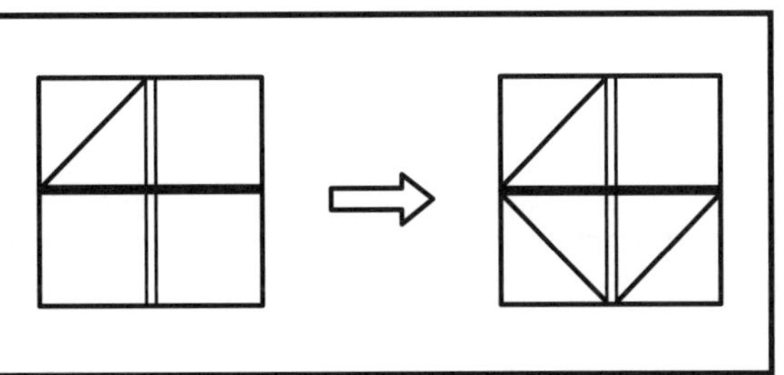

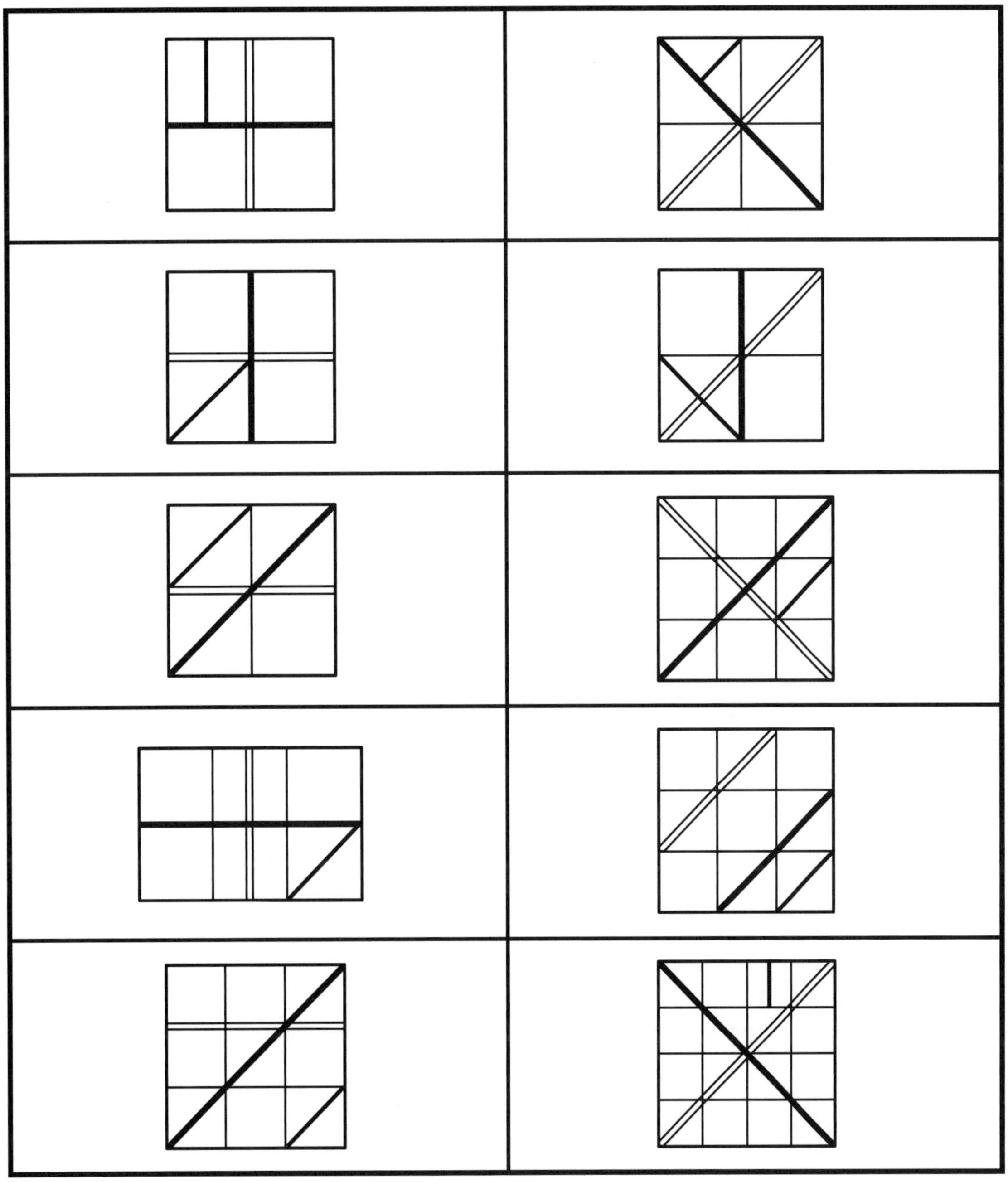

9

10

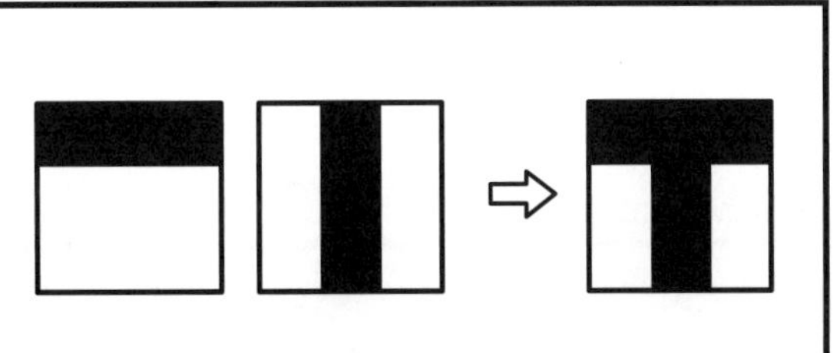

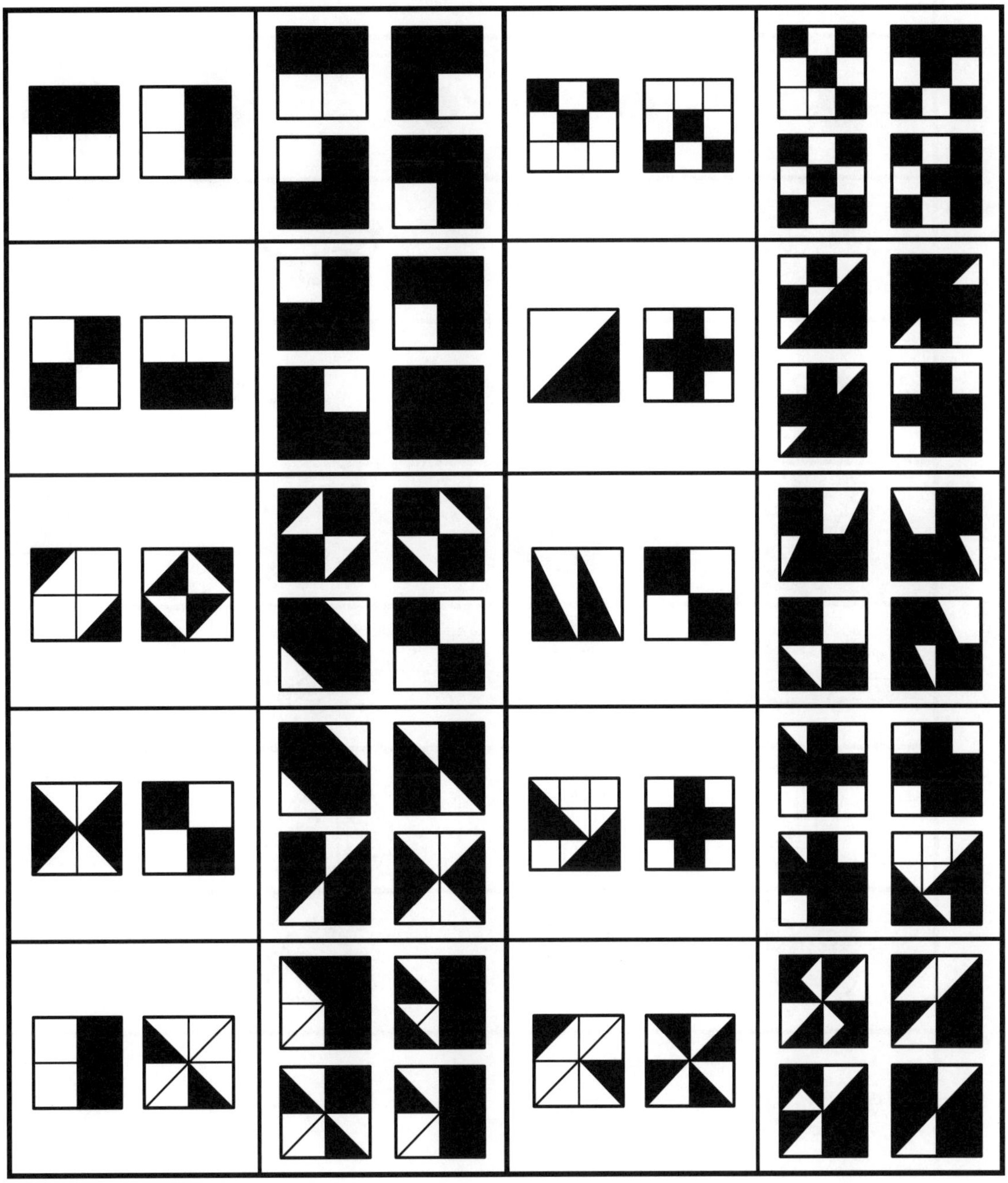

11

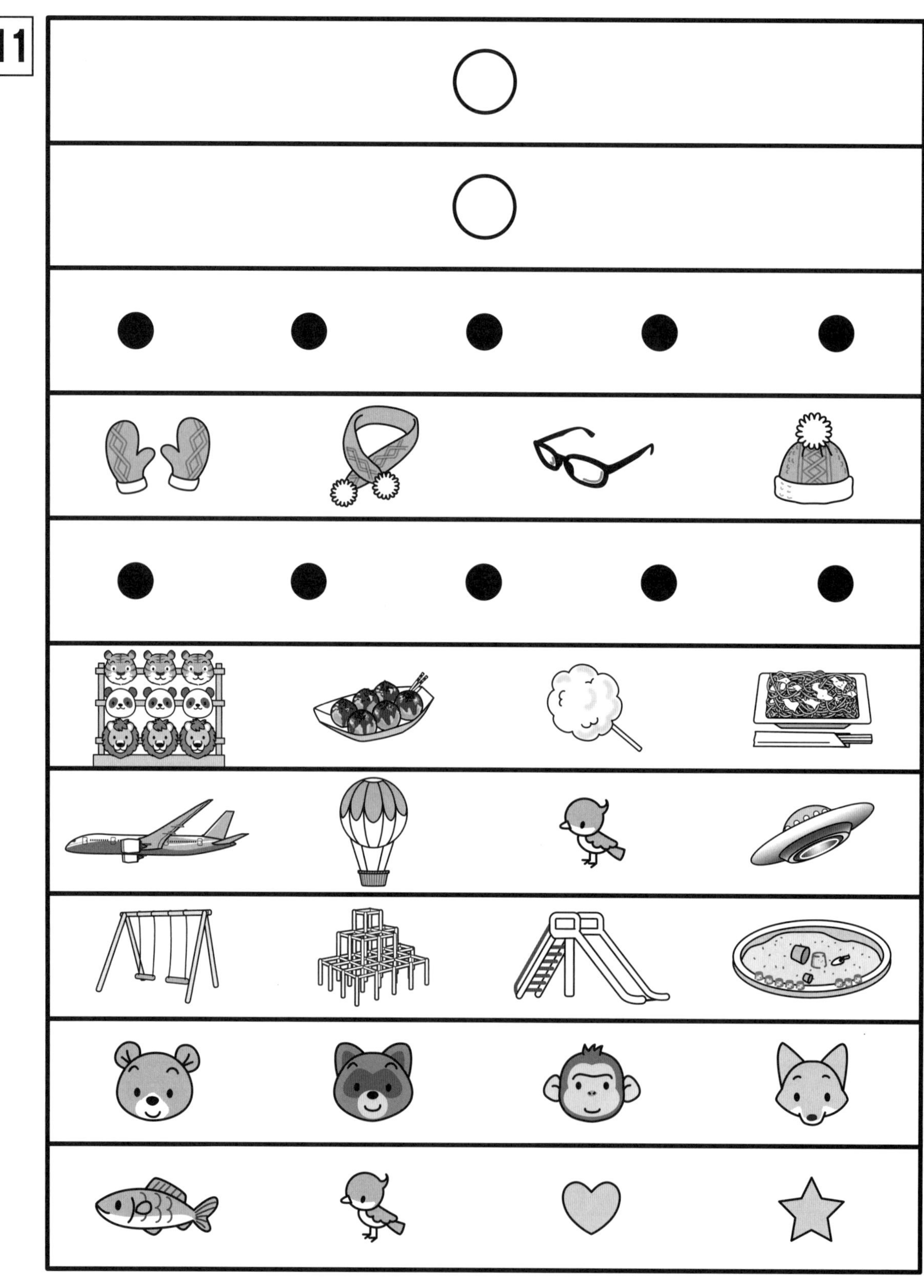

12

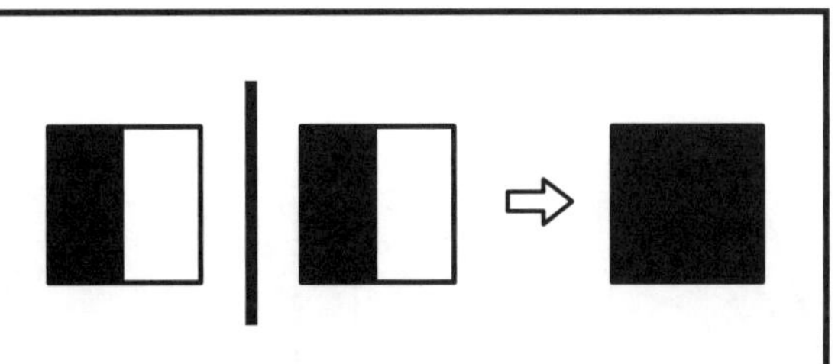

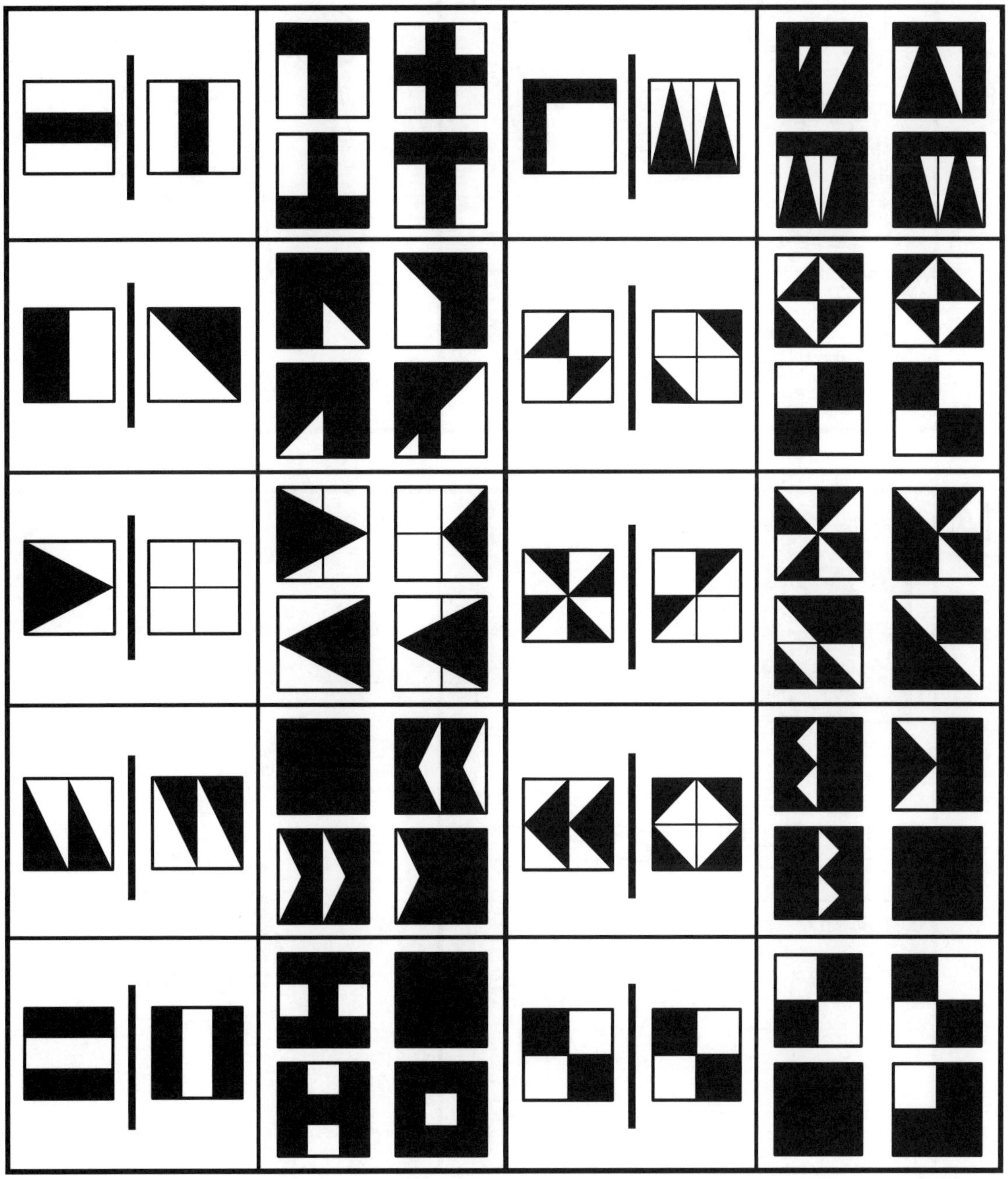

13

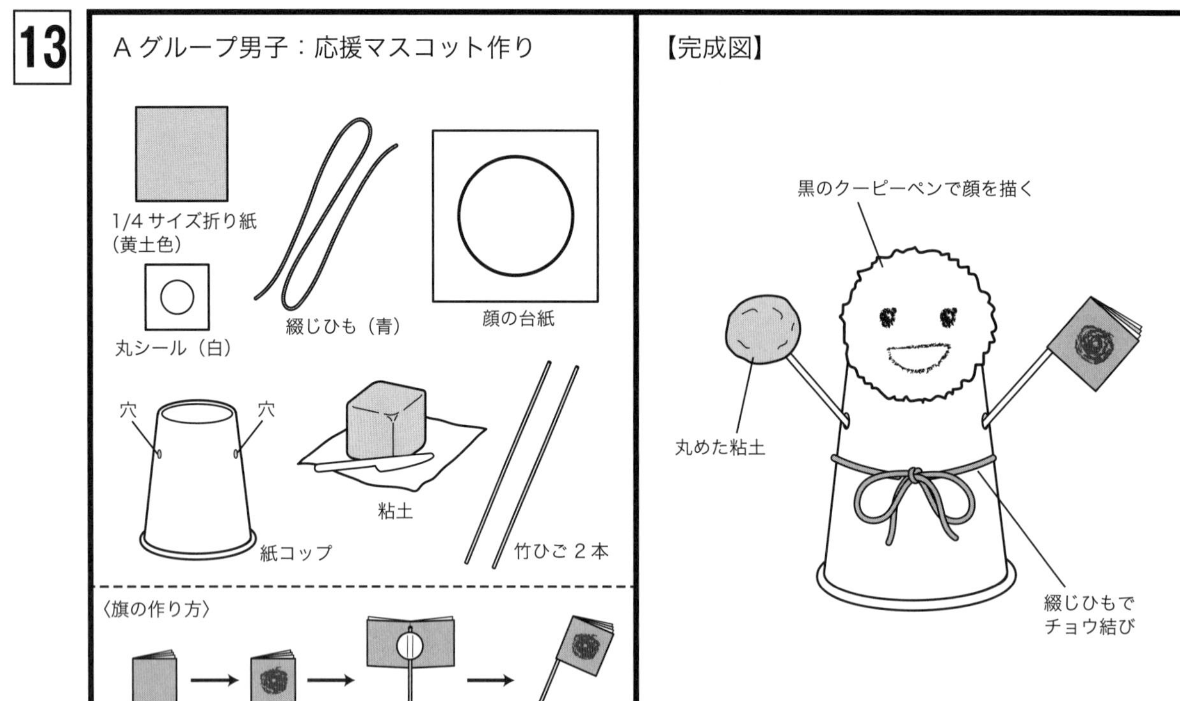
Aグループ男子：応援マスコット作り
1/4サイズ折り紙（黄土色）
丸シール（白）
綴じひも（青）
顔の台紙
穴
穴
紙コップ
粘土
竹ひご２本
〈旗の作り方〉
折り紙を 1/4 の四角に折る
赤のクーピーペンで丸をかく
一度開き内側に丸シールで竹ひごを貼る
できあがり
【完成図】
黒のクーピーペンで顔を描く
丸めた粘土
綴じひもでチョウ結び

14

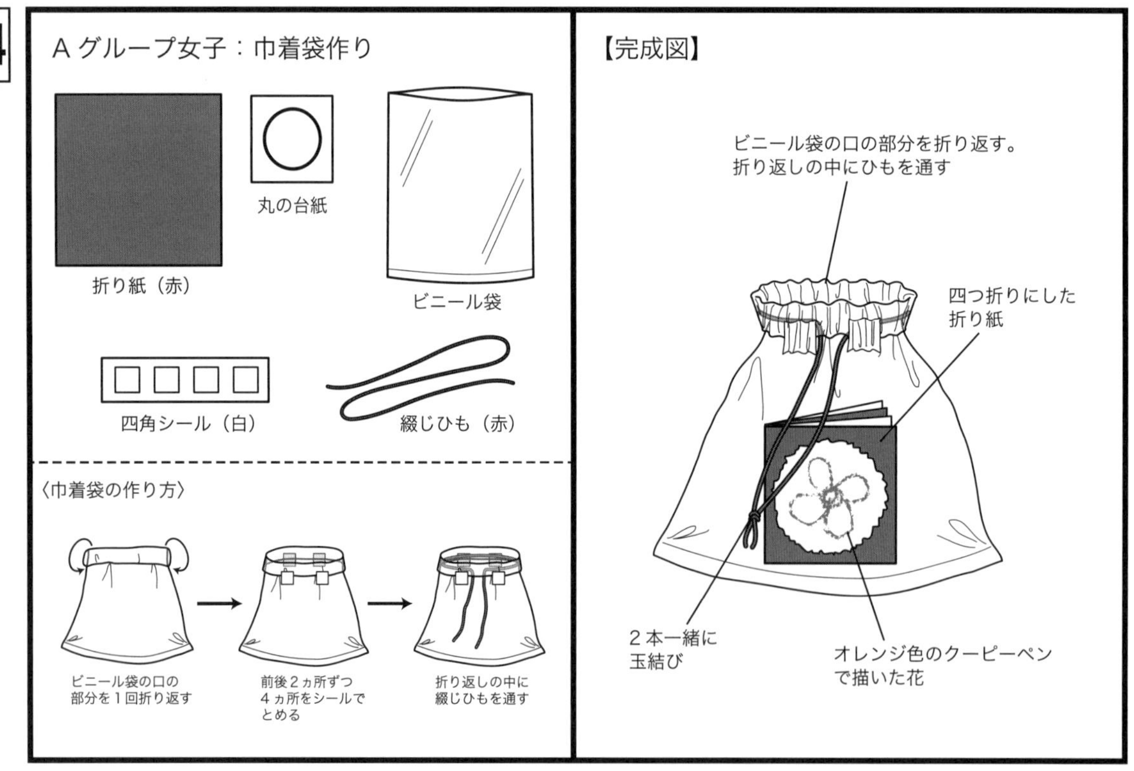
Aグループ女子：巾着袋作り
折り紙（赤）
丸の台紙
ビニール袋
四角シール（白）
綴じひも（赤）
〈巾着袋の作り方〉
ビニール袋の口の部分を１回折り返す
前後２ヵ所ずつ４ヵ所をシールでとめる
折り返しの中に綴じひもを通す
【完成図】
ビニール袋の口の部分を折り返す。折り返しの中にひもを通す
四つ折りにした折り紙
２本一緒に玉結び
オレンジ色のクーピーペンで描いた花

15

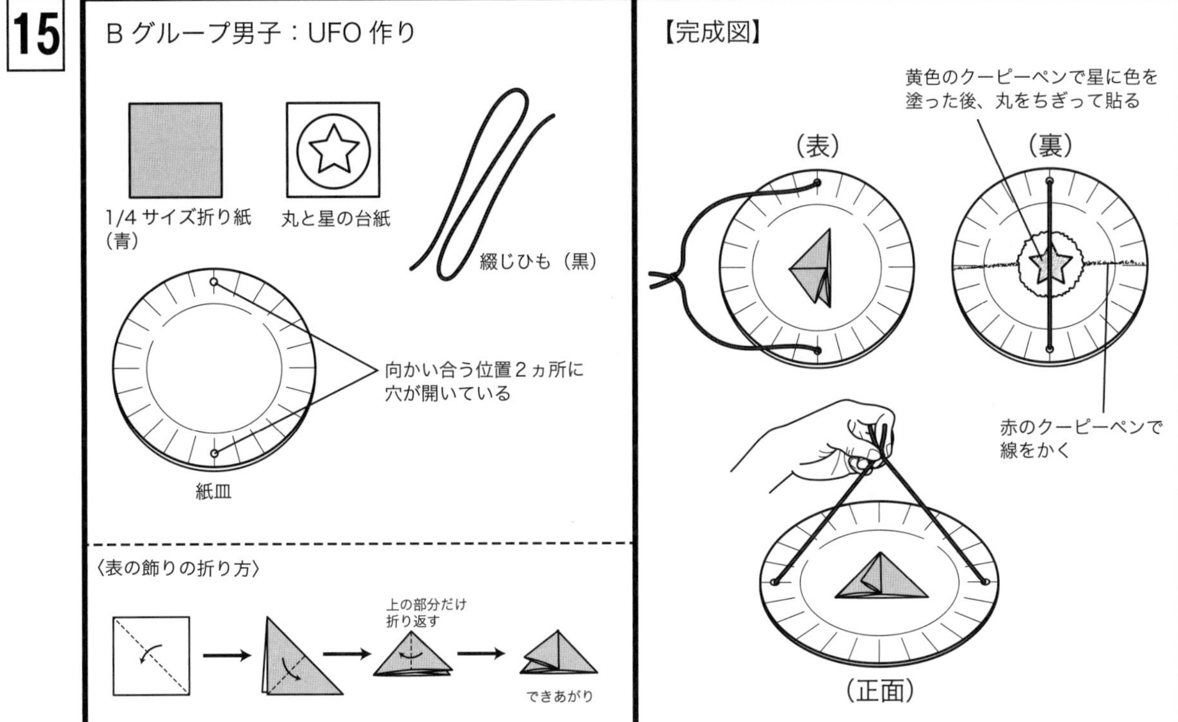

Bグループ男子：UFO作り
1/4サイズ折り紙（青）
丸と星の台紙
綴じひも（黒）
向かい合う位置2ヵ所に穴が開いている
紙皿
〈表の飾りの折り方〉
上の部分だけ折り返す
できあがり
【完成図】
黄色のクーピーペンで星に色を塗った後、丸をちぎって貼る
（表）
（裏）
赤のクーピーペンで線をかく
（正面）

16

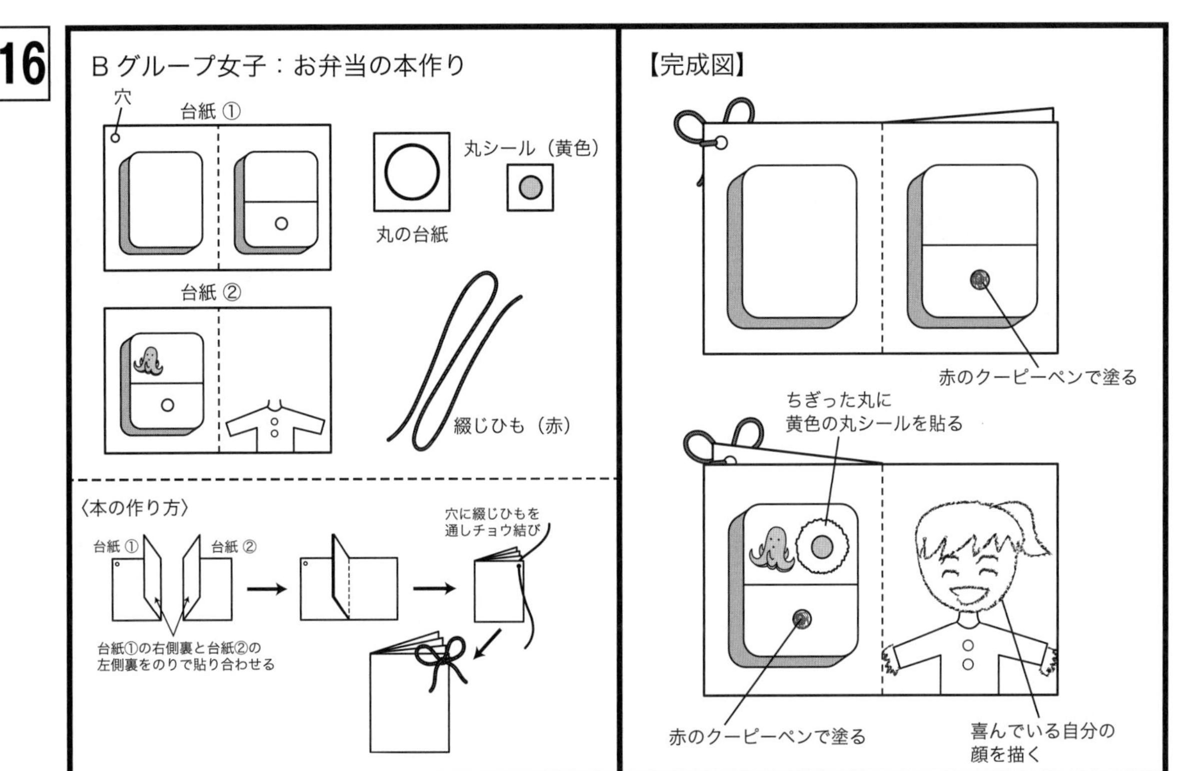

Bグループ女子：お弁当の本作り
穴
台紙①
丸の台紙
丸シール（黄色）
台紙②
綴じひも（赤）
〈本の作り方〉
台紙①
台紙②
穴に綴じひもを通しチョウ結び
台紙①の右側裏と台紙②の左側裏をのりで貼り合わせる
【完成図】
赤のクーピーペンで塗る
ちぎった丸に黄色の丸シールを貼る
赤のクーピーペンで塗る
喜んでいる自分の顔を描く

17

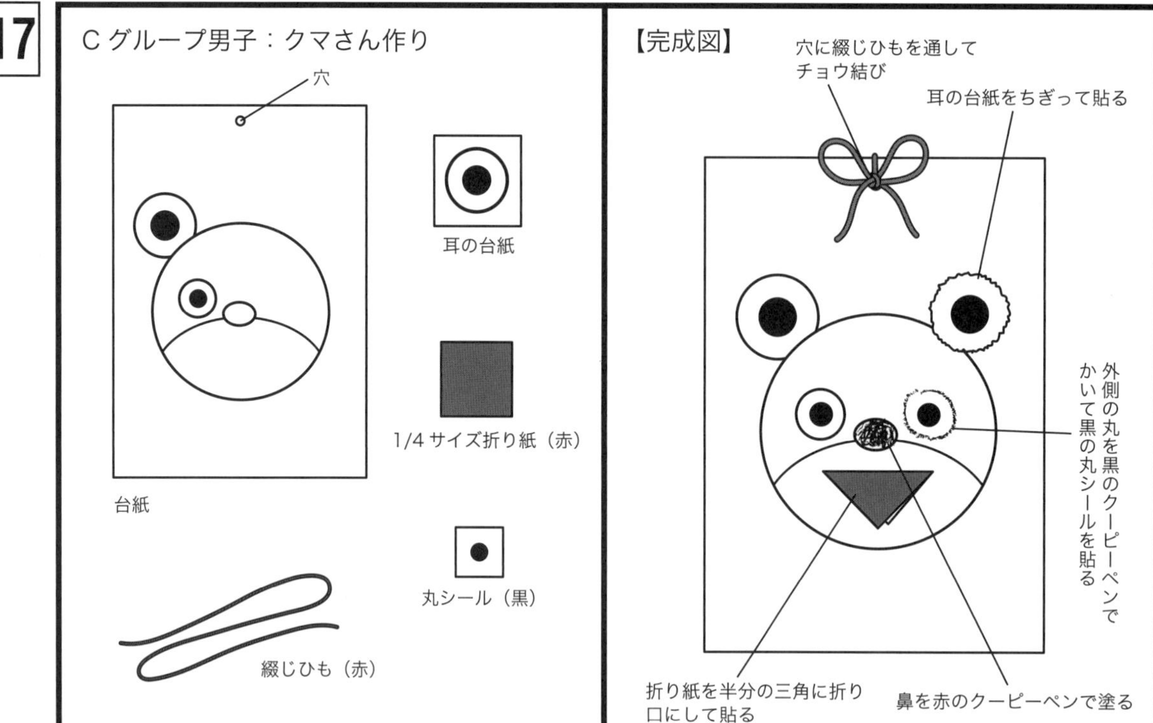
C グループ男子：クマさん作り
穴
台紙
耳の台紙
1/4 サイズ折り紙（赤）
丸シール（黒）
綴じひも（赤）
【完成図】
穴に綴じひもを通して
チョウ結び
耳の台紙をちぎって貼る
外側の丸を黒のクーピーペンで
かいて黒の丸シールを貼る
折り紙を半分の三角に折り
口にして貼る
鼻を赤のクーピーペンで塗る

18

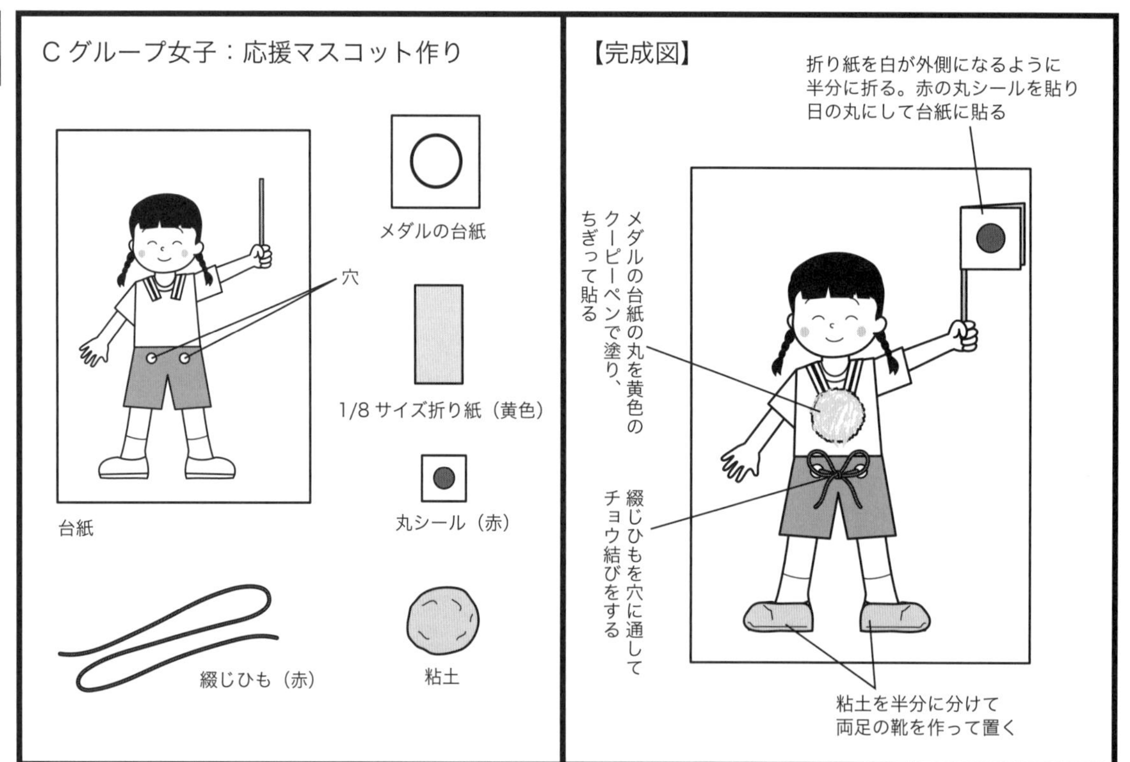
C グループ女子：応援マスコット作り
穴
台紙
メダルの台紙
1/8 サイズ折り紙（黄色）
丸シール（赤）
綴じひも（赤）
粘土
【完成図】
折り紙を白が外側になるように
半分に折る。赤の丸シールを貼り
日の丸にして台紙に貼る
メダルの台紙の丸を黄色の
クーピーペンで塗り、
ちぎって貼る
綴じひもを穴に通して
チョウ結びをする
粘土を半分に分けて
両足の靴を作って置く

筑波大学附属小学校
入試シミュレーション-Ⅰ

筑波大学附属小学校入試シミュレーション-Ⅰ

1 話の記憶

「ある日、森の７匹の動物たちが秋の遠足に出かけることになりました。一番背が高くて遠くまで見えるキリンさんが先頭になりました。その次に背の低い順にネズミさん、リスさん、ウサギさん、キツネさん、パンダさん、そして力持ちのゾウ君の順で並んでいきました。途中、キクが咲いているのをリスさんが見つけました。とてもきれいだったので、ゆっくり眺めながら通り過ぎました。しばらく行くと、カキの木がありました。カキの木にはカキがなっていて、背の高いキリンさんがカキを採って『これ甘くておいしいよ』と言って１つ食べました。背の届かない動物さんたちにも１つずつ採ってあげたので、カキは全部なくなりました。カキの木の向こうにクリの木もありました。ゾウ君は『僕はクリの方が好きだからクリも食べるよ』と言って食べました。キリンさんが『さあ、頑張ってお山に登るぞ！』と張り切ると、みんなも『おー！』と声を出しました。お山はとっても高く、お山の周りをグルッと回るように道を登っていきました。お山の上に着き、お弁当を食べました。みんなで歌を歌ったり、ゲームをした後に帰りました。途中、来るときには川に架かっていた橋が壊れていて渡れませんでした。『どうしよう』とキリンさんが困っていると、ゾウ君が『だいじょうぶ、僕の背中に２匹ずつ乗れば川を渡れるよ』と言いました。初めにリスさん、ウサギさん、次にキツネさん、パンダさん、最後にキリンさん、ネズミさんの順番でした。みんなゾウ君に乗せてもらって無事に帰ることができました」

・クリの段です。遠足に出かけたとき、先頭を歩いていた動物に○をつけましょう。
・リンゴの段です。リスさんのすぐ後ろを歩いていた動物に△をつけましょう。
・ブドウの段です。一番後ろを歩いていた動物に□をつけましょう。
・４段目です。カキを食べることができた動物の数だけ長四角に○をかきましょう。
・５段目です。どの動物の背中に乗って川を渡りましたか。○をつけましょう。
・同じ５段目です。パンダさんと一緒に背中に乗って渡った動物に□をつけましょう。
・一番下の段です。動物たちはどこに遠足に行きましたか。合う絵に○をつけましょう。

2 話の記憶

「動物村の真ん中にある大きな木に『お知らせ』と書かれている紙が貼ってありました。知りたがり屋のリスさんが最初に見つけました。『満月の夜、この大きな木の下で森のパーティーがあります』と書かれていました。リスさんは自分のお家に帰って考えました。リスさんは３本並んだ木の真ん中の大きな木の幹の中にすんでいます。『満月の夜の森のパーティーってどんなパーティーなのかな？』と知りたくてワクワクしてきました。そこでリスさんはまず、仲よしのネズミ君のお家に行きました。『ネズミ君、こんにちは。森のパーティーってどんなパーティーだと思う？』と聞くと、ネズミ君は『それはもちろん、おいしいチーズのお料理をおなかいっぱい食べるパーティーに決まってるさ』と言いました。次に隣にすんでいるサル君に聞きました。『サル君、森のパーティーってどんなパーティーだと思う？』と聞くと、サル君は『それはみんなで楽しく踊りを踊るパーティーだと思うよ。みんなで跳んだりはねたり、輪になって踊ったりして楽しいはずさ』と言いました。リスさんは『サル君は木登りもうまいし、踊りも大好きだったなぁ』と思いました。山の中を歩いていくと、歌の大好きな小鳥さんのお家が見えてきました。リスさんが『小鳥さん、森のパーティーってどんなパーティーだと思う？』と聞くと、小鳥さんは『きっと歌合戦よ。誰が一番きれいな声で歌えるか、満月のお月様の下で歌って決めるのよ』と言いました。リスさんは森のパーティーがますますわからなくなりましたが、とても楽しみになりました。まんまるのお月様の夜が待ち遠しくなりました。さて、あなたは森のパーティーってどんなパーティーだと思いますか」

・１段目です。森のパーティーはどんな月のときにありますか。合う絵に赤のクーピーペンで○をつけましょう。
・２段目です。今のお話に出てきたものすべてに赤のクーピーペンで○をつけましょう。
・３段目です。リスさんはどこにすんでいますか。合う絵に青のクーピーペンで○をつけましょう。
・４段目です。リスさんが２番目に森のパーティーのことを聞いた動物が想像したパーティーに、青のクーピーペンで○をつけましょう。
・同じところで、リスさんが３番目に聞いた動物が想像したパーティーに青のクーピーペンで△をつけましょう。

3 数　量

・一番上の段です。左上のお手本の積み木と同じ数の積み木に○をつけましょう。
・２段目の左です。すべての小鳥は、初め木に止まっていました。木に止まっていた小鳥の数だけ右の四角に○をかきましょう。
・２段目の右です。木に止まっている小鳥が１羽飛んでいき、そこへ３羽飛んできて木に止まりました。小鳥は今全部で何羽止まっていますか。その数だけ右の四角に○をかきましょう。
・３段目です。おにぎりを丸の中の絵のようにお弁当箱に詰めていくと、お弁当箱はそれぞれいくつ必要ですか。その数だけ下のお弁当箱に○をつけましょう。
・４段目です。丸の中の子どもたちにリンゴを３つずつあげると、それぞれいくつ余りますか。その数だけ下の四角に○をかきましょう。

4 数　量

・上の段です。左のリンゴの数と同じ数の星を見つけて、それぞれ◎をつけましょう。
・下の段です。左のプリンを1つずつ右のお皿にのせると、プリンはいくつ余りますか。一番上のお手本と同じように、それぞれその数だけプリンに×をつけましょう。

5 数　量

・上の段です。上の絵のように、細長いカゴにはリンゴを1つ、横に広いカゴにはリンゴを2つ入れられます。下の四角の動物たちが上のカゴを持ってリンゴを採りに行き、それぞれのカゴに入る分だけリンゴを採って帰ると、木にはいくつリンゴが残りますか。その数だけ右の四角に○をかきましょう。
・下の段です。ミカンとバナナが同じ数なら◎を、ミカンが多ければミカンの多い数だけ○を、バナナが多ければバナナの多い数だけ×をかきましょう。右上のお手本で、左はミカンとバナナが同じ1つずつなので◎を、右はミカンが4つでバナナが2つと、ミカンが2つ多いので○を2つかきました。同じようにして全部やりましょう。

6 常　識

・上の段です。優先席のマークに○、非常口のマークに△、点字ブロックに□をつけましょう。
・下の段です。上のものが成長したり、手を加えられたりしてできるものを、下から探して点と点を線で結びましょう。

7 常　識

・一番上の段です。生活の様子が絵に描いてあります。この中で、お行儀が悪いと思う子どもに○をつけましょう。
・2段目です。絵の中で、子どもだけではやらない方がよいことに×をつけましょう。
・3段目です。絵の中で、ひな祭りや入学式と同じ季節のものに○をつけましょう。
・4段目です。コップにビー玉を1つ入れたら、矢印の下のように1つ上の目盛りのところまで水が増えました。では上のコップにビー玉を3つ入れると水はどうなりますか。正しい絵を選んで○をつけましょう。

8 推理・思考

・一番上の段です。左側の絵のように男の子が鏡の前に立っています。鏡にはどう映っているでしょうか。正しいと思う絵を右から選んで○をつけましょう。
・2段目です。旗を持った男の子に向こうから光が当たって影ができています。正しい影を選んで○をつけましょう。
・3段目と一番下の段です。一番重いものに○、一番軽いものに×を右の四角の中につけましょう。

9 推理・思考（対称図形）

・それぞれの絵を下から上にパタンと倒し、そのまま右にパタンと倒すと、二重四角の中にはどの絵が入りますか。合う絵を右から選んで○をつけましょう。

10 推理・思考（重ね図形）

・一番上から４段目まで行います。お手本の左側の形を真ん中で折って矢印の向きにパタンと重ねるとどのような形ができますか。合う絵を右から選んで○をつけましょう。
・５段目から一番下まで行います。お手本の右側の形を真ん中で折って矢印の向きにパタンと重ねるとどのような形ができますか。合う絵を右から選んで○をつけましょう。

11 推理・思考（回転図形）

・左側がお手本です。右のようにお手本の向きが変わったとき、リンゴとバナナはどこにありますか。リンゴがあるところに○、バナナがあるところに△をかきましょう。

12 言　語

・上の段です。しりとりをしていくと、バツ、丸、三角、四角、二重丸の印にはそれぞれ何が入りますか。右の四角の中からあてはまるものを探して、同じ印をつけましょう。たとえば、リスの次のバツ印に入るのはスイカですからスイカに×をつけます。
・下の段です。アリの最初の音は「ア」です。シカの最後の音は「カ」です。右の絵の中で、最初に「ア」がつくものには○を、最後に「カ」がつくものには×をつけましょう。

13 推理・思考（進み方）

・上の段です。上に描いてあるお手本のように、鳥なら右、花なら下、ウサギなら左、チョウチョなら上というように、左上の黒星から右下の白星まで線を引いていきましょう。
・下の段です。次はいろいろな生き物が描いてあります。上のお手本を参考にしながら、鳥の仲間なら右、花の仲間なら下、動物の仲間なら左、虫の仲間なら上というように、上の黒星から下の白星まで線を引いていきましょう。

14 観察力

・白いマス目の左にあるものがお手本です。お手本の太い線で囲まれているところが、そのまま白いマス目の太い線で囲まれているところに重なるとき、お手本の印はどこに来ますか。それぞれの印をかきましょう。

15 模写（対称）

・真ん中の点線で半分に折ったときにピッタリ重なるように、右側にかきましょう。

1

2

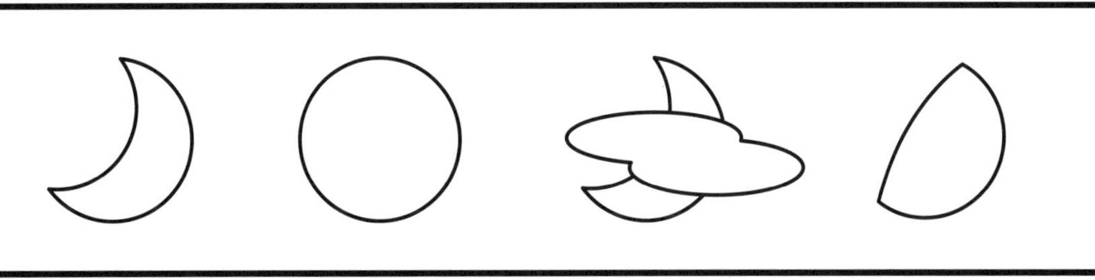

3

4

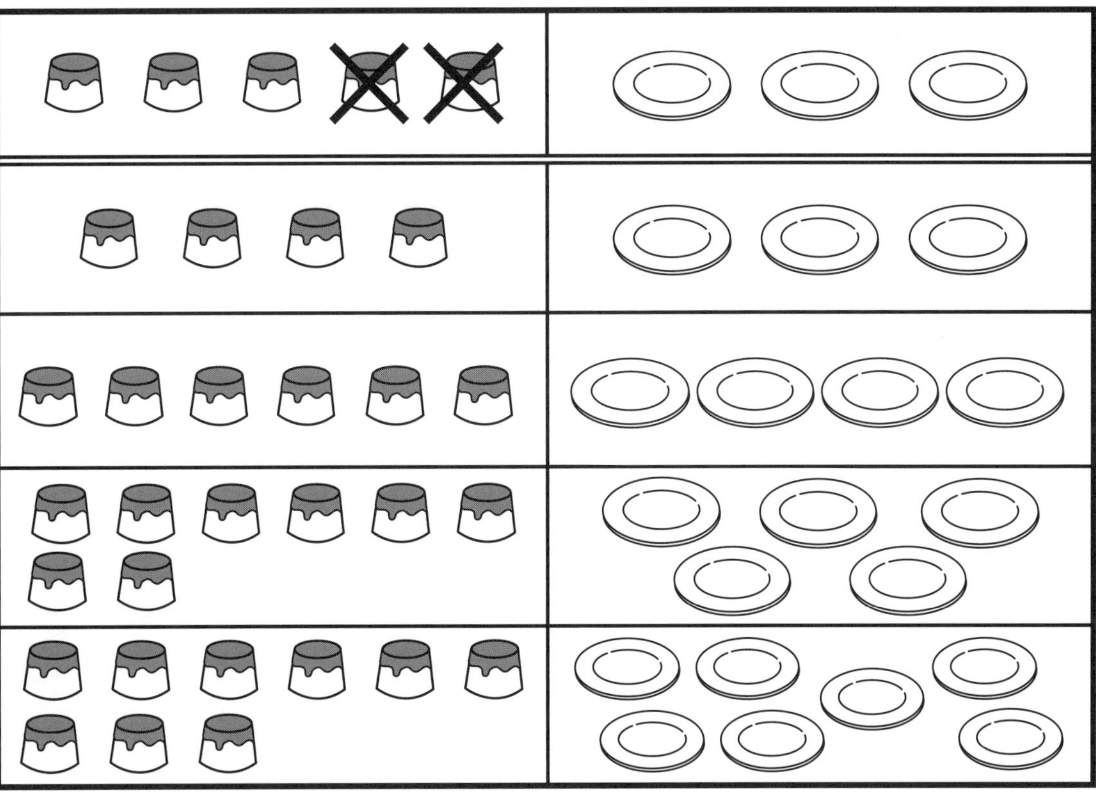

5

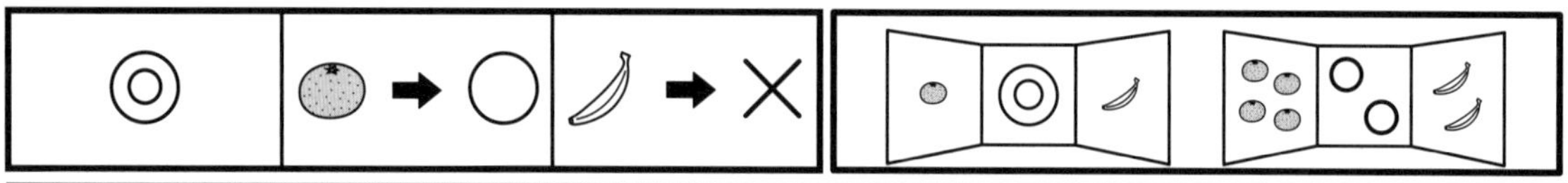

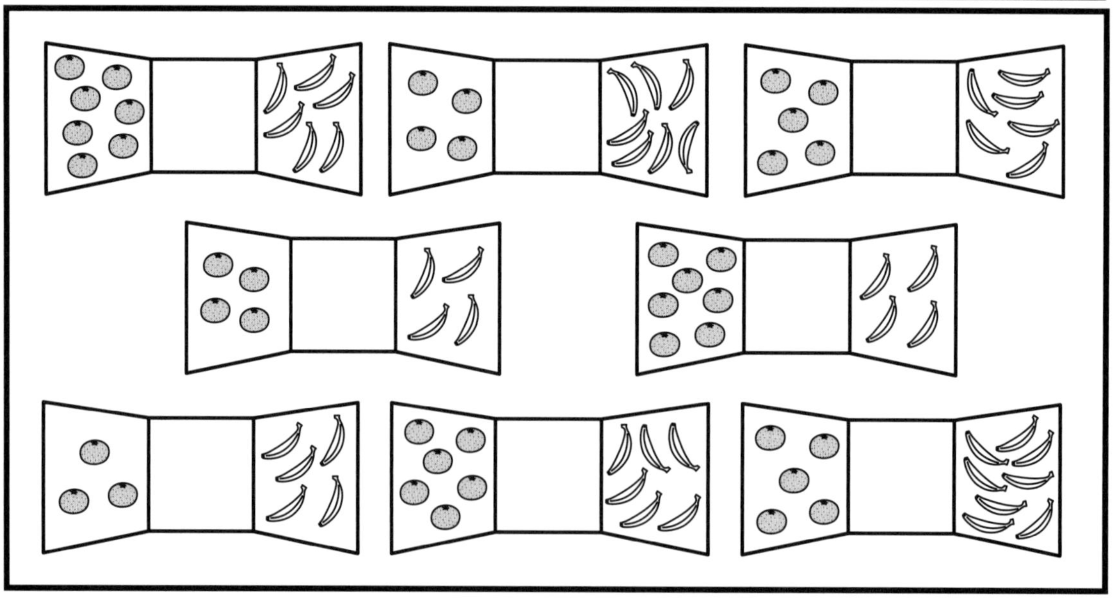

6

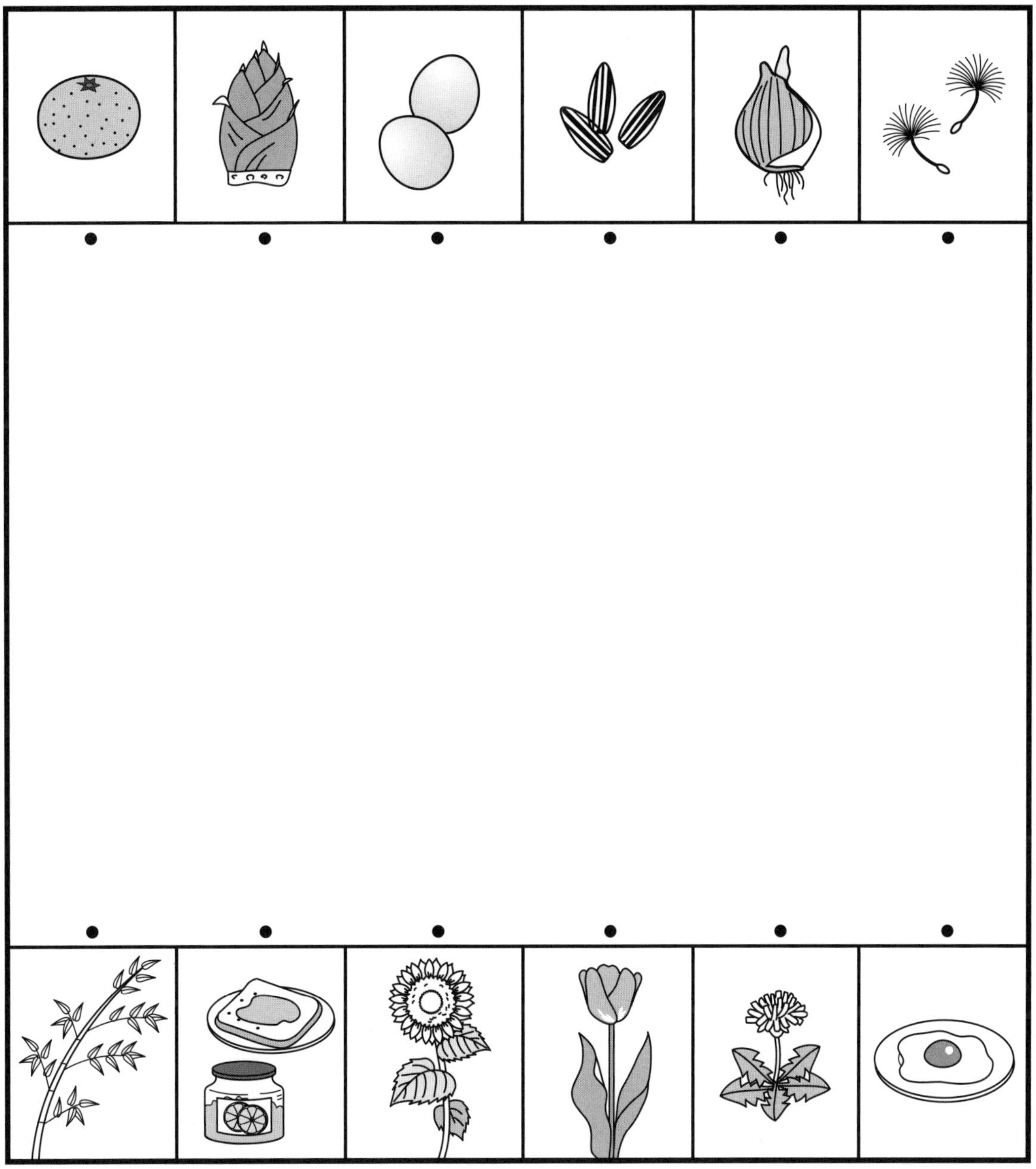

7

8

9

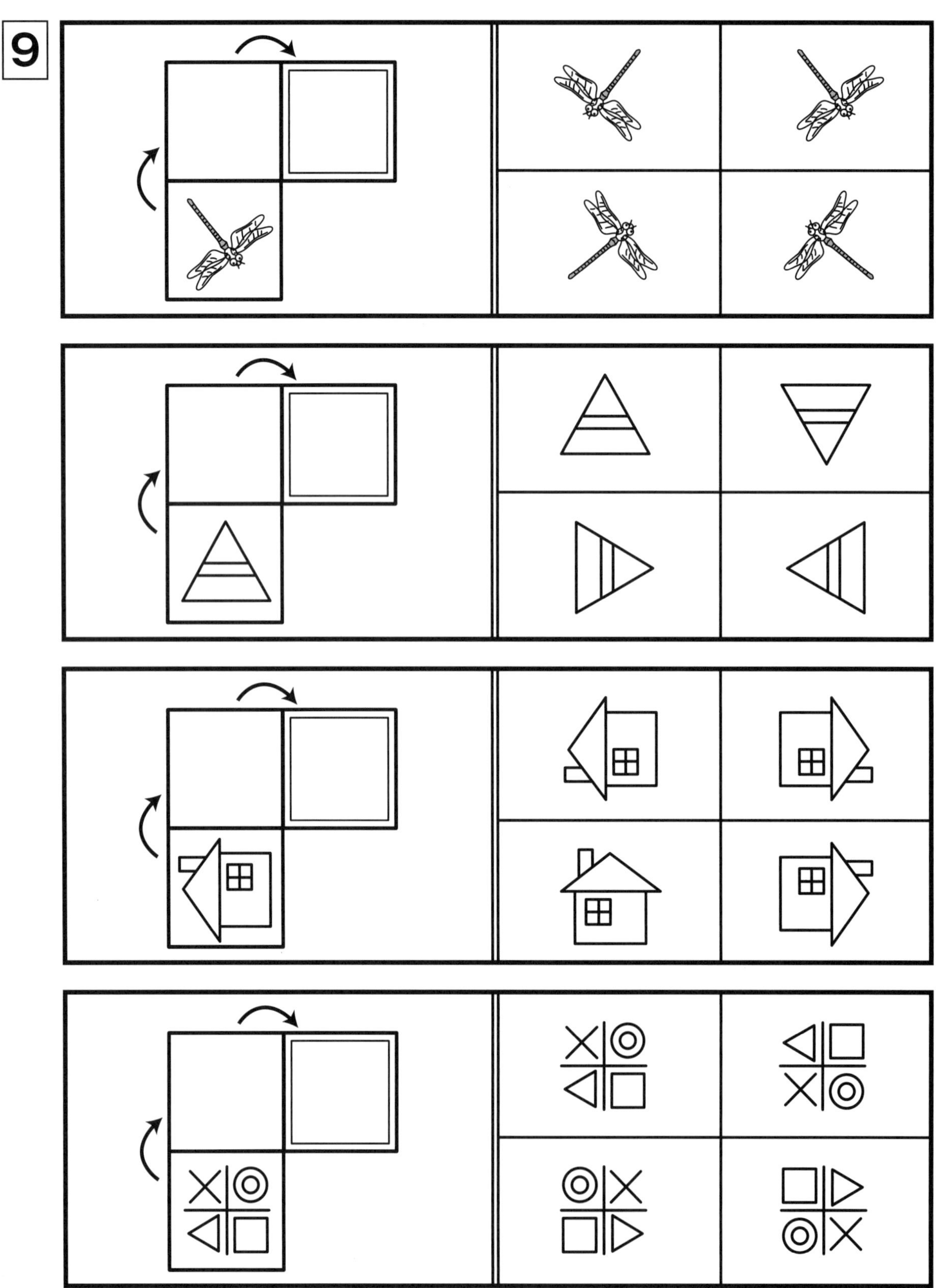

10

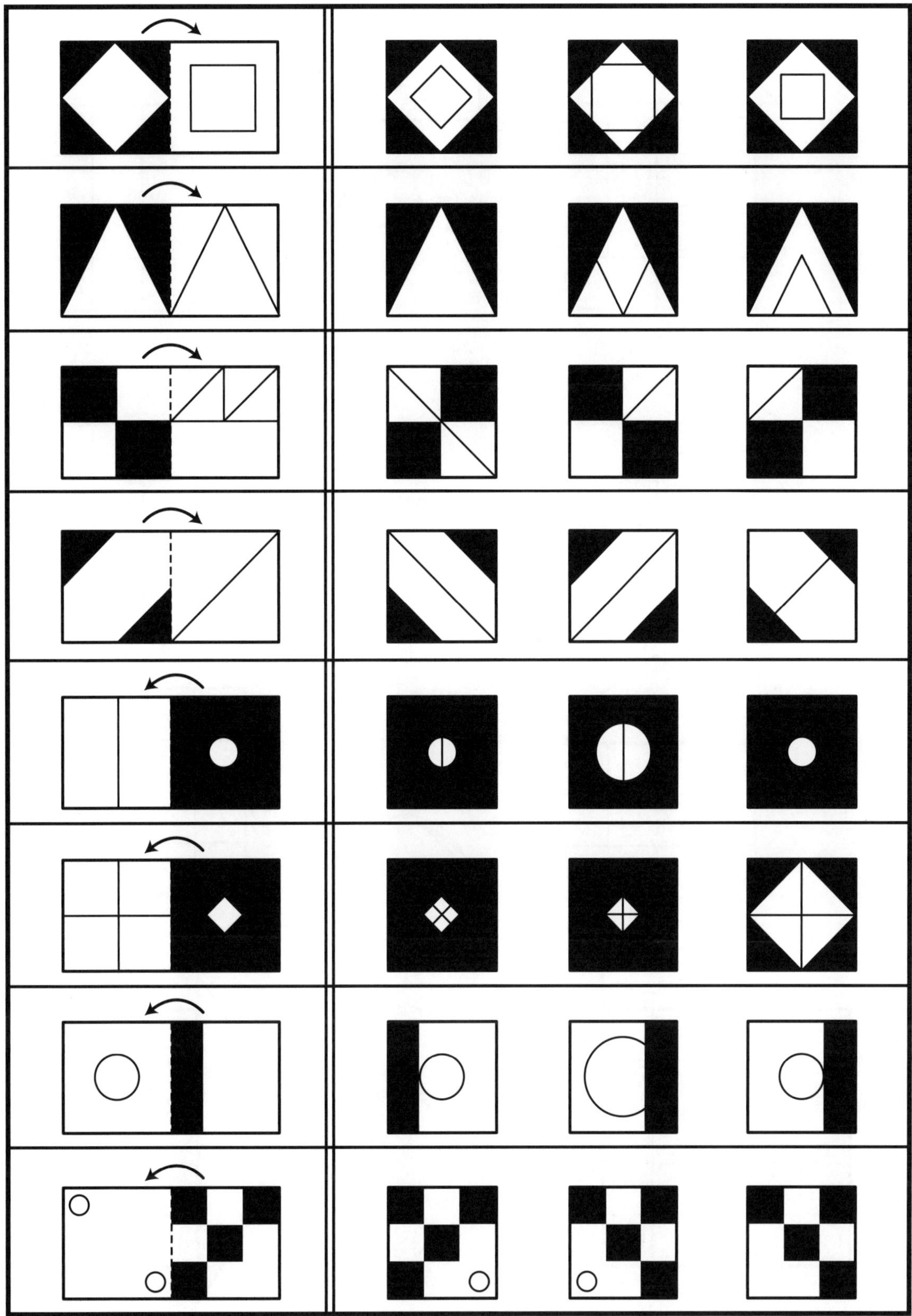

11

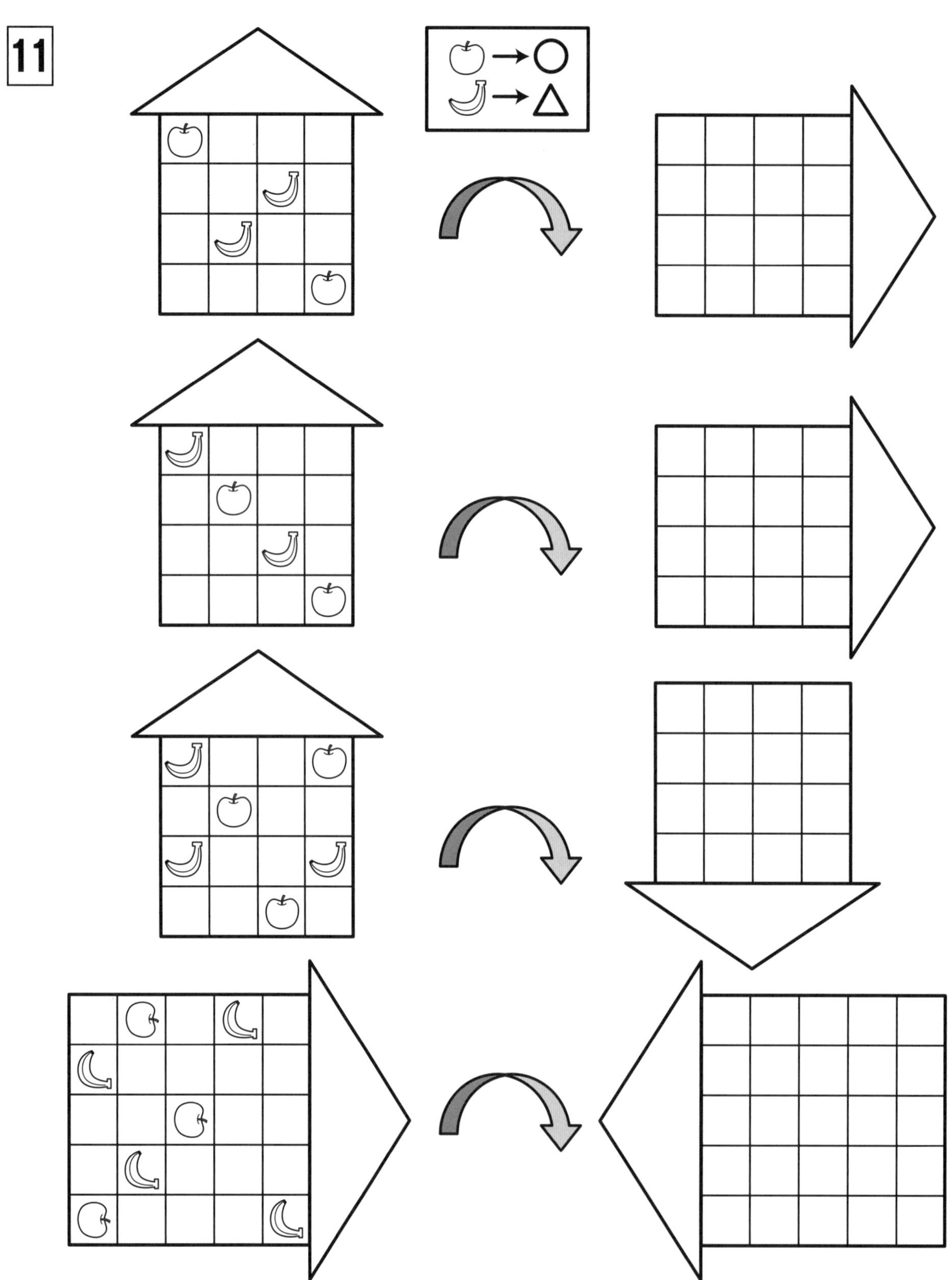

12

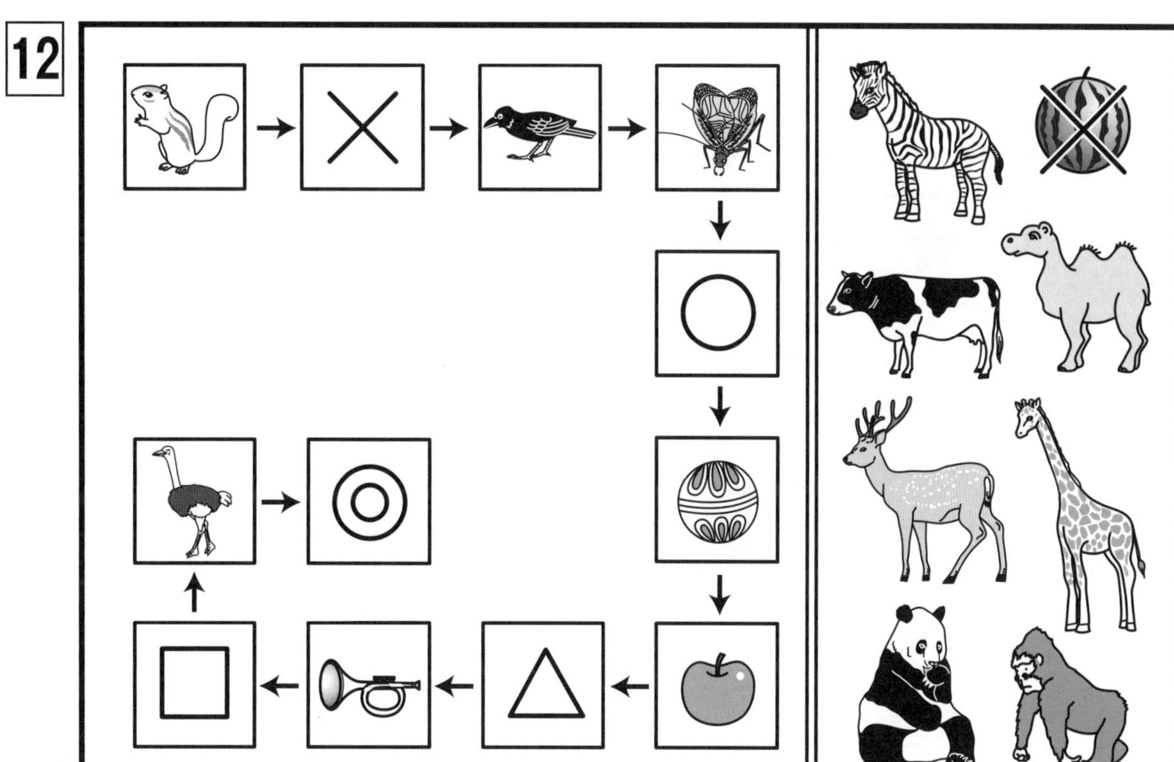

13

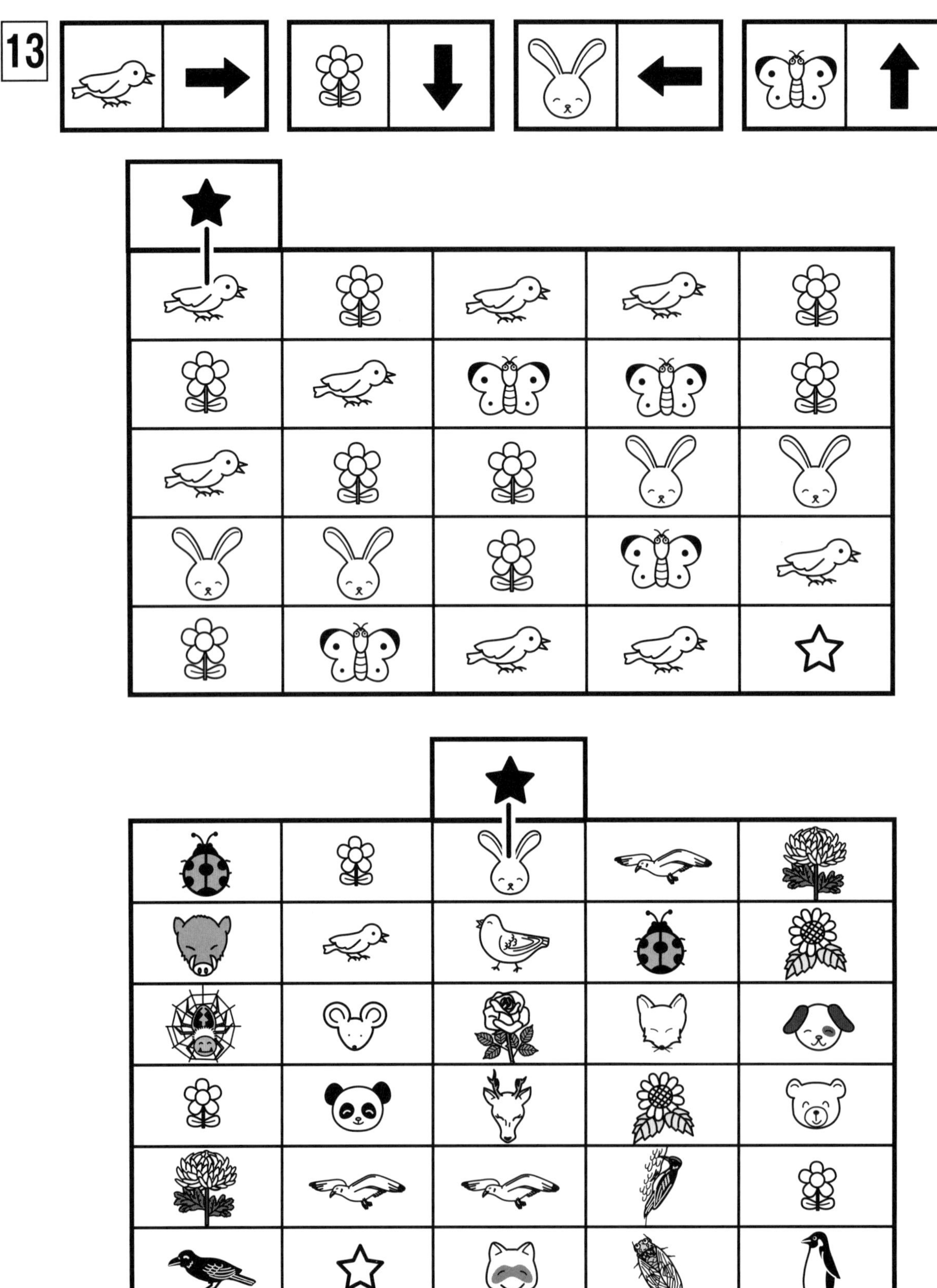

14

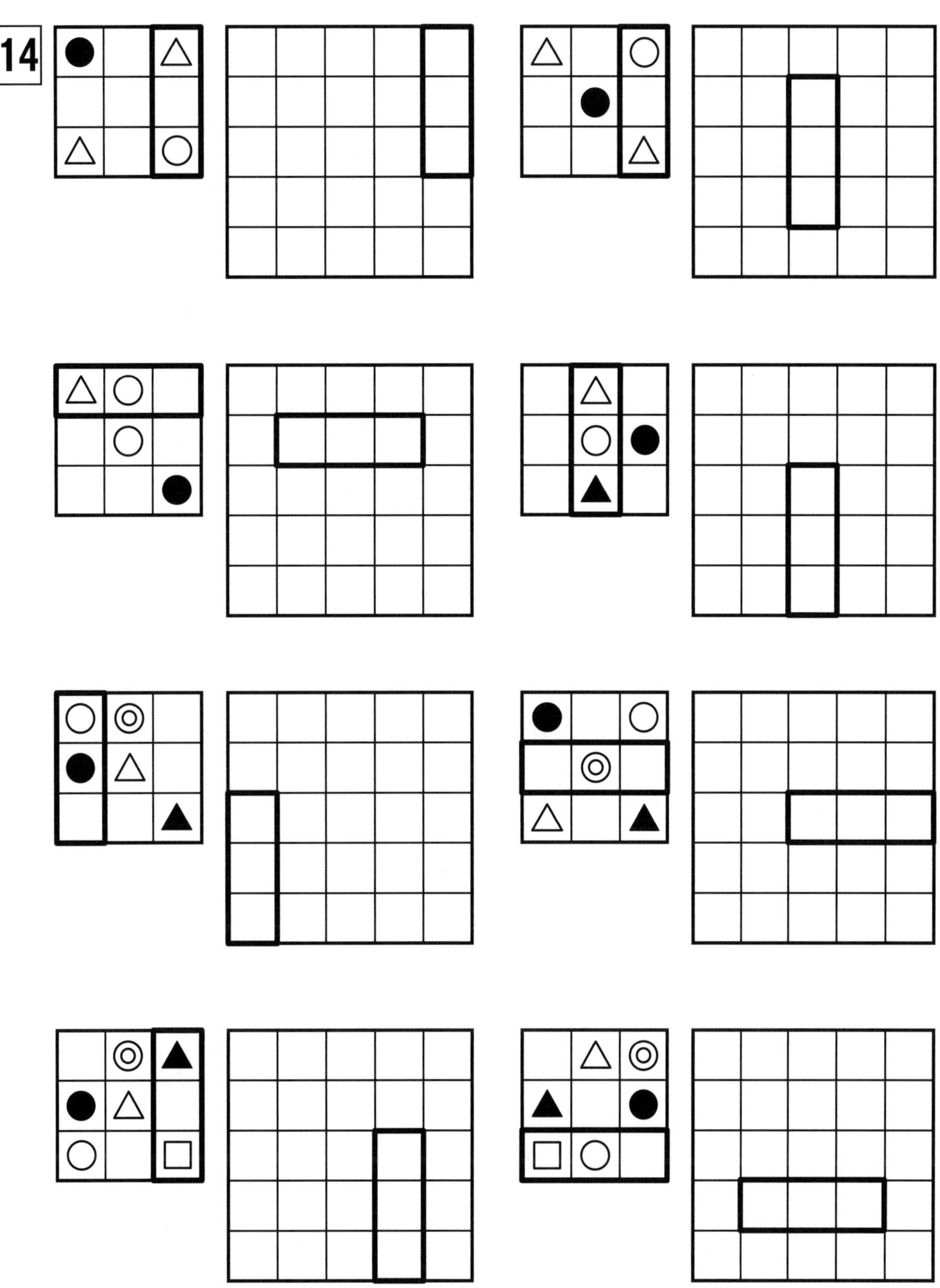

15

［過去問］　2024

筑波大学附属小学校 入試問題集 - Ⅰ

解答例

＊ 解答例の注意

この解答例集では、ペーパーテスト、集団テストの中にある□数字がついた問題、入試シミュレーションの解答例を掲載しています。それ以外の問題の解答はすべて省略していますので、それぞれのご家庭でお考えください。

Shinga-kai

1

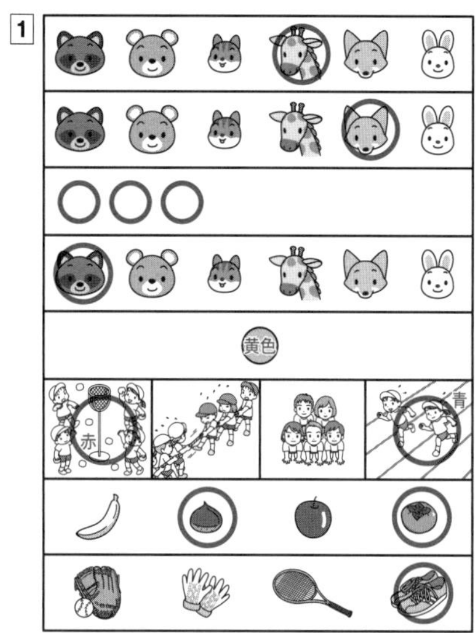

2

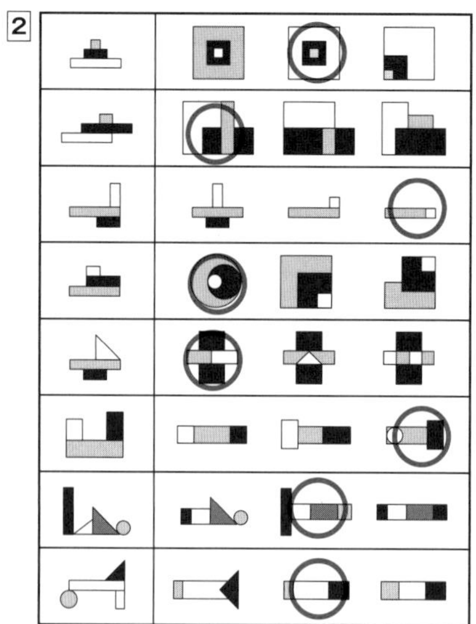

3

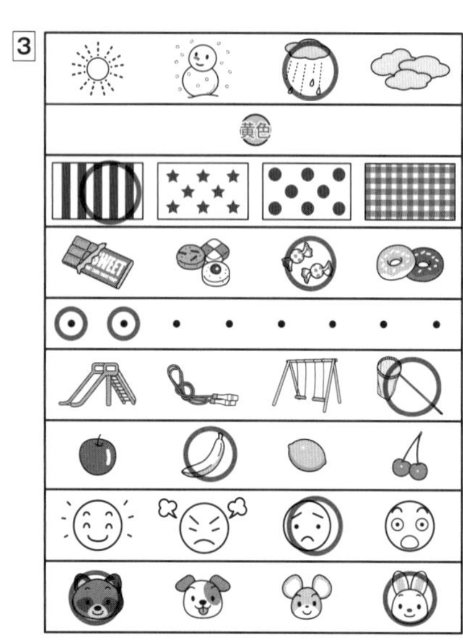

4

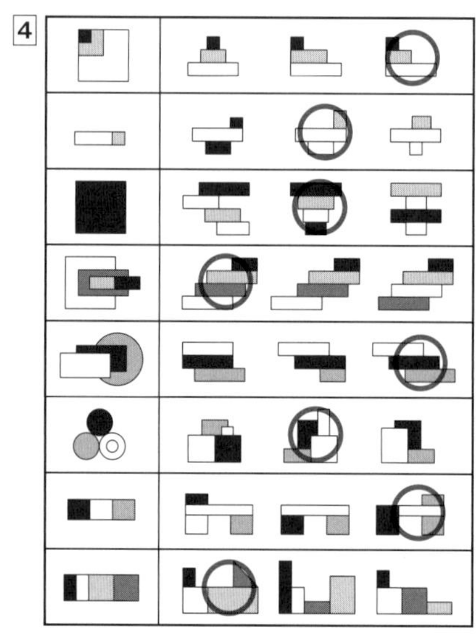

5

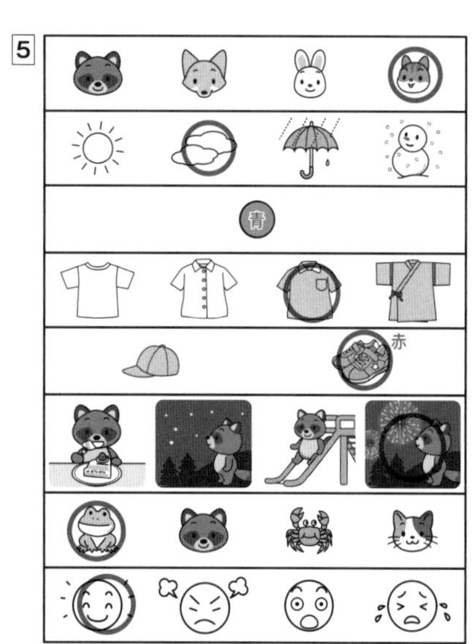

6

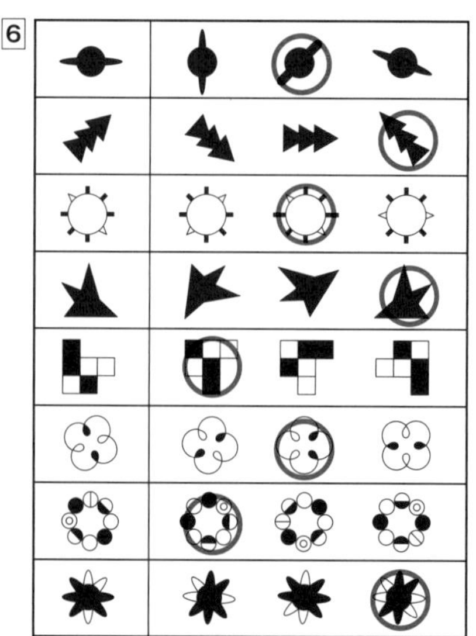

7
青
黄色
緑

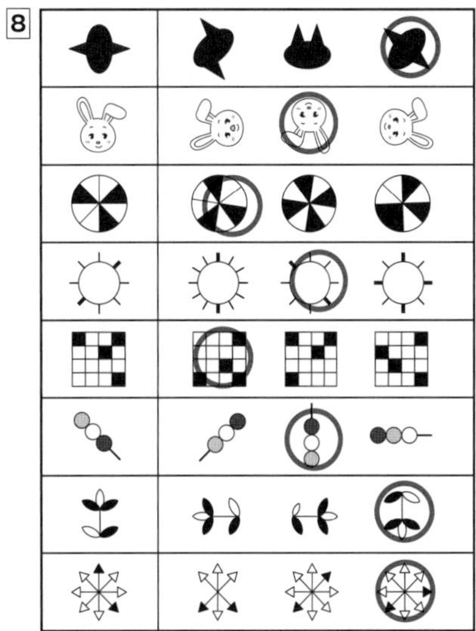
8

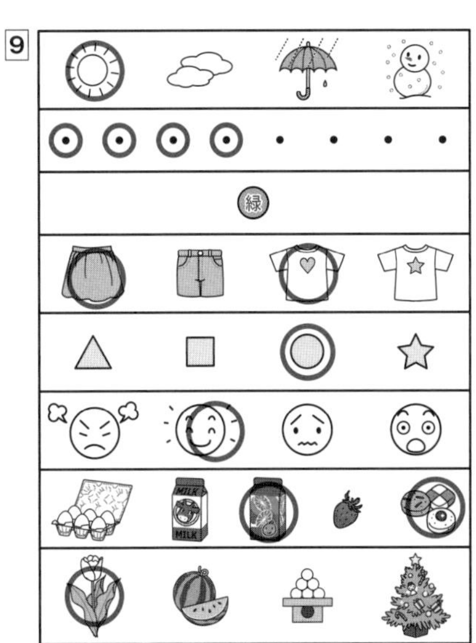
9
緑
MILK

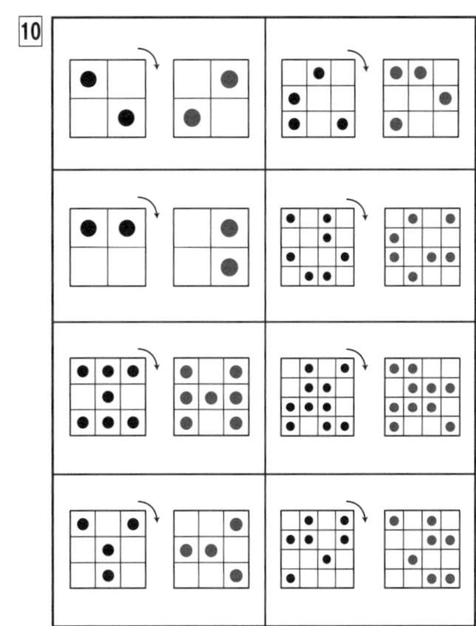
10

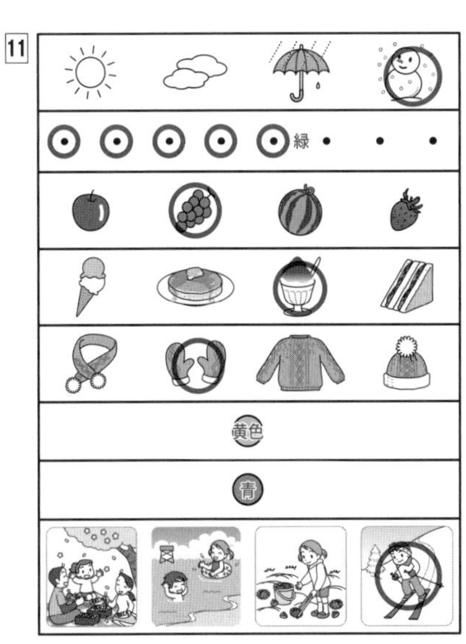
11
緑
黄色
青

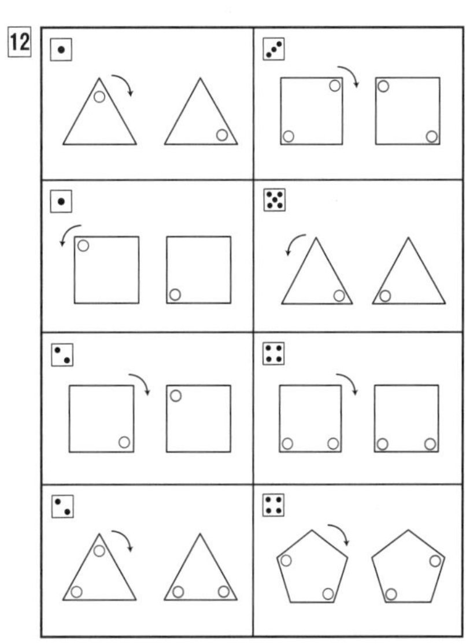
12

2023 解答例

13

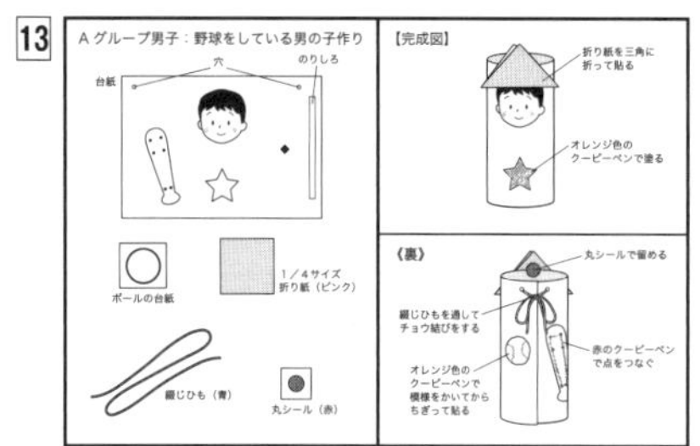

14

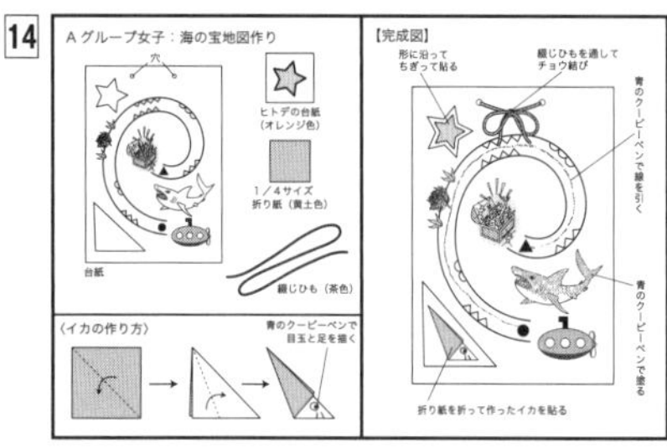

15

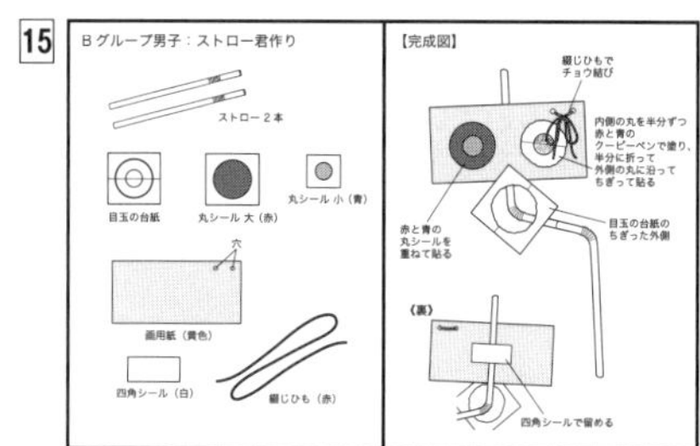

16

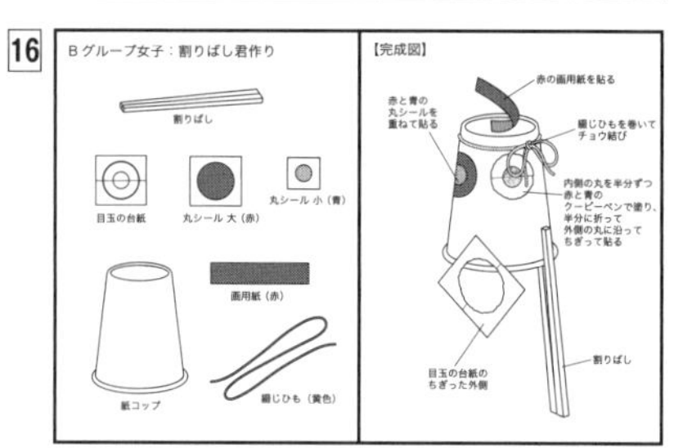

17

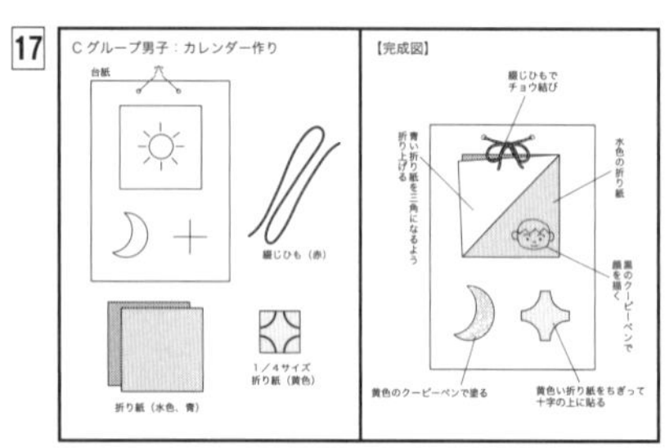

18

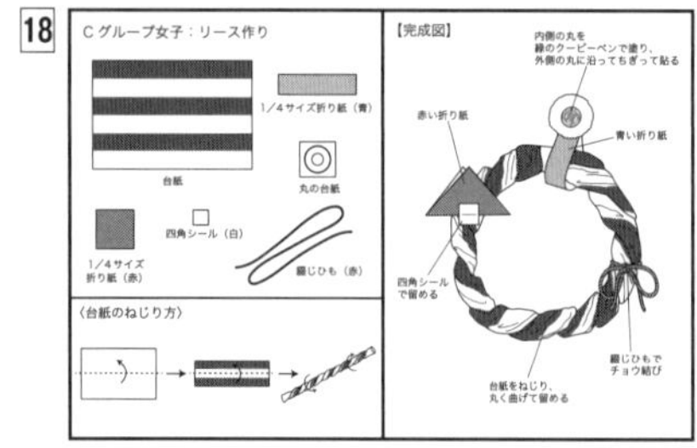

2022 解答例

1

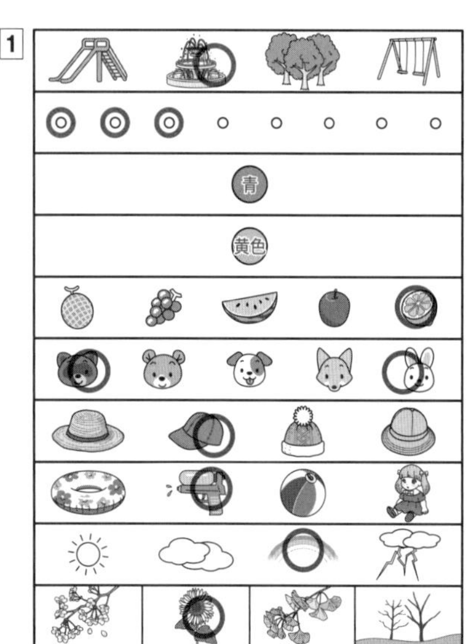

2

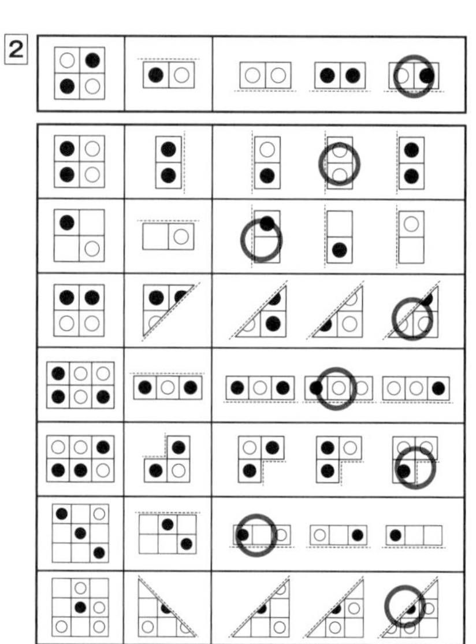

3

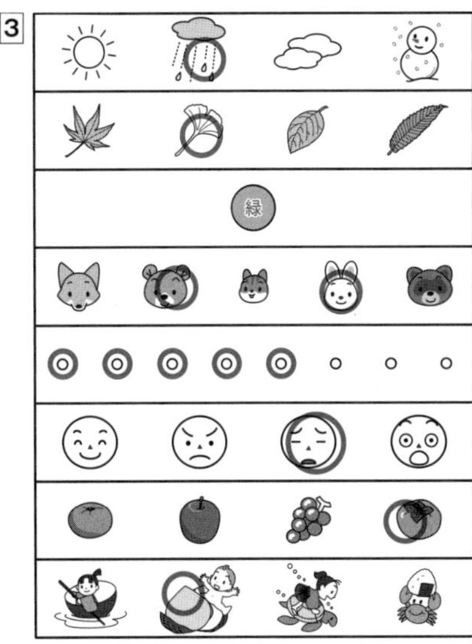

4

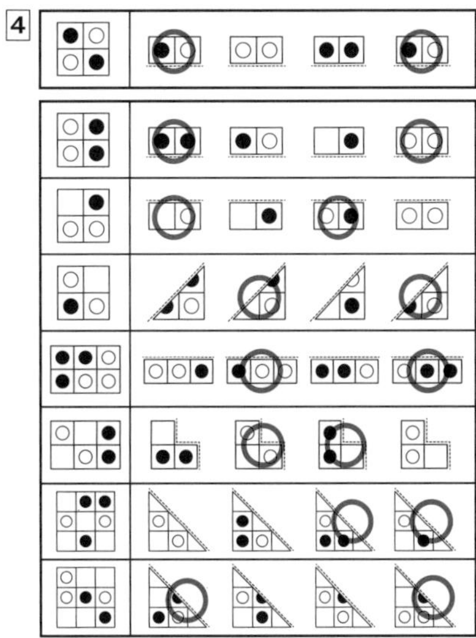

5

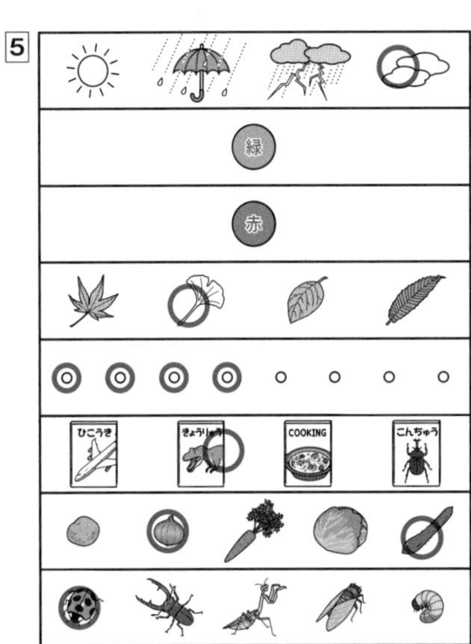

6

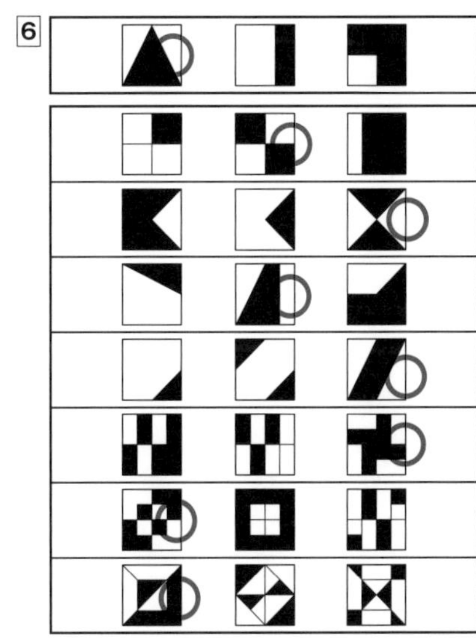

7

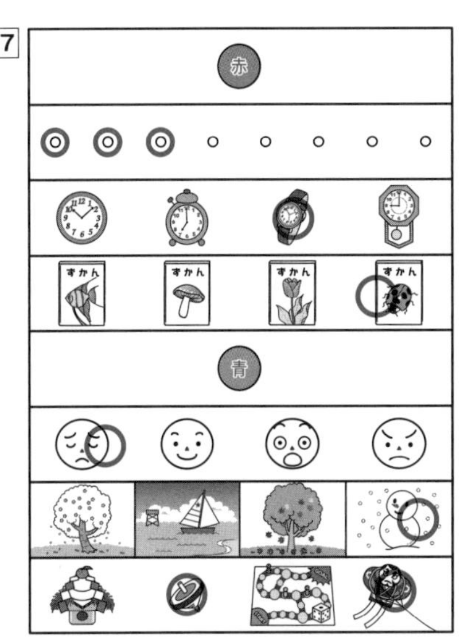

8

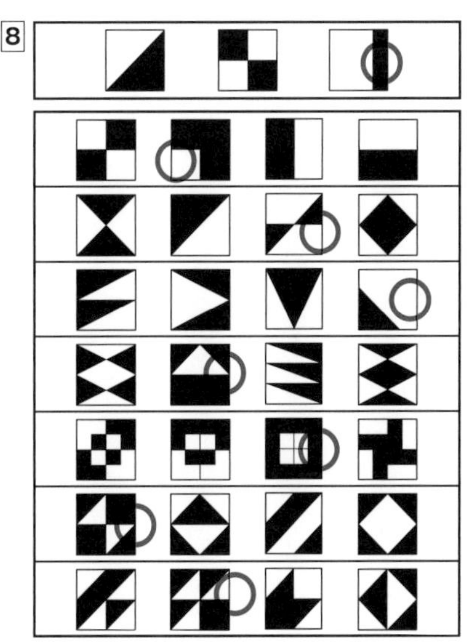

9
緑

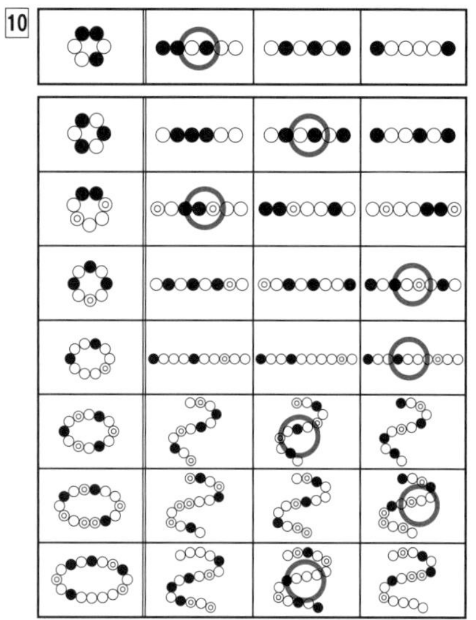
10

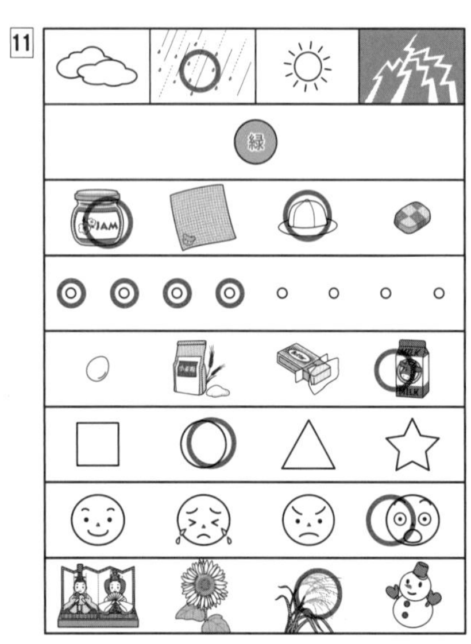
11
緑
JAM

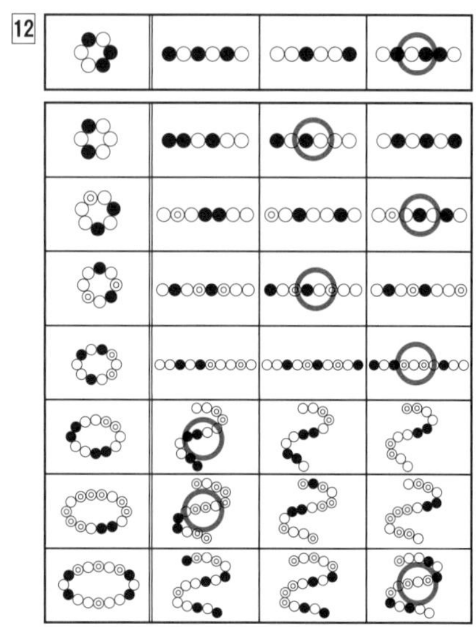
12

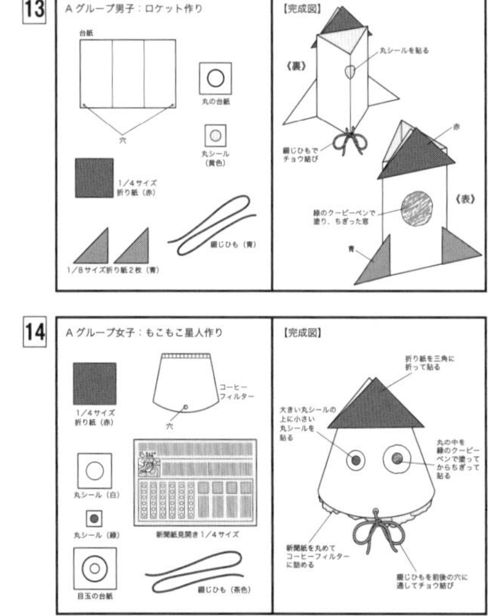
13
Aグループ男子：ロケット作り
台紙
穴
丸の台紙
丸シール
(黄色)
1/4サイズ
折り紙（赤）
綴じひも（青）
1/8サイズ折り紙2枚（青）
【完成図】
丸シールを貼る
《裏》
綴じひもで
チョウ結び
赤
《表》
緑のクーピーペンで
塗り、ちぎった窓
青
14
Aグループ女子：もこもこ星人作り
1/4サイズ
折り紙（赤）
コーヒー
フィルター
穴
丸シール（白）
丸シール（緑）
新聞紙見開き1/4サイズ
目玉の台紙
綴じひも（茶色）
【完成図】
折り紙を三角に
折って貼る
大きい丸シールの
上に小さい
丸シールを
貼る
丸の中を
緑のクーピー
ペンで塗って
からちぎって
貼る
新聞紙を丸めて
コーヒーフィルター
に詰める
綴じひもを前後の穴に
通してチョウ結び

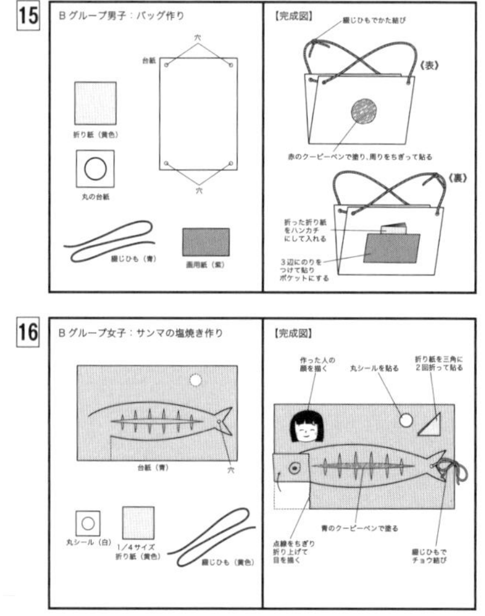
15
Bグループ男子：バッグ作り
穴
台紙
折り紙（黄色）
丸の台紙
穴
綴じひも（青）
画用紙（紫）
【完成図】
綴じひもでかた結び
《表》
赤のクーピーペンで塗り、周りをちぎって貼る
《裏》
折った折り紙
をハンカチ
にして入れる
3辺にのりを
つけて貼り
ポケットにする
16
Bグループ女子：サンマの塩焼き作り
台紙（青）
穴
丸シール（白）
1/4サイズ
折り紙（黄色）
綴じひも（黄色）
【完成図】
作った人の
顔を描く
丸シールを貼る
折り紙を三角に
2回折って貼る
青のクーピーペンで塗る
点線をちぎり
折り上げて
目を描く
綴じひもで
チョウ結び

2022 解答例

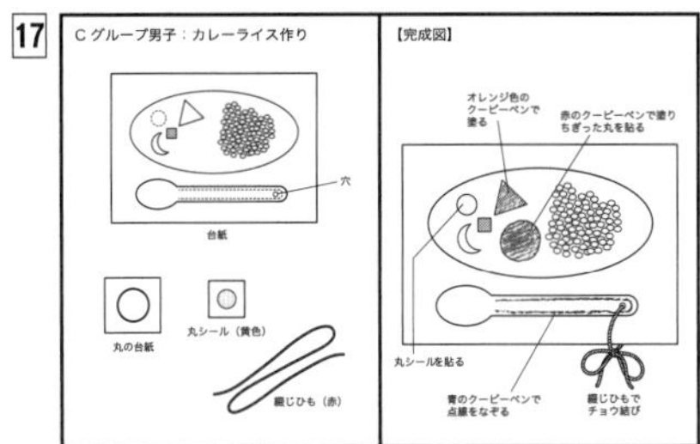

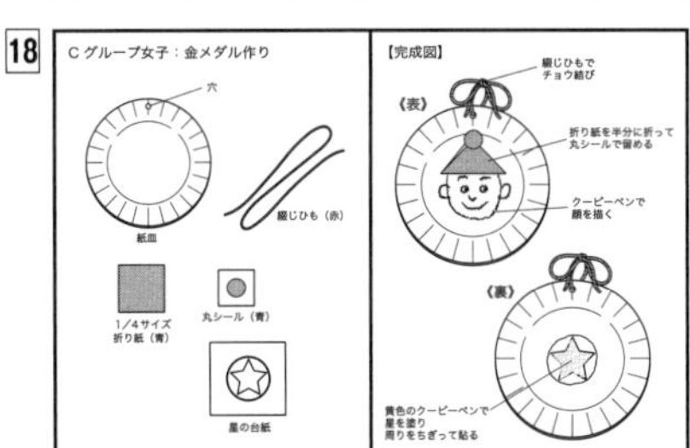

2021 解答例

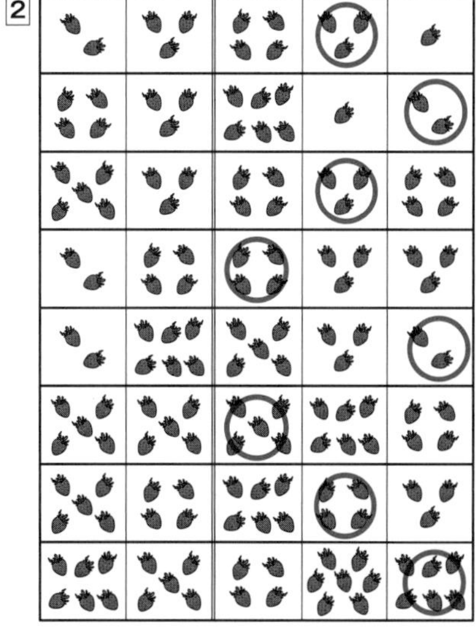

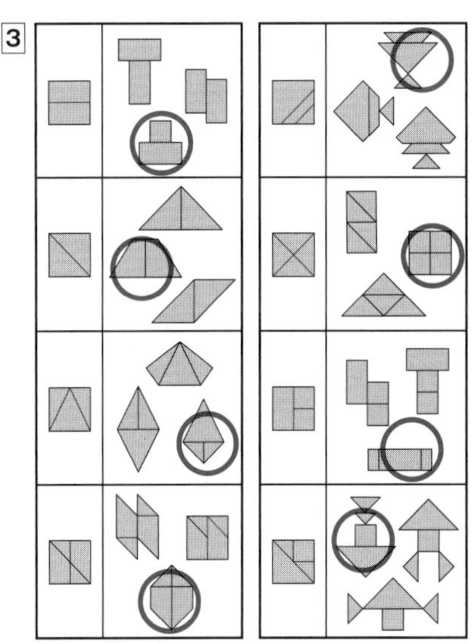

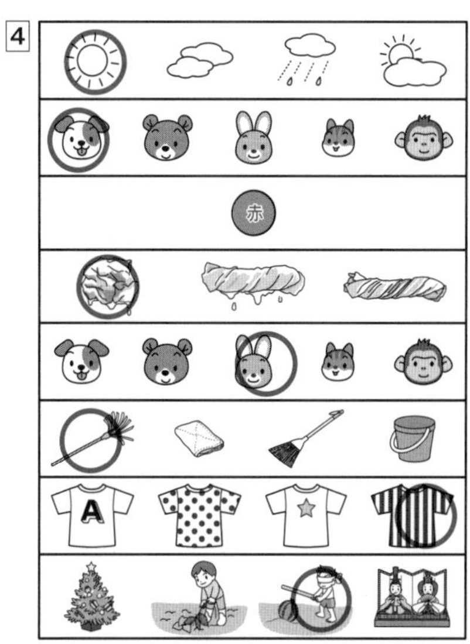

5
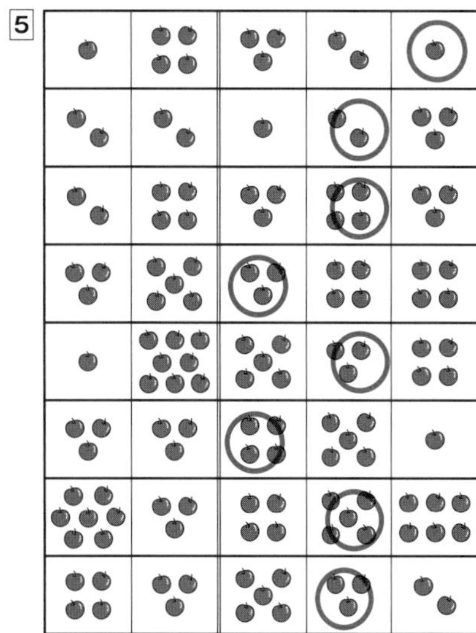

6
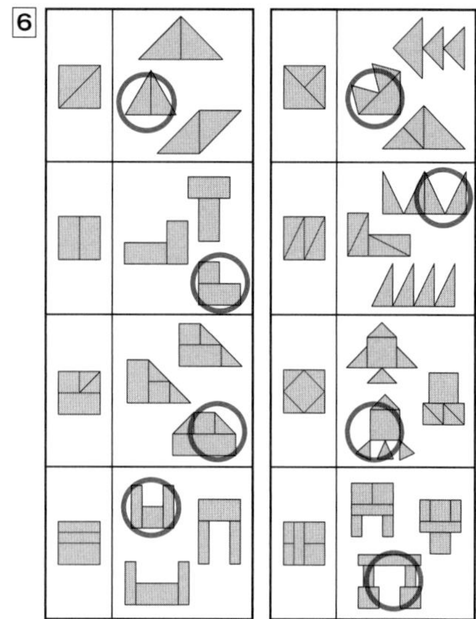

7
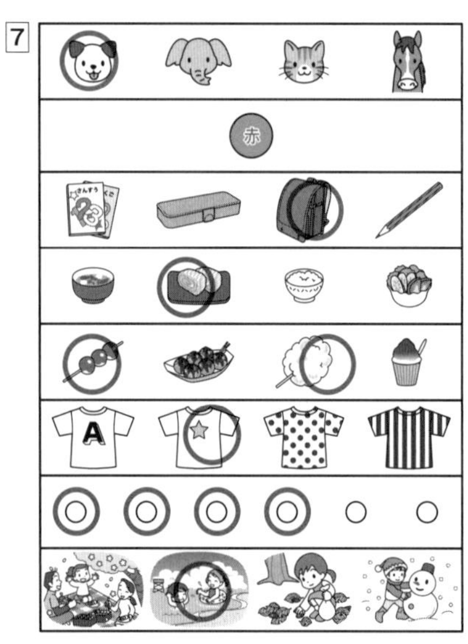

8
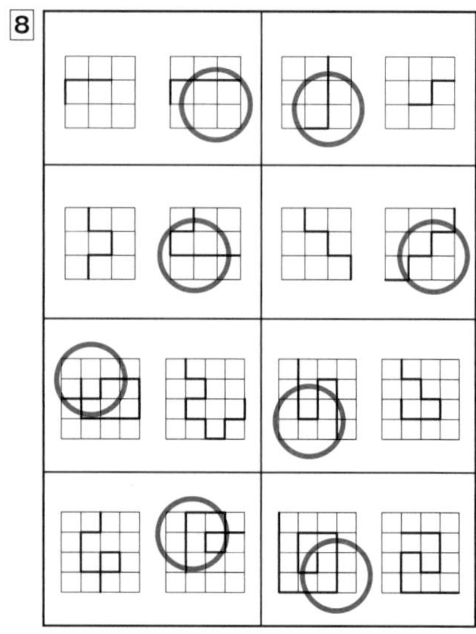

9
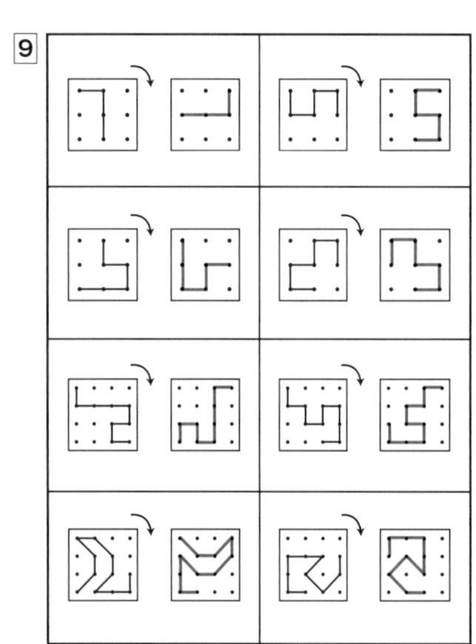

10
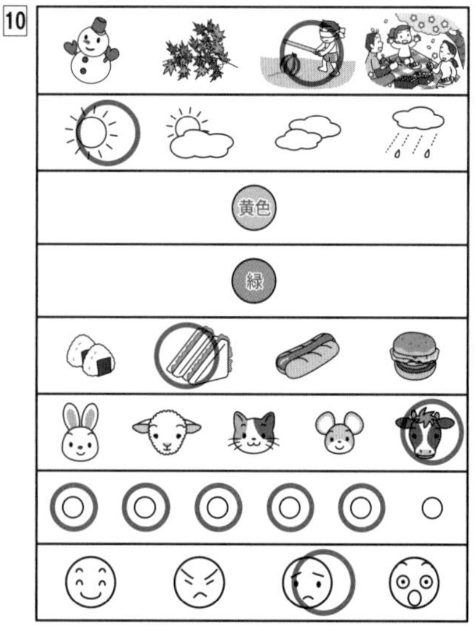

11

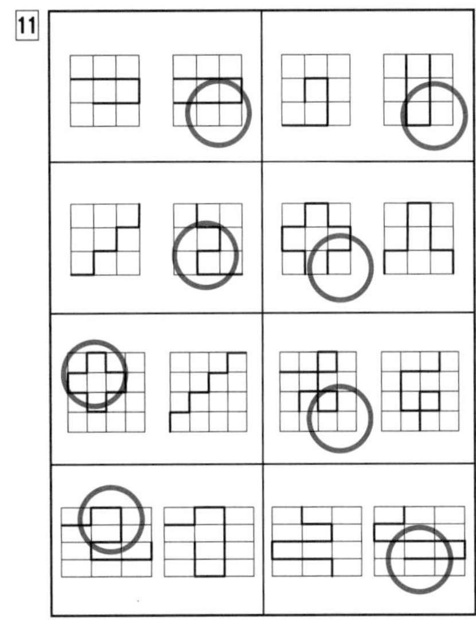

12

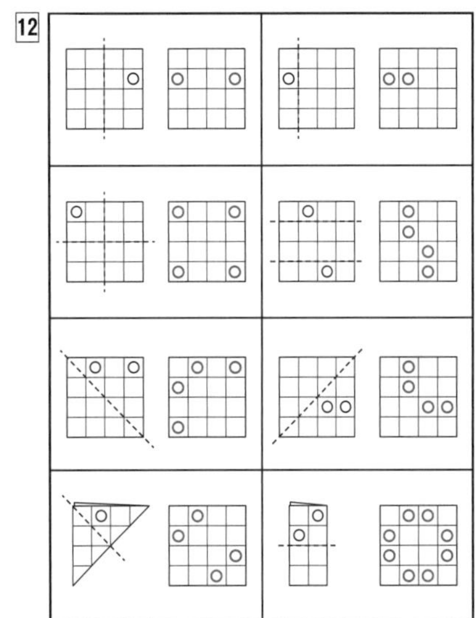

13

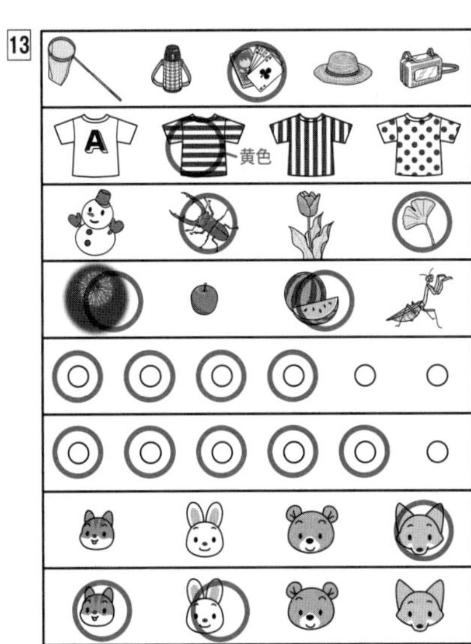

14

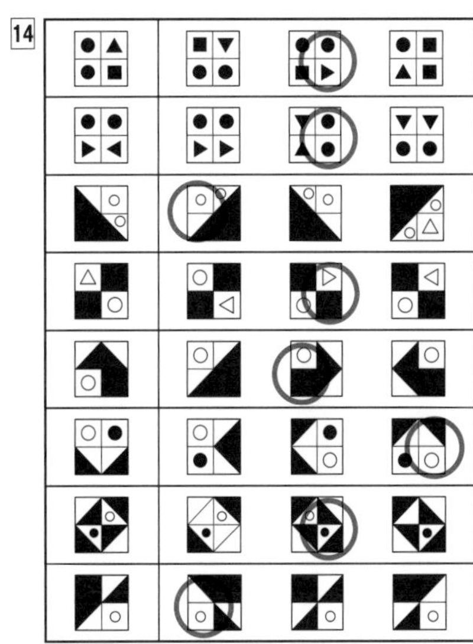

15

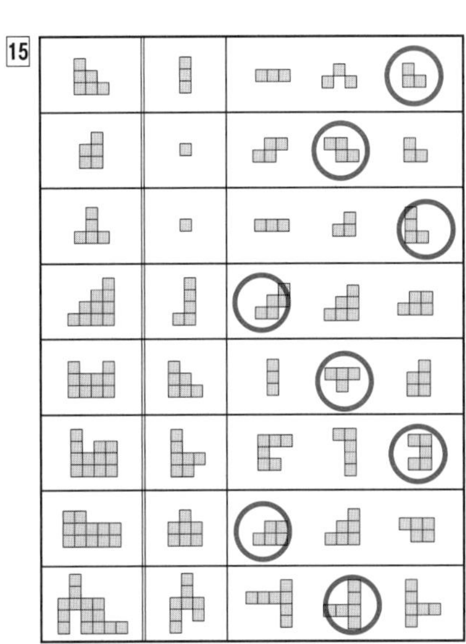

16

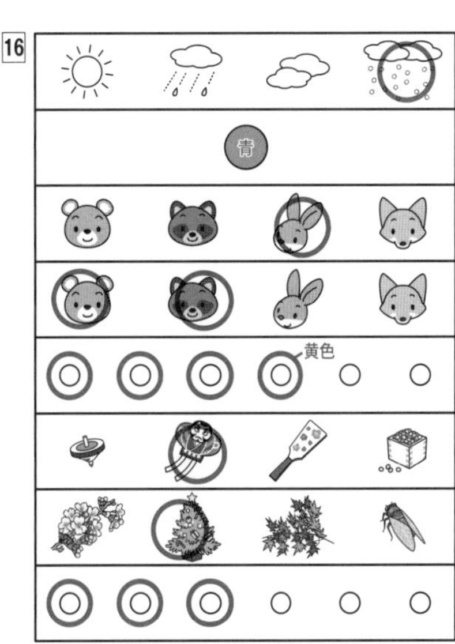

17

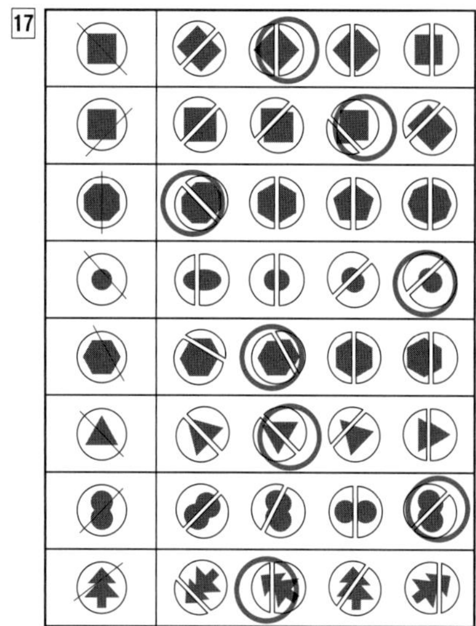

18

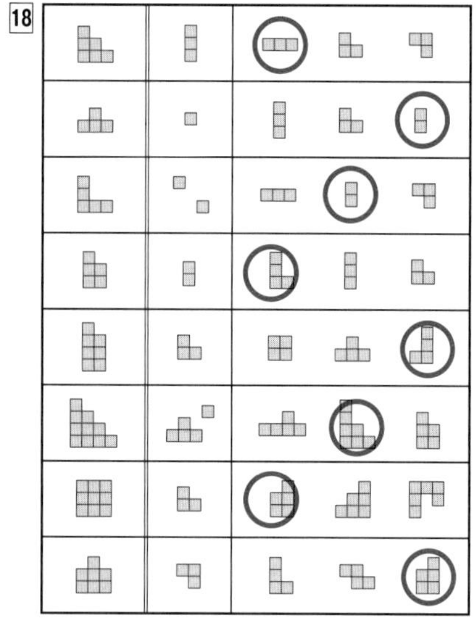

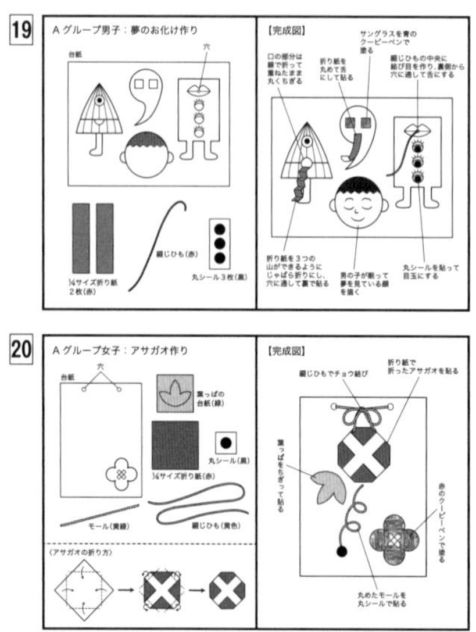
19
Aグループ男子：夢のお化け作り
台紙
穴
¼サイズ折り紙
2枚(赤)
綴じひも(赤)
丸シール3枚(黒)
【完成図】
口の部分は
線で折って
重ねたまま
丸くちぎる
折り紙を
丸めて舌
にして貼る
サングラスを青の
クーピーペンで
塗る
綴じひもの中央に
結び目を作り、裏側から
穴に通して舌にする
折り紙を3つの
山ができるように
じゃばら折りにし、
穴に通して裏で貼る
男の子が眠って
夢を見ている顔
を描く
丸シールを貼って
目玉にする
20
Aグループ女子：アサガオ作り
台紙
穴
葉っぱの
台紙(緑)
丸シール(黒)
¼サイズ折り紙(赤)
モール(黄緑)
綴じひも(黄色)
〈アサガオの折り方〉
【完成図】
綴じひもでチョウ結び
折り紙で
折ったアサガオを貼る
葉っぱをちぎって貼る
赤のクーピーペンで塗る
丸めたモールを
丸シールで貼る

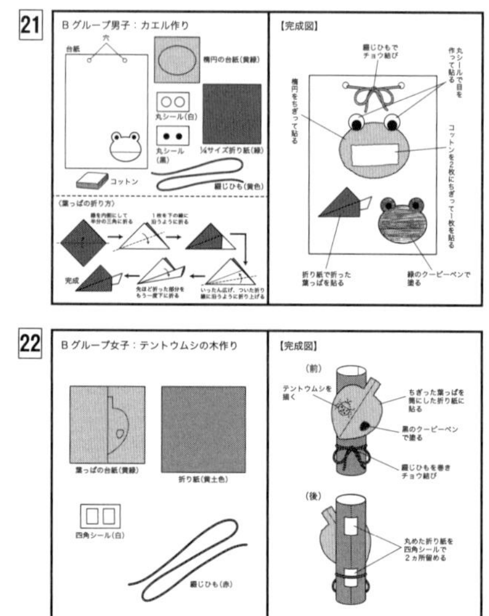
21
Bグループ男子：カエル作り
台紙
穴
楕円の台紙(黄緑)
丸シール(白)
丸シール
(黒)
¼サイズ折り紙(緑)
コットン
綴じひも(黄色)
〈葉っぱの折り方〉
線を内側にして
半分の三角に折る
1枚を下の線に
沿うように折る
先ほど折った部分を
もう一度下に折る
いったん広げ、ついた折り
線に沿うように折り上げる
完成
【完成図】
綴じひもで
チョウ結び
丸シールで目を
作って貼る
楕円をちぎって貼る
コットンを2枚にちぎって1枚を貼る
折り紙で折った
葉っぱを貼る
緑のクーピーペンで
塗る
22
Bグループ女子：テントウムシの木作り
葉っぱの台紙(黄緑)
折り紙(黄土色)
四角シール(白)
綴じひも(赤)
【完成図】
(前)
テントウムシを
描く
ちぎった葉っぱを
筒にした折り紙に
貼る
黒のクーピーペン
で塗る
綴じひもを巻き
チョウ結び
(後)
丸めた折り紙を
四角シールで
2ヵ所留める

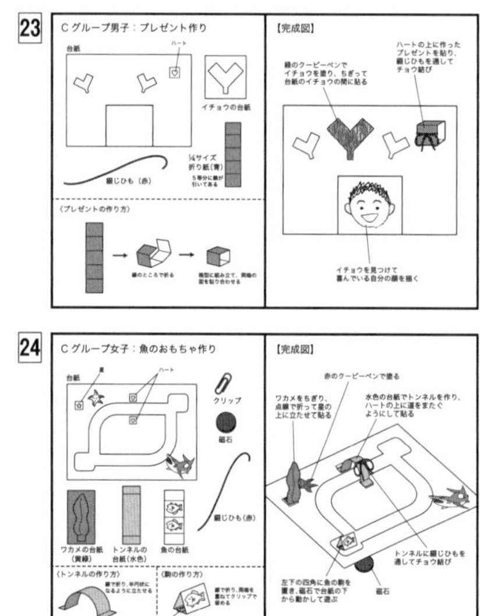
23
Cグループ男子：プレゼント作り
台紙
ハート
イチョウの台紙
¼サイズ
折り紙(青)
5等分に線が
引いてある
綴じひも(赤)
〈プレゼントの作り方〉
線のところで折る
箱型に組み立て、両端の
面を貼り合わせる
【完成図】
緑のクーピーペンで
イチョウを塗り、ちぎって
台紙のイチョウの間に貼る
ハートの上に作った
プレゼントを貼り、
綴じひもを通して
チョウ結び
イチョウを見つけて
喜んでいる自分の顔を描く
24
Cグループ女子：魚のおもちゃ作り
台紙
星
ハート
クリップ
磁石
綴じひも(赤)
ワカメの台紙
(黄緑)
トンネルの
台紙(水色)
魚の台紙
〈トンネルの作り方〉
線で折り、半円状に
なるように立たせる
〈駒の作り方〉
線で折り、両端を
重ねてクリップで
留める
クリップ
【完成図】
赤のクーピーペンで塗る
ワカメをちぎり、
点線で折って星の
上に立たせて貼る
水色の台紙でトンネルを作り、
ハートの上に道をまたぐ
ようにして貼る
トンネルに綴じひもを
通してチョウ結び
左下の四角に魚の駒を
置き、磁石で台紙の下
から動かして遊ぶ
磁石

1

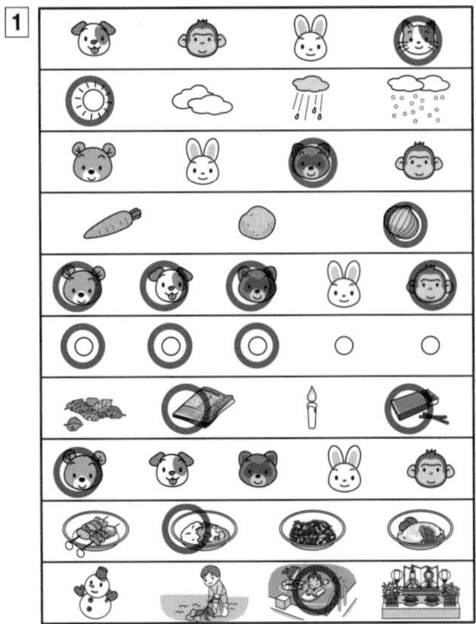

2

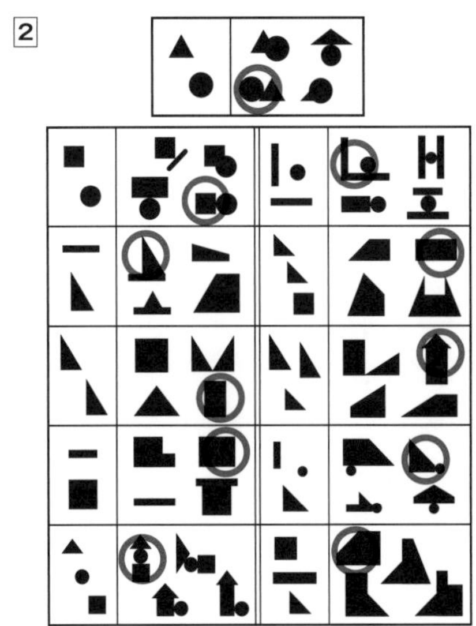

3

4

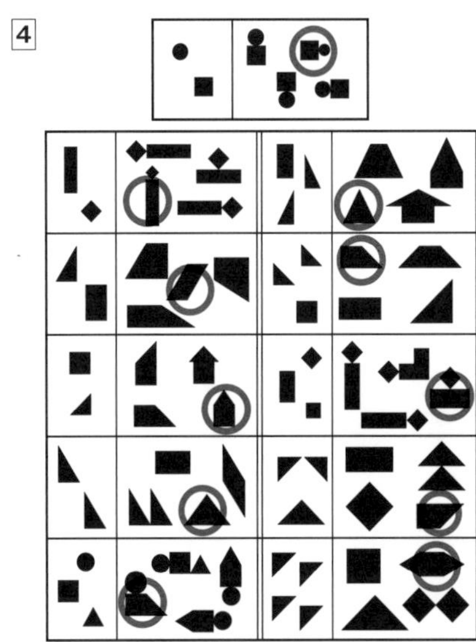

5

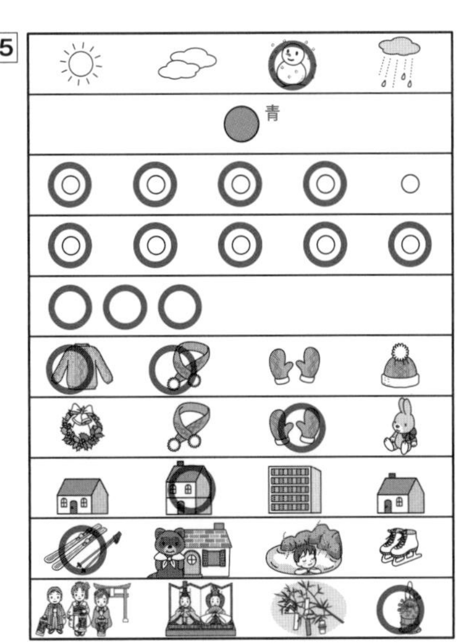

6

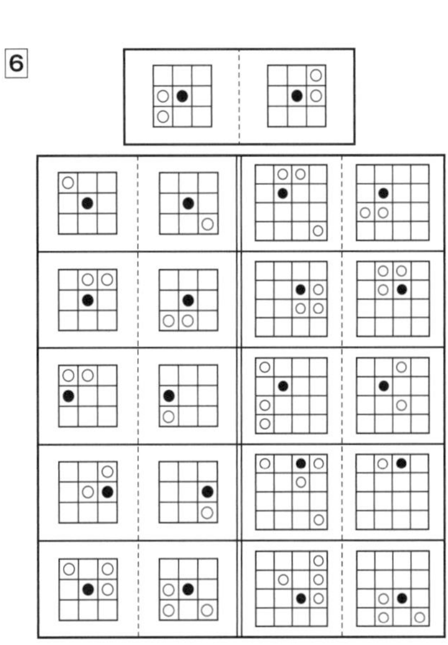

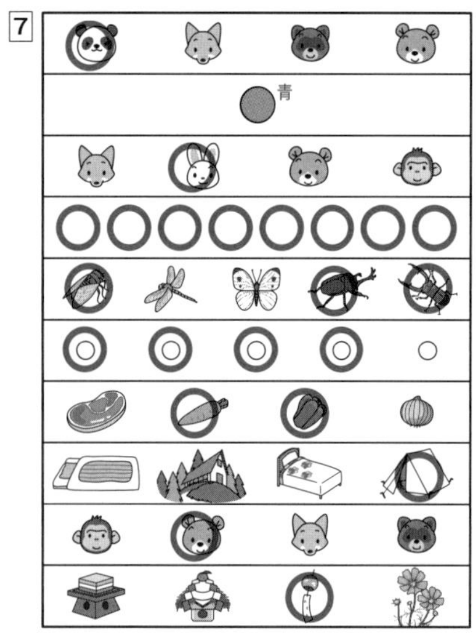
7
青

8

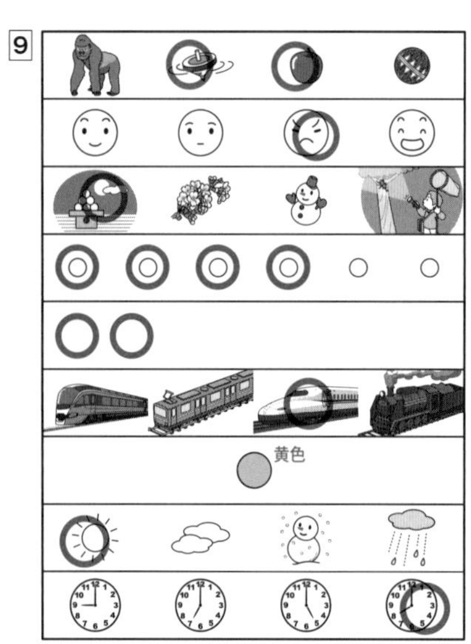
9
黄色

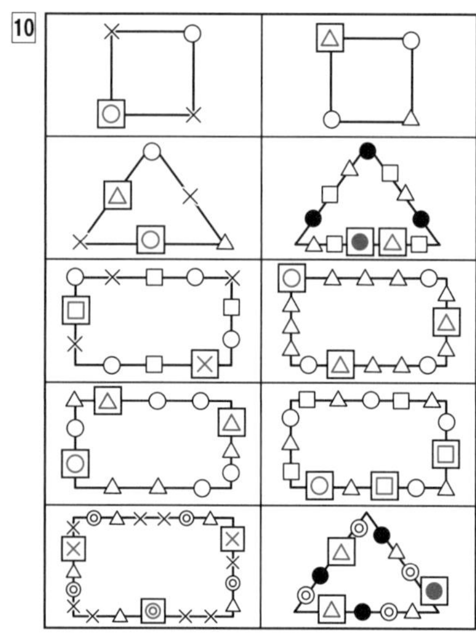
10

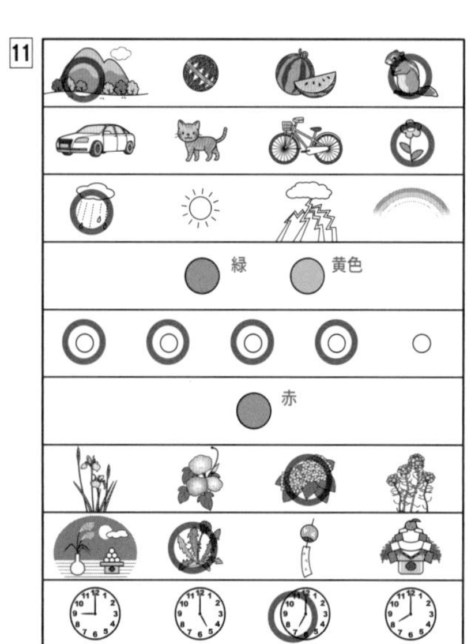
11
緑
黄色
赤

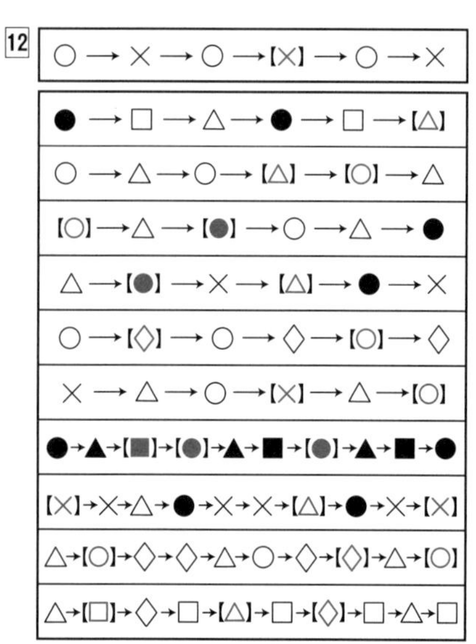
12

2020 解答例

13
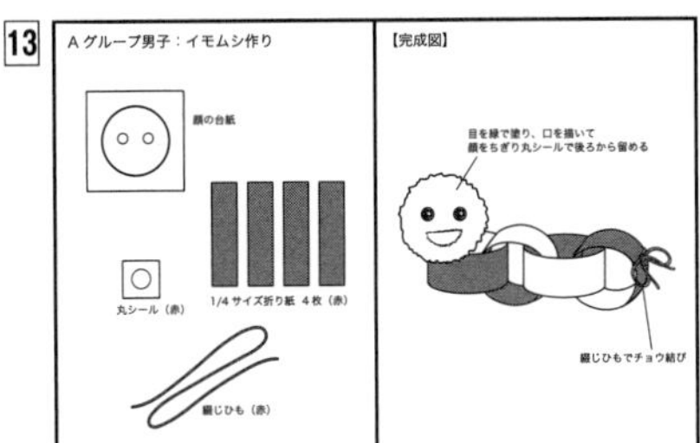

14
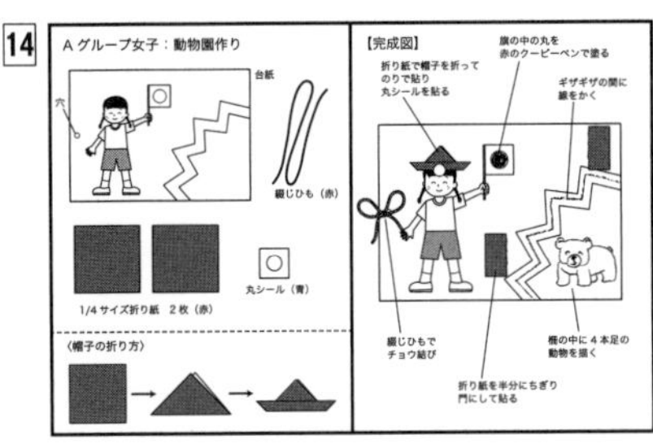

15
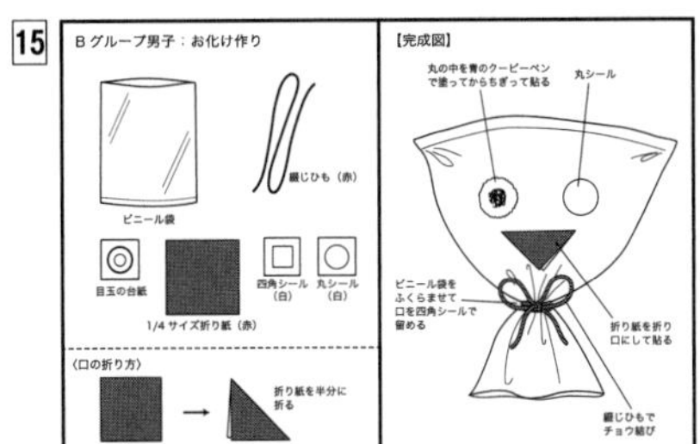

16
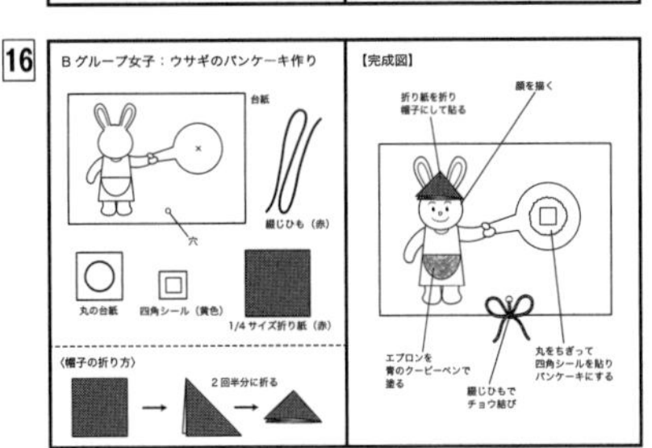

17
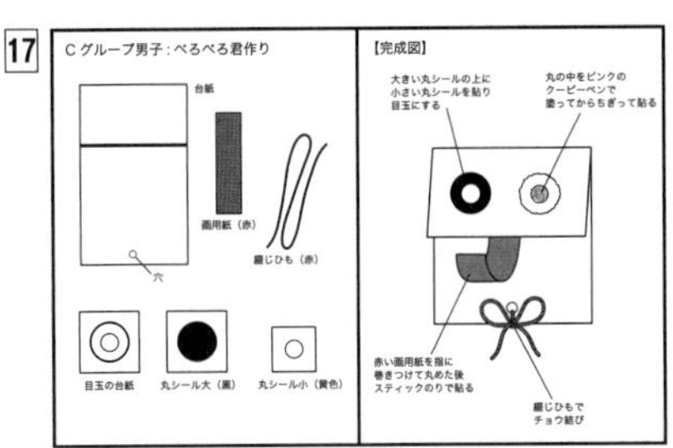

18
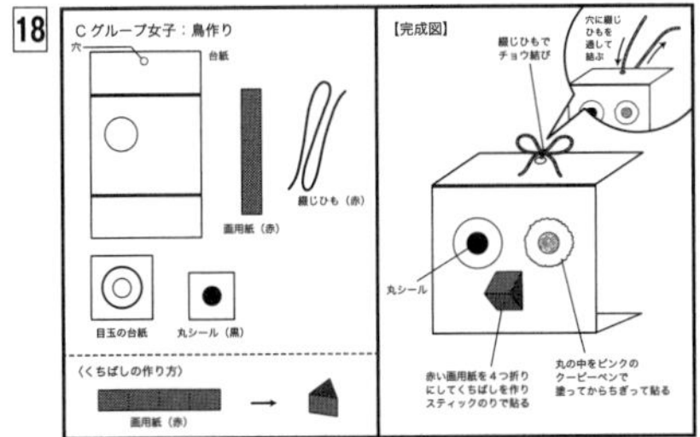

2019 解答例

1
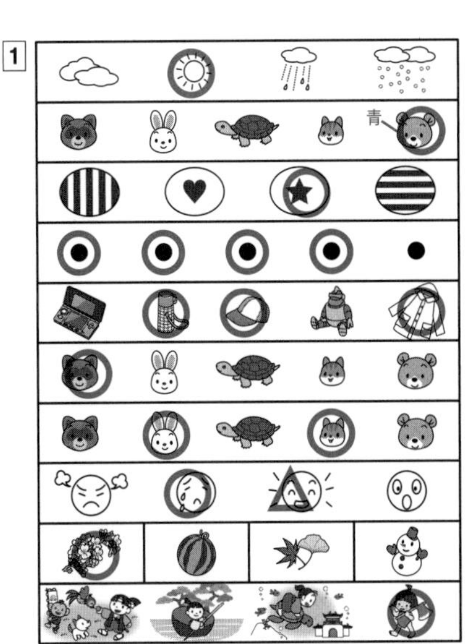

2
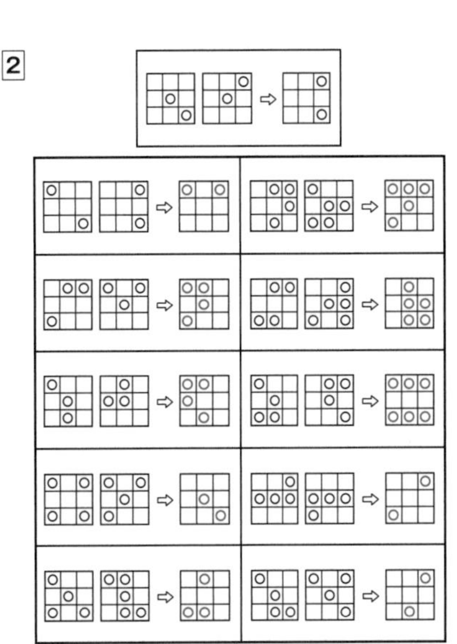

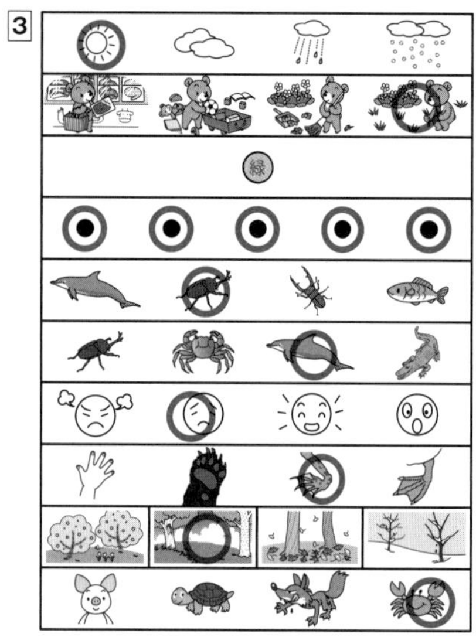
3
緑

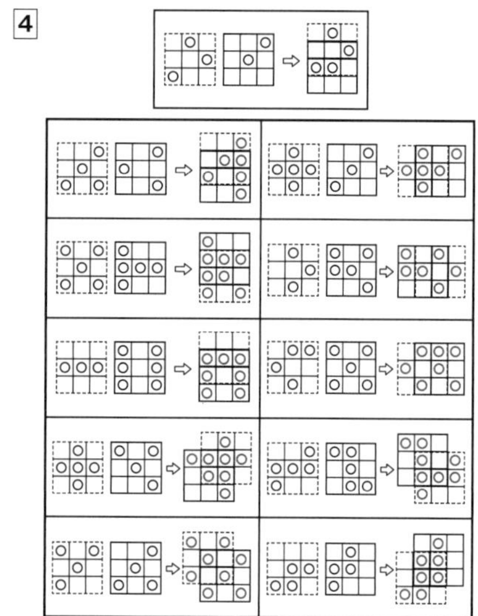
4

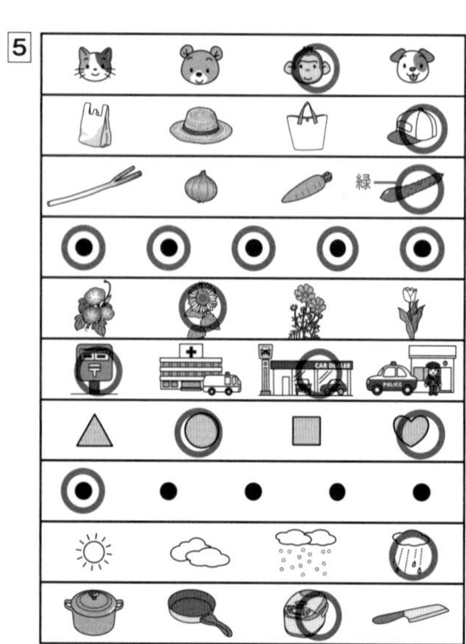
5
緑

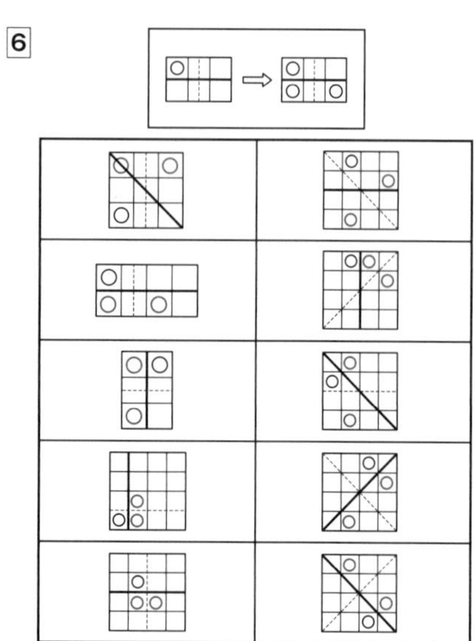
6

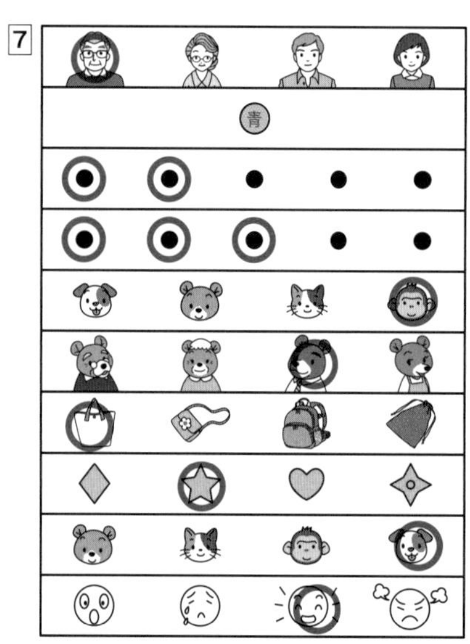
7
青

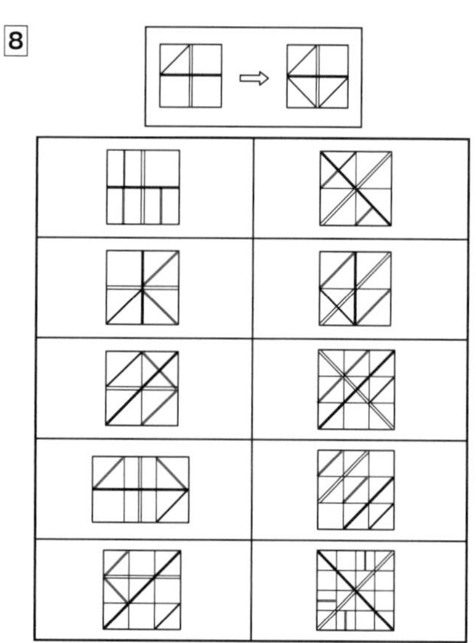
8

9

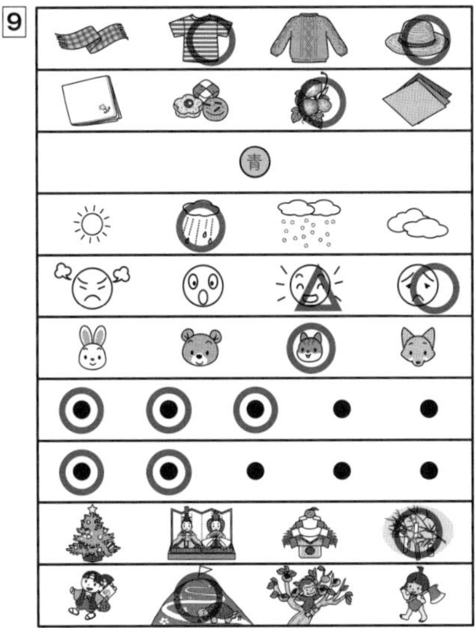

10

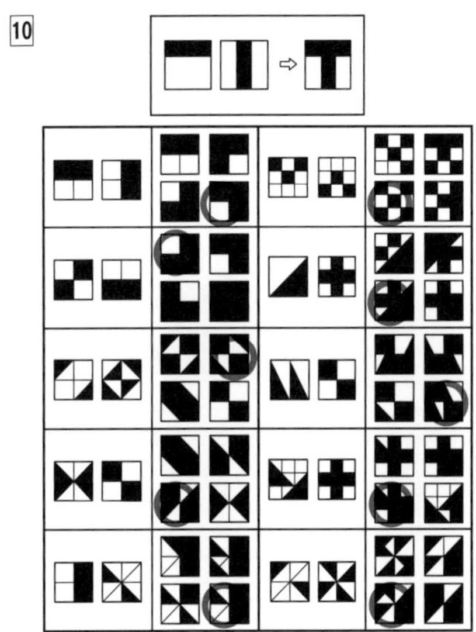

11

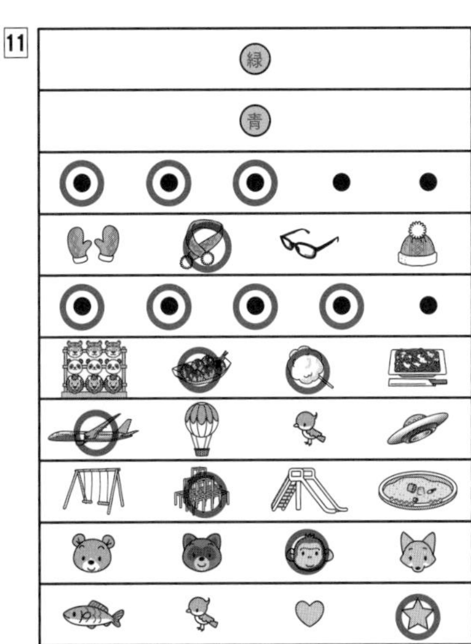

12

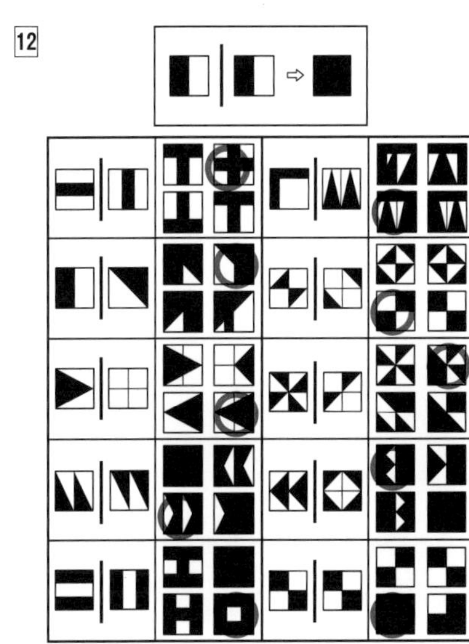

13

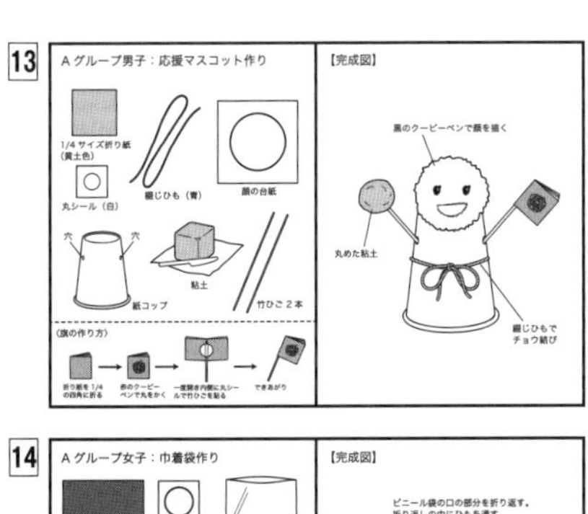

14

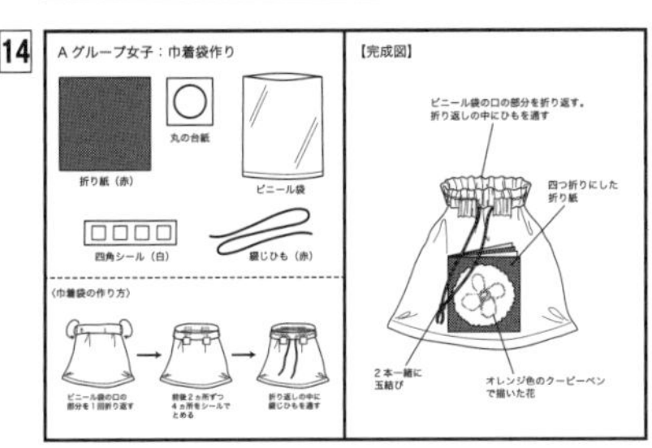

15

16

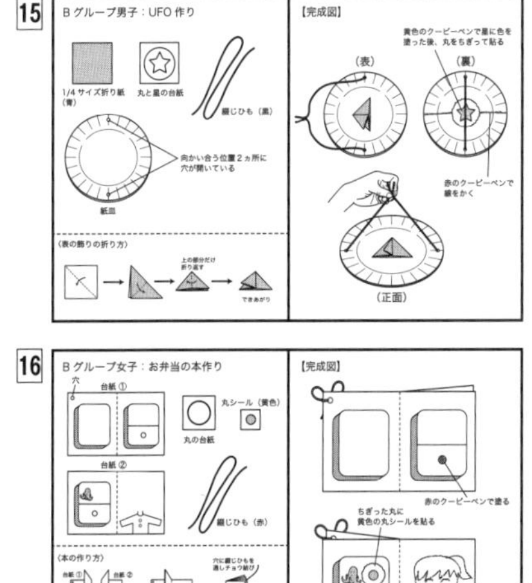

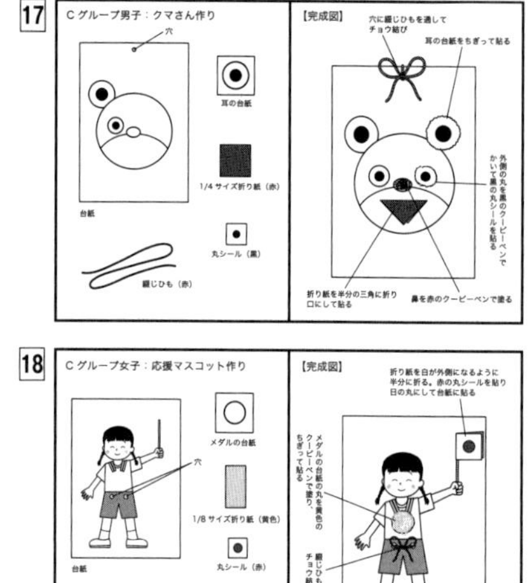
17
Cグループ男子：クマさん作り
穴
耳の台紙
1/4 サイズ折り紙（赤）
台紙
丸シール（黒）
綴じひも（赤）
【完成図】
穴に綴じひもを通して
チョウ結び
耳の台紙をちぎって貼る
外側の丸を黒のクーピーペンでかいて黒の丸シールを貼る
折り紙を半分の三角に折り
口にして貼る
鼻を赤のクーピーペンで塗る
18
Cグループ女子：応援マスコット作り
メダルの台紙
穴
1/8 サイズ折り紙（黄色）
台紙
丸シール（赤）
綴じひも（赤）
粘土
【完成図】
折り紙を白が外側になるように
半分に折る。赤の丸シールを貼り
日の丸にして台紙に貼る
メダルの台紙の丸を黄色のクーピーペンで塗り、ちぎって貼る
綴じひもを穴に通してチョウ結びをする
粘土を半分に分けて
両足の靴を作って置く

1

2

3

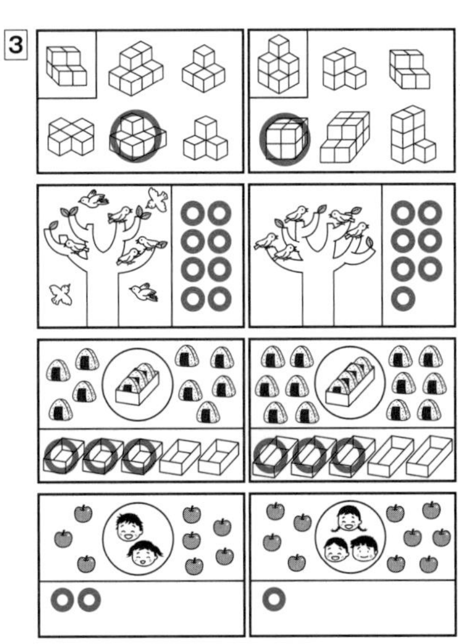

4

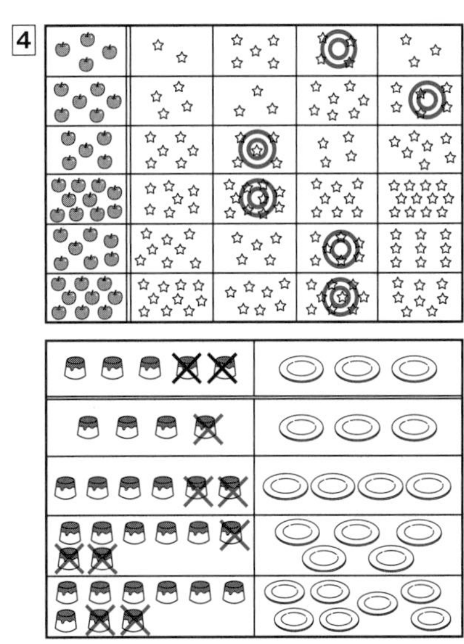

5

6

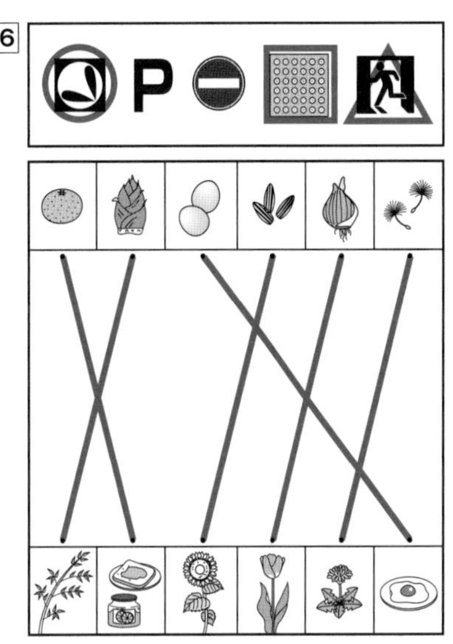

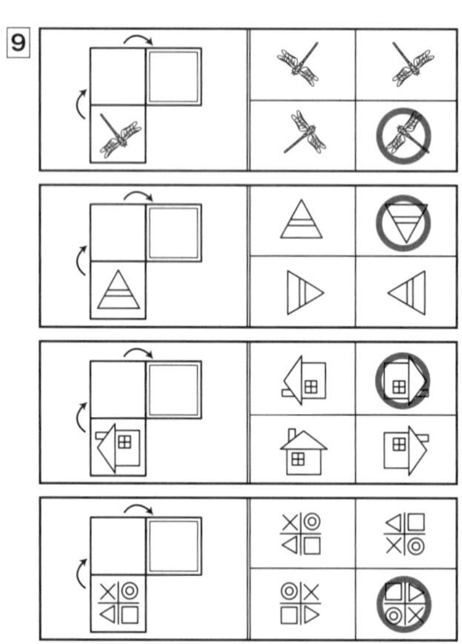

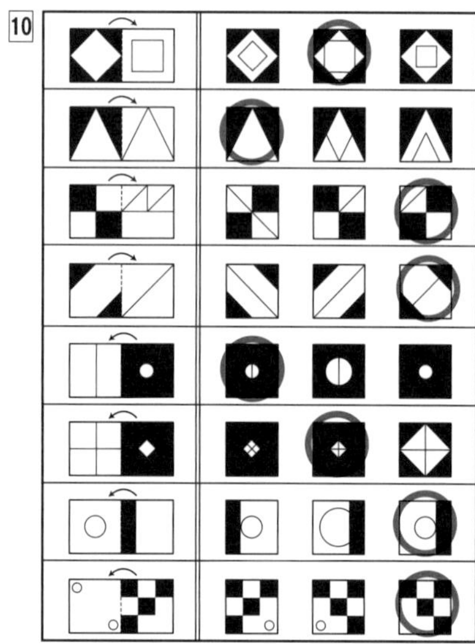

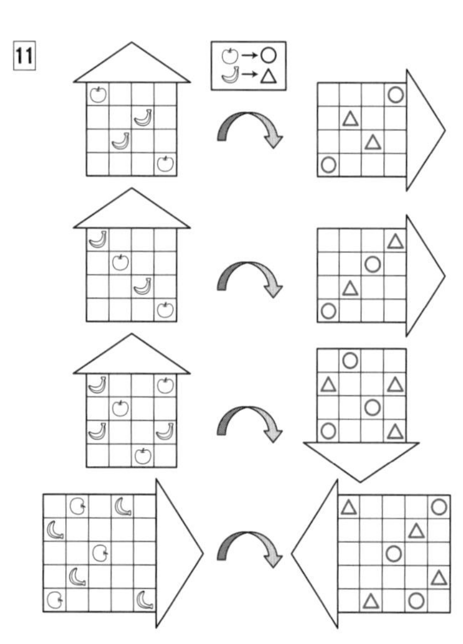

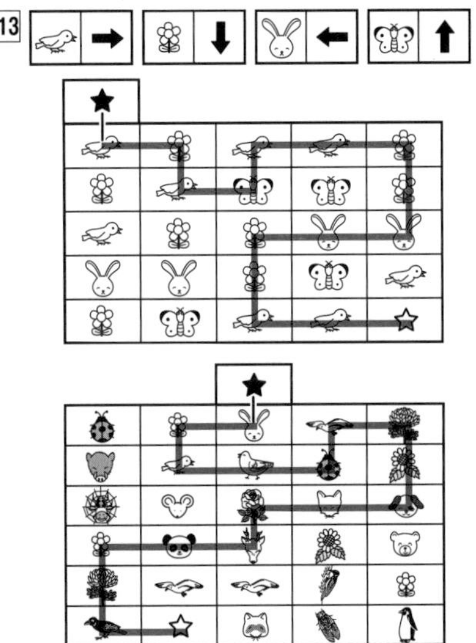

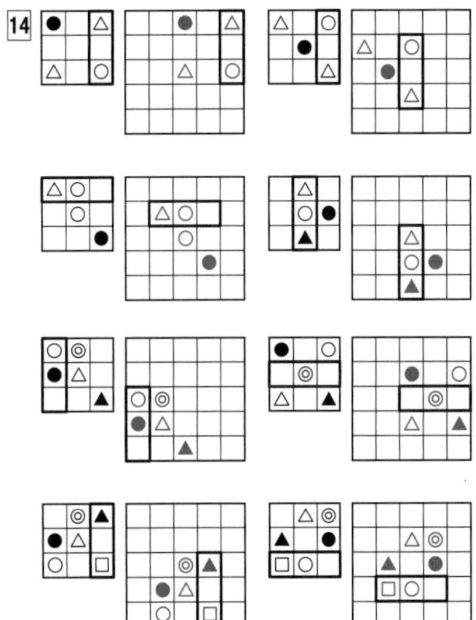

Shinga-kai